Ana de Zaballa Beascoechea (ed.)

Los indios, el Derecho Canónico y la justicia eclesiástica en la América virreinal

TIEMPO EMULADO
HISTORIA DE AMÉRICA Y ESPAÑA

15

La cita de Cervantes que convierte a la historia en «madre de la verdad, émula del tiempo, depósito de las acciones, testigo de lo pasado, ejemplo y aviso de lo presente, advertencia de lo porvenir», cita que Borges reproduce para ejemplificar la reescritura polémica de su «Pierre Menard, autor del Quijote», nos sirve para dar nombre a esta colección de estudios históricos de uno y otro lado del Atlántico, en la seguridad de que son complementarias, que se precisan, se estimulan y se explican mutuamente las historias paralelas de América y España.

Ana de Zaballa Beascoechea (ed.)

Los indios, el Derecho Canónico y la justicia eclesiástica en la América virreinal

IBEROAMERICANA - VERVUERT - 2011

Este libro forma parte del proyecto de investigación «Creencias, usos y costumbres indígenas y la justicia eclesiástica en la América virreinal», subvencionado por el Ministerio de Ciencia y Tecnología de España.

Amor de Dios, 1 - E-28014 Madrid
Tel.: +34 91 429 35 22 - Fax: +34 91 429 53 97

Elisabethenstr. 3-9 - D-60594 Frankfurt am Main
Tel.: +49 69 597 46 17 - Fax: +49 69 597 87 43

Iberoamericana Vervuert Publishing Corp.
9040 Bay Hill Blvd. - Orlando, FL 32819 USA
Tel. +1 407 217 5534 - Fax: +1 407 217 5059

info@iberoamericanalibros.com - www.ibero-americana.net

ISBN 978-84-8489-519-0 (Iberoamericana)
ISBN 978-3-86527-575-2 (Vervuert)

Depósito Legal: SE-4-2011

Cubierta: Carlos Zamora

Este libro está impreso íntegramente en papel ecológico sin cloro.

Impreso por Publidisa

ÍNDICE

Prólogo

En febrero de 2009 tuvo lugar el Seminario Internacional «Iglesia, justicia y población indígena en la América virreinal». El Seminario forma parte de un proyecto de investigación I+D del Ministerio de Ciencia e Innovación de España, que bajo el título de *Creencias, usos y costumbres indígenas y la Iglesia en la América virreinal* lleva tres años trabajando sobre la actuación de los tribunales eclesiásticos y su relación con la población indígena. Este libro reúne los trabajos y discusiones del Seminario celebrado dentro del citado proyecto.

El objetivo de estas investigaciones es profundizar en el estudio de las audiencias eclesiásticas en su relación con los naturales, desde diferentes ópticas y para ello la concurrencia, en un mismo foro de discusión, de especialistas procedentes de la historia del Derecho indiano, de la historia de la Iglesia y de la historia de la sociedad colonial; así como la coincidencia de investigadores de países con diferentes patrimonios historiográficos, México, Perú, Chile, Estados Unidos, Alemania, Suecia, Italia y España. Esto ha enriquecido la visión y los planteamientos de estudio de las audiencias eclesiásticas, que hasta el momento se ha centrado casi exclusivamente en los procesos por idolatrías y las campañas de extirpación. El libro que tenemos entre manos es una muestra de la variedad de asuntos en los que actuó el tribunal del obispado en relación a los indígenas y la riqueza que ofrece esta documentación para profundizar en la realidad social, cultural, vida cotidiana, etc.

La primera parte de esta monografía se centra en la relación entre Derecho y Derecho Canónico indiano y los naturales. Los dos primeros capítulos, del Dr. Duve y la Dra. de Zaballa nos remiten al Derecho Canónico desde un punto de vista general, ya sea por su naturaleza, en el primer caso o por el proceso de recepción en el segundo. El profesor Thomas Duve, de la Pontificia Universidad Católica de Argentina, y especialista en Derecho Canónico indiano, diserta sobre las fuentes en las que se apoya la jurisdicción eclesiástica en los siglos XVI y XVII en las Indias. Como sucede en las demás instituciones indianas en su traslado al Nuevo Mundo, este marco normativo fue modificado por la legislación posterior y particular, y fue interpretado dentro de los paradigmas culturales de cada tiempo y región. Esto produjo una gran variedad y amplitud de prácticas. Sin embargo, el Derecho Canónico universal no dejó de tener su importancia para estas prácticas, como el ámbito o luz bajo la que debían ser leídas. Como resultado del debate que se llevaba a cabo entre los canonistas y juristas seculares sobre la competencia jurisdiccional de los obispos respecto de las personas miserables —y su aplicación a los indígenas—, se puso de manifiesto el uso de las fuentes y, al tiempo, las particularidades indianas.

La profesora De Zaballa presenta en su estudio el conocimiento y abundante uso del Derecho por parte de los indios. No sólo del Derecho secular, como hasta ahora se había demostrado, sino también del Derecho Eclesiástico y la recepción del mismo. Queda manifiesta la familiaridad y la capacidad indígena de desenvolvimiento en los foros de justicia eclesiástica. En el ámbito de historiadores del Derecho, el concepto recepción ha generado una apertura a nuevas e interesantes reflexiones en la línea en que se plantea en este trabajo.

Le siguen dos capítulos sobre el Tercer Concilio Mexicano y la población indígena.

Respecto de los concilios el Dr. Carrillo enfoca su exposición hacia uno de los nuevos cauces de estudio sobre la administración de justicia a la población indígena en el ámbito de la Iglesia indiana: el cauce que se abre en los debates y decisiones de los concilios provinciales de México y el Perú, realizados en el siglo XVI. Trata específicamente de tres de las ocho grandes consultas que el Concilio Tercero Provincial Mexicano de 1585, sometió a consideración de la asamblea episcopal y de sus asesores teólogos y juristas: la injusticia de la guerra a los indios chichimecas, el problema laboral de trabajo conscripto a que era sometida la población indígena por el sistema de repartimientos; y la referente a la economía y el comercio, corrompidos por la usura y la sed de lucro. También en el marco del Tercer Concilio provincial, el Dr. Luis Martínez Ferrer de la Universitá della Santa Croce (Roma), presenta el proceso de elaboración del texto sobre la libertad para contraer matrimonio de indios y negros. Recorre el desarrollo del texto desde la propuesta de Pedro de Hortigosa hasta la definición de los decretos conciliares.

La tercera parte trata de las visitas de idolatrías llevadas a cabo en el virreinato del Perú y la controversia que sobre este tema está presente en la historiografía actual. La profesora Macarena Cordero de la Universidad Adolfo Ibáñez de Santiago de Chile, se propone demostrar que las visitas de idolatrías practicadas en la diócesis de Lima durante el siglo XVII constituyeron una institución de Derecho Canónico indiano. Para ello analiza su formación, desarrollo y evolución, considerando los diversos factores y situaciones que contribuyeron a darles forma, sistematizarlas y regularlas, para así finalmente institucionalizarse; una institución propia de Lima, con características que la distinguen de otras instituciones como las visitas pastorales o la Inquisición.

El trabajo de Juan Carlos García se centra en las complejas circunstancias en las que surgió la primera denuncia de la pervivencia de las idolatrías en el arzobispado limeño. Se estudian los pormenores del famoso —aunque hasta ahora poco y mal estudiado— juicio contra Francisco de Ávila, el sentido de las acusaciones de los indios y la situación interna de la doctrina, así como las razones por las cuales el nuevo arzobispo Bartolomé Lobo Guerrero tomó la determinación de convertir la lucha contra los ídolos en la principal política de su gobierno.

El Dr. Guibovich amplía la visión historiográfica, pues analiza las visitas de idolatrías, que denomina «extirpación de la idolatría», pero en su relación con las visitas eclesiásticas ordinarias, concretamente las que tuvieron lugar en el arzobispado de Lima durante el siglo XVII. Guibovich sostiene que la extirpación debe considerarse, en el marco de la historia institucional eclesiástica, como una parte del proceso de la visita eclesiástica y no como un proceso aislado.

Desde hace décadas cierta historiografía ha consagrado la visión del arzobispado de Lima como el escenario de permanentes campañas destinadas a reprimir las manifestaciones de la religiosidad nativa indígena. No cabe duda que las llamadas «campañas de extirpación» fueron acontecimientos centrales en la historia de la diócesis limeña. Sin embargo, tales campañas muchas veces formaron parte de la visita eclesiástica ordinaria y los extirpadores fueron visitadores con amplias atribuciones que les conferían autoridad para fiscalizar el funcionamiento de la doctrina y el comportamiento de curas y feligreses. Para ilustrar su hipótesis el Dr. Guibovich se sirve de un caso emblemático: el del clérigo Juan Sarmiento de Vivero, activo como extirpador, pero sobre todo como visitador, a fines de la década de 1650.

La última parte se dedica a estudios de caso. El Dr. Magnus Lundberg, revisa varios casos con vistas a investigar el papel del juzgado eclesiástico en los conflictos entre curas y feligreses indígenas en el México virreinal. Con el fin de hacer un análisis detallado del funcionamiento del juzgado en un contexto local, examina el caso del pueblo de Ixcateopan, actual estado de Guerrero, durante la primera mitad del siglo XVII. En particular analiza el tipo de acusaciones que fueron presentadas por los peticionarios y los testigos indígenas.

Por último, el Dr. John Charles, de la Universidad de Tulane, expone, a través de la obra de Guaman Poma de Ayala, la historia del traslado y aplicación de las prácticas jurídicas hispanas al sector indígena peruano de los siglos XVI y XVII. Analiza el discurso jurídico-canónico de la famosa crónica, para comprender cómo el cronista utiliza el sistema legal, y especialmente lo referido al Derecho Eclesiástico, para denunciar a los sacerdotes.

Nos ofrece el análisis de causas de capítulos, o pleitos de los tribunales eclesiásticos, que los caciques y otros dirigentes indígenas presentaron contra los curas de indios para combatir los abusos del clero en las comunidades andinas locales. Queda patente, el amplio conocimiento del Derecho Canónico y su uso por parte de los naturales peruanos de los siglos XVI y XVII.

Se completa así un breve recorrido, desde el Derecho Canónico y su recepción, las discusiones jurídicas en el Tercer Concilio Provincial y la aplicación del Derecho Eclesiástico a casos concretos en ambos virreinatos.

Ana de Zaballa Beascoechea

INTRODUCCIÓN

Los indios, el Derecho Canónico y la justicia eclesiástica: las razones y el drama de una historia

1. Los indios, el Derecho Canónico y los foros de justicia

El libro que el lector tiene en sus manos es producto del trabajo de un grupo de académicos que coordinan sus esfuerzos bajo el liderazgo de la Dra. Ana de Zaballa[1]. Se trata de una comunidad internacional en la que nos hemos propuesto investigar y reflexionar en torno a la muy estrecha relación que se estableció entre los indios, el Derecho Canónico y los diversos foros de justicia en materia religiosa que existieron en la Hispanoamérica virreinal. Buscamos enriquecer el conocimiento sobre este pasado por medio de la discusión y el análisis, siempre a partir de las fuentes, por lo que el lector no encontrará un planteamiento único del fenómeno estudiado, sino una multiplicidad de voces que se dejan interpelar por una realidad cuya riqueza es tal que sorprende y ensancha los límites de nuestra razón. En esta obra se podrán encontrar reflexiones sobre los dos pilares, los dos horizontes de comprensión, las dos metáforas sobre las cuales se levantó la Monarquía de España —como parte de la cultura occidental— y que, por desgracia, suelen pasarse por alto con lo que se limita la compren-

1. Remito a dos libros anteriores: Ana de Zaballa (Coord.), *Nuevas perspectivas sobre el castigo de la heterodoxia indígena en la Nueva España: siglos XVI-XVIII*, Bilbao, Universidad del País Vasco, 2005; y, Jorge Traslosheros y Ana de Zaballa (Coords.), *Los indios ante los foros de justicia religiosa en la Hispanoamérica virreinal*, México, Universidad Nacional Autónoma de México, Instituto de Investigaciones Históricas, 2010.

sión de elementos sustanciales de aquella realidad. Estos pilares son el Derecho y la religión, en este caso la católica[2].

El libro ha sido dividido en tres partes: la primera, estudia la relación de los indios con el Derecho Canónico; la segunda, discute la naturaleza de las visitas episcopales en materia de indios, con especial énfasis en el problema de «las idolatrías» en el Perú; y, la tercera, explora la relación con los tribunales eclesiásticos ordinarios, también llamados audiencias eclesiásticas y provisoratos.

En la primera parte se discute la milenaria tradición del Derecho Canónico en asuntos muy concretos como puede ser la definición jurídica de la persona «indio», la forma en que los naturales aprendieron a valerse de ella, así como ciertas peculiaridades del Tercer Concilio Provincial Mexicano. En su conjunto, se explora el complejo proceso que podemos identificar como recepción del Derecho Canónico lo que involucra su arribo, adaptación, modificación y la construcción de una propuesta desde las Indias. Se estudia la recepción de un Derecho de inspiración y finalidad religiosa que se nutre así del rico suelo de la tradición, como de la realidad social a la cual pretendió servir y ordenar. La riqueza de este proceso se aprecia, asimismo, en la segunda y tercera parte de la obra dedicadas a la interacción entre los foros de justicia y los indios, ya se trate de las visitas episcopales, del foro de la conciencia, de los conflictos presentados ante los tribunales eclesiásticos ordinarios o de las profundas reflexiones que sobre la justicia, la religión y la sociedad nos legó aquel «peregrino de los Andes» Felipe Guaman Poma de Ayala.

Estos trabajos dan cuenta de la riqueza y el dinamismo del Derecho Canónico en sus distintas formas: sea consuetudinaria, que es la tradición en su más profundo sentido, como la voz viva de los muertos y que debe entenderse en oposición al tradicionalismo que es la voz muerta de los vivos; la jurisprudencial, que es la voz de los tribunales en donde se dirime y valida el Derecho; la doctrinaria que se for-

2. Remito a las obras de Harold Berman, *La formación de la tradición jurídica de Occidente*, México, Fondo de Cultura Económica, 1996; *Law and Revolution II. The Impacts of the Protestant Reformations on the Western Legal Tradition*, Cambridge, Harvard University Press, 2003. Igualmente, Paolo Grossi, *Derecho, sociedad, Estado*, México, Escuela Libre de Derecho, El Colegio de Michoacán, UMSNH, 2004; *El orden jurídico medieval*, Madrid, Marcial Pons, 1996.

mula, se debate y propone por los jurisperitos tan íntimamente relacionados con los tribunales y las universidades; la legal en donde se despliega su riqueza a través de concilios, sínodos, ordenanzas episcopales, etc. Todas, en relación con el Derecho Común que las engloba y otorga su razón de ser y que se encuentra tan estrechamente vinculado al Canónico que sus fronteras, en ocasiones, se desdibujan como en el Derecho Civil y Foral (procesal). Un Derecho Canónico que es al mismo tiempo «vis coactiva» y «vis directiva», que cumple una función al servicio de la pastoral, que estructura a la Iglesia y es, también, parte esencial de su sistema inmunológico. Por lo mismo, será pequeña sorpresa el constatar que, en su elaboración y desarrollo, participen de manera por demás activa teólogos, juristas, obispos, oficiales de la Corona, fieles y, entre ellos, los indios. Todos estos actores estaban guiados por la imaginación que surge de la necesidad de resolver problemas ciertos y concretos.

En esta obra nos asomaremos a una historia en la cual el indio, acorde a la evidencia documental, está muy lejos de reflejar la típica imagen de la víctima permanente. Encontramos a los indios de carne y hueso que toman la historia en sus manos para participar de manera activa dentro de la complejidad social a la cual pertenecieron, con el fin de hacer valer el conjunto de privilegios, así como sortear las limitaciones, que implicó el ser definidos jurídicamente como «persona miserable» y cristiano nuevo. Un indio que al mismo tiempo es receptor, beneficiario y actor de una tradición jurídica milenaria.

Tomarse en serio la relación de los indios, el Derecho Canónico y los foros de justicia implica arriesgarse e incursionar en una historia que resulta lejana de aquella imagen maniquea del pasado en la cual se enfrentan los «buenos indios» y los «malos conquistadores»; los astutos naturales siempre en resistencia contra ingenuos o malvados religiosos, obispos y funcionarios obsesionados por su destrucción. Lo que se revela es el complejo mundo de las ideas y las creencias que unían aquella diversidad social y jurídica, afirmándose en esa diversidad dentro de horizontes más o menos definidos y flexibles. Tomarse en serio esta historia es aceptar el reto de enfrentarnos con un pasado cuyos protagonistas son culturalmente católicos, es decir, que se desarrolla en una cultura marcada por los parámetros de la catolicidad, sin importar en principio que tan ortodoxa fuese su observancia.

2. El Derecho y la moral, las creencias y los crímenes

No hay que caminar muy lejos para darnos cuenta que los hombres y las mujeres involucrados en esta historia —laicos indios y no indios, oficiales reales, sacerdotes, obispos o religiosos— forman parte del mismo cuerpo cultural, que participan de las mismas ideas, creencias y prácticas religiosas que se concretan en actos observables. De entre ellos, nos fijamos en los de naturaleza jurídica que tienen estrecha relación con la moralidad de la época, que nos muestran la interconexión del Derecho con la teología —de manera muy especial con la teología moral—, ambas muy vinculadas a la casuística y la tradición. Dos formas de conocimiento que se construyen a partir de la compleja experiencia humana a la cual tratan de encauzar y llenar de sentido, sobre la base de una antropología que sorprende por un realismo que, si bien no se hace ilusiones sobre la virtud cotidiana del ser humano, tampoco deja de esperar lo mejor de cada persona.

En esta lógica, considero necesario observar que la conducta ideal, tipológica podríamos decir, que se esperaba de los indios era la misma que se exigía a cualquier habitante dentro de la Monarquía de España. Sin importar la calidad de la persona o la corporación de pertenencia, los vasallos del rey y fieles de la Iglesia, empezando por el rey mismo, debían ejercitar las virtudes cardinales (prudencia, fortaleza, templanza y justicia), las teologales (fe, esperanza y caridad), cumplir con los mandamientos de la ley de Dios y de la Iglesia, así como llevar una vida dentro de las prácticas litúrgicas, sacramentales y devocionales que nutrieran su religiosidad, con el fin de alcanzar vidas virtuosas en beneficio de cada persona, de su salvación eterna, por el bien de la comunidad y de la Monarquía.

Este modelo de conducta funcionaba como el analogado principal, como un modelo que se abría a un nutrido abanico de posibilidades en las relaciones personales y sociales y no como un código de comportamiento rígido. La virtud debía vivirse en cada caso concreto, realizarse en cada persona acorde a circunstancias específicas. Tal y como lo plasmara Miguel de Cervantes en *Persiles y Segismunda*, dentro de una vida azotada por los caprichos de la fortuna, sólo la virtud permite al ser humano la flexibilidad suficiente para no traicionar la rectitud de su conducta. Al revisar las vidas de los santos, o las hagiografías tan caras a la época, no encontramos un modelo único de comportamiento sino gran diversidad de posibilidades para alcanzar la virtud, distintos ejemplos de vida que, como las brújulas, señalan un punto cardinal, pero que en manera alguna determinan un solo camino. San Felipe de Jesús, santo Toribio de Mogrovejo y santa Rosa de Lima, como la beata india Salvadora de los Santos que fue una laica dedicada a la predicación de la Palabra y que gozó de la admiración del pueblo, eran modelos de virtud y santidad aunque sus vidas tuvieran, en los hechos, derroteros muy distintos.

El considerar al modelo de conducta como analogado principal, nunca como un código inflexible al estilo puritano, permitirá a la Iglesia presentarse fuerte en sus principios doctrinarios y, al mismo tiempo, moderada, flexible o rigurosa en su aplicación según fuera el caso. Una forma de articular la doctrina y la acción —en este caso jurídica y judicial— que, según he podido observar, es causa de confusión así entre los noveles estudiantes, como entre los expertos. La diversidad de prácticas y manifestaciones religiosas —múltiples y ricas como el arte barroco del cual es proyección—, se confrontan con el analogado principal posibilitando su comprensión caso por caso. Así se podían acercar a zonas de frontera en donde las prácticas empezaban a generar dudas en torno a su virtud o su ortodoxia. Una frontera bastante flexible cuya trasgresión no descalificaba necesariamente a la persona como católica a los ojos de su sociedad e Iglesia, sino que la identificaba como necesitada de ayuda, redención y justicia. Como podemos observar, la relación entre la moral y el Derecho Canónico era dinámica y compleja, tanto como la realidad misma.

Cuando el investigador queda inmerso en los expedientes judiciales de la época y desde ahí reflexiona sobre la juridicidad de las relaciones sociales dentro de los marcos de aquella catolicidad, poco a poco comprende que la conducta trasgresora del Derecho está asociada al pecado, es decir, a una ofensa contra Dios, la Iglesia, el prójimo y la misma persona que lo comete. También que, esta relación afecta por igual las conductas consideradas por el Derecho Civil como por el criminal. Obvio es decirlo, en ambos casos el referente a la doctrina canónica, como al Derecho Común, era obligado. En esta ocasión nos fijaremos brevemente en las de índole criminal dentro de los foros de justicia en materia religiosa. Su exploración en el terreno civil quedará como asignatura pendiente.

Conforme el estudioso se adentra en los expedientes va quedando claro que, si bien la conducta a ser considerada en tribunales implicaba en alguna medida un pecado, no todo pecado se convertía en trasgresión del orden jurídico. La criminalidad estaba dada por uno de dos factores o por su combinación: la publicidad con que se actuaba y la gravedad de la falta. Así, acorde a estas consideraciones, es posible dividir los crímenes que se conocían en los foros de justicia en dos grandes grupos: los que no se apartaban del todo del cuerpo de creencias comunes y los que sí lo hacían sin duda alguna.

Los crímenes que no implican apartarse del cuerpo de creencias comunes los podemos dividir, a su vez, en tres apartados dependiendo de la gravedad de los actos. Un primer apartado está referido a los usos y costumbres del común de la cristiandad. Se trata de acciones que en su mayoría hubieran podido solucionarse dentro del sacramento de la confesión, también llamado «foro interno» y que es comprendido asimismo como un tribunal, de hecho el más importante de todos; pero que devienen en crímenes por la publicidad de los actos, por el mal ejemplo, porque inducen a otros a pecar, es decir, por constituir un escándalo. Aquí encontramos el común de los delitos perseguidos por los tribunales eclesiásticos ordinarios y en los tiempos de la visita de los obispos. Como ejemplo, entre muchos otros, podríamos mencionar el amasiato.

Un segundo apartado, todavía dentro de las fronteras de la catolicidad, contiene aquellas acciones que, por su gravedad, no dependían del escándalo para transformarse en crímenes. Se trata de acciones que ofendían alguno de los sacramentos, como la bigamia al matrimonio y la solicitación a la confesión. La infidelidad podía ser materia de corrección en el confesionario mientras no se convirtiera en escándalo, la bigamia era un crimen pues atentaba directamente contra el sacramento del matrimonio. Fallar al voto de la castidad era un asunto de confesionario, mientras que solicitar favores sexuales al momento de la confesión era un crimen perseguido implacablemente.

Un tercer apartado lo forman aquellas conductas que, si bien de alguna manera todavía comparten el común de las creencias, conllevan serios agravantes en su criminalidad. Se trata de acciones que implican un atentado contra el primero de los mandamientos que es amar a Dios por sobre todas las cosas. Por encima de Dios nada puede estar, como tampoco puede ser suplantado por cosa alguna. Es, pues, el más grave de los pecados que se transforma en el más terrible de los crímenes cuando se expresa como un pacto con el «enemigo del género humano», con aquel que traicionó de manera definitiva a Dios, es decir, con Luzbel. Cabe advertir que no se trata de creencias paganas pues éstas se abordaban de distinta manera, sino de conductas llevadas a cabo por bautizados sin importar, en principio, la calidad de su persona.

Todos los actores involucrados en estas historias creen en el Demonio, sólo que unos lo rechazan y otros lo desean, unos para temerle y otros para adorarle, unos para evitarle y de ser necesario hacerle frontal guerra y otros para desearle y buscar ser sus aliados. Creer en el Maligno no era una creencia disidente como repetida e inopinadamente se ha dicho. El problema estaba en otro lado, estaba en el ejército en el cual se elegía militar. La meditación de las dos banderas, eje de los *Ejercicios espirituales* de San Ignacio de Loyola, que tuvieron indudable influencia en aquel entonces, acuden en nuestro auxilio para aclarar el punto. Por un lado están quienes se ubican en el ejército de la Iglesia encabezada por Cristo y, por otro, quienes han hecho una alianza con el «émulo del género humano». Ambos ejércitos traban una lucha tan radical que ningún ser humano puede evadirse y en la cual la indiferencia implica colaboración con Lucifer, ya sea por acción o por omisión. Una batalla en la cual se arriesga el bien más preciado: la salvación eterna.

En este caso, como podemos darnos cuenta, ya no se trata de pecados venidos a escándalo, ni de grandes debilidades humanas, sino de opciones radicales de vida. No obstante, son conductas que participan de las creencias comunes. ¿Quién no creía en Lucifer y en su avérnico ejército? No hay que caminar muy lejos para darnos cuenta de que en realidad no se persigue la creencia, sino la colaboración. Creer en el Demonio es propio del tiempo, pactar con él es necesariamente un crimen con independencia de la publicidad de la conducta.

Como apuntamos líneas arriba, existía un segundo grupo de conductas que se divorciaban y combatían las creencias comunes de la catolicidad como podía ser, por ejemplo, la herejía y la apostasía cual era el caso de judaizantes, luteranos y afines. Se trataba del menos común de los delitos, si bien eran muy espectaculares en su castigo, amén de ser los favoritos de nuestra historiografía puesto que implicaba un castigo directo a la disidencia en las creencias lo que, acorde a nuestros dogmas culturales, constituye una violación a la libertad de pensamiento.

Entre los herejes y apóstatas sería muy difícil encontrar algún indio pues ellos tenían un nicho aparte en la idolatría y sus derivados, un pecado ciertamente grave pues suponía poner las cosas por encima de Dios y adorarlas, lo que no necesariamente implicaba un pacto con el demonio. Sin embargo, por tratarse de los naturales siempre hubo atenuantes que, por lo regular, derivaban de su condición de cristianos nuevos y miserables. Estos atenuantes los podemos dividir en tres tipos: por causa de ignorancia simple, por engaño de líderes perversos y por engaños del Demonio. En cualquier caso se tenía la justificación de la ignorancia que, si bien no eximía de responsabilidad pues no se trataba de una ignorancia insalvable, sí la reducía considerablemente. No era lo mismo cometer tan grave crimen por perverso que por ser «cristiano nuevo de miserable condición» y por tanto ser merecedor de un trato «benevolente».

No está por demás llamar la atención en el hecho de que el trato «benevolente», esa moderación hacia los indios, nos refiere con claridad a figuras de rancio abolengo dentro del Derecho Canónico identificadas, desde el siglo XI, por Ivo de Chartres sobre la base del estudio de la tradición canónica del primer milenio. Esto es que, frente a conductas trasgresoras del orden jurídico el Derecho puede aplicarse con estricto rigor, de forma moderada o efectuar excepciones, dependiendo de la persona que lleva a cabo la acción y de las circunstancias que le rodean. Esto, por supuesto, no niega la conducta reprobable, mucho menos la existencia del crimen y del pecado, sino que obedece al realismo antropológico que guía la aplicación del orden jurídico canónico, algo digno de ser estudiado en las Indias Occidentales.

En suma, las exigencias de carácter moral que se tuvieron con los indios fueron similares a las demandadas al común de los vasallos y fieles, siempre sustentadas en principios religiosos ordenados al ejercicio de la virtud cristiana. Esto es que, en la transformación del pecado en crimen, es decir, de una conducta reprobable en el ámbito de la conciencia, a otra perseguida y castigada por los foros de justicia, los indios y los no indios «cometían» los mismos delitos en materia religiosa. Sin embargo, por ser cristianos nuevos de miserable condición, los naturales gozaban de trato benevolente por lo que no se les aplicaban los peores castigos. El trato «benevolente» con los indios, es necesario recordarlo, fue un elemento sustancial de un procedimiento judicial *técnicamente definido*, derivado de un conjunto de predicados morales que, como principio doctrinario, impelían al trato preferencial con el débil y a su protección contra el fuerte.

El orden jurídico y judicial sustentado en el Derecho Canónico no estaba sujeto a una racionalidad orientada por la eficacia, es decir, de carácter formal. Diversos factores como el apego al debido proceso, el celo por diferenciar a los indios de los no indios, la traducción jurídica de predicados religiosos de carácter moral, su íntima relación con la acción pastoral, nos señala que la acción judicial estaba orientada sobre todo por una racionalidad sustantiva ordenada a fines éticos, por igual referidos al plano inmanente que al trascendente. A nadie debe sorprender que el Derecho Canónico, como los foros de justicia por éste ordenados, fueran un instrumento al servicio de una pastoral que, en su conjunto, configuró un proyecto cultural en el cual se comprometieron los distintos cuerpos de aquella sociedad e Iglesia y que se sintetizó en la constante «reforma de las costumbres» que, obvio es decir, debemos comprender como un concepto de época. Este orden jurídico y religioso se sustentó en un realismo antropológico que revela un drama histórico en el cual es necesario reflexionar.

3. El drama de una historia

Con frecuencia olvidamos que, la historia de la relación de los indios con el Derecho Canónico y los foros de justicia se desarrolla dentro de una cultura católica, incluso en sus aparentes y reales disidencias como hemos observado. También, solemos pasar por alto que las religiones implican, necesariamente, una forma particular de comprender al ser humano, su sociedad y su historia de suerte que, sobre esta base, se levantan culturas y civilizaciones.

En esta lógica me parece prudente observar que, es distintivo del cristianismo hacer de la persona el centro de su pensamiento y acción, el motivo de sus esfuerzos y hacerlo en respuesta al radical compromiso de Dios con el ser humano, tan radical que se encarna en Jesús de Nazaret, un simple carpintero de Galilea. El cristianismo es una religión centrada en la persona humana y su íntima relación con un Dios personal. Ahora bien, el cristianismo de tradición apostólica al cual pertenece la Iglesia Católica, no se concibe a sí mismo como la religión de los puros. G. K. Chesterton observaba que la Iglesia Católica es semejante a un hospital de pecadores en proceso de rehabilitación. El acceso al hospital, agregamos, no depende de filiación, capacidad o condición alguna, basta con querer ingresar. El drama de una historia vivida en el contexto del cristianismo de tradición apostólica no se desenvuelve a partir de la lucha del bien contra el mal pues no es una religión maniquea, no es el camino de los gnósticos. En esta historia el protagonista es el ser humano y el campo de batalla más importante es el corazón de cada persona, su conciencia, que se debate entre la gracia y el pecado.

Cuando se habla del mal se refiere al pecado y sus consecuencias. Cuando se trata del bien se refiere a la gracia de Dios quien la ofrece de manera gratuita y generosa. El pecado, entonces, es el rechazo que hace el ser humano de la gracia, lo que tiene consecuencias malas para la persona, la sociedad y su historia. La gracia sin excepción es ofrecida en gratuidad por Dios; pero debe ser aceptada por el ser humano ahí donde la libertad tiene su morada que es su conciencia. Cada persona es por necesidad libre y no puede menos que elegir en cada momento, de manera constante, en un proceso que involucra sus deseos, sus anhelos, sus potencias y limitaciones, sus lazos de solidaridad con los demás, su relación con Dios. Se trata de una libertad estrechamente vinculada a la conciencia, la responsabilidad y el bien. Por lo mismo, renunciar a la libertad es tanto como renunciar a la propia humanidad y vencerse ante el pecado. Lo cierto es que tal renuncia nunca se realiza de manera definitiva pues la gracia no desaparece, ni deja de actuar de mil maneras para atraer la voluntad de cada persona, sin forzarla. Esta dinámica de vida transforma la historia —sea personal o social— en historia de salvación. Cualquier historia, por insignificante que pueda parecer, está vinculada a la gran historia. Cada persona importa.

Esta forma de comprender la historia está sustentada en un profundo realismo antropológico. Una de las metáforas preferidas en aquel entonces para explicar la condición del ser humano era considerarle como un «ángel caído». Un ser creado a imagen y semejanza de Dios con vocación trascendente que por su decisión, por su pecado, lastimó su relación con Dios al pretender ser como su creador. Tal es el llamado pecado original que señala su condición de debilidad y su necesidad de la gracia de Dios para fortalecerse y seguir adelante. Una apertura a la gracia que sólo en libertad se puede verificar y que sólo libremente se puede recibir.

El ser humano es limitado y es trascendente. Sus limitaciones no le impiden lanzarse a las más grandes aventuras en las cuales encontraremos actos de profunda humanidad y de terrible mezquindad en el mismo tiempo y espacio y, en no pocas ocasiones, en la misma persona para confusión de no pocos historiadores. El ser humano es al mismo tiempo egoísta y generoso, vanidoso y humilde, capaz de la más excelsa virtud y sacrificio, como de la más abyecta traición. Cima y sima de la creación. El literato inglés J. R. R. Tolkien lo expresó de manera por demás poética en *El Señor de los Anillos.* El hombre es generoso y voluble, dispuesto a ofrendar su vida para derrotar a Sauron, capaz de lanzar una grandiosa carga de caballería con rumbo a las lanzas de los orcos; como de tener el anillo en sus manos, la oportunidad de destruir a Sauron y traicionar en el altar de la soberbia por ilusiones de grandeza. Un ser que, al tiempo de generar desconfianza en sus aliados, es reconocido como el único con suficiente dignidad como para empuñar la espada y ceñirse la corona del rey. En el combate contra Sauron todos, sin distinción, son tentados por el poder del anillo, por la soberbia. Los más son heridos en batalla y deben ingresar al hospital de los pecadores, expiar culpas, asumir responsabilidades y ser curados por la gracia para salir cuanto antes a continuar en el combate. No hay zonas de seguridad y confort. El pecado no espanta pues forma parte del drama de cada día, lo que asusta es sucumbir ante éste, no poder levantarse para seguir en la batalla por alcanzar la eternidad que, en no pocas ocasiones, se confundirá con la gloria terrena.

Dios, en esta historia y con perdón de san Anselmo, está muy lejos de ser impasible. Por el contrario, está apasionado por el ser humano en forma tal que, literalmente, ha comprometido su propia sangre en Jesús de Nazaret. Como es de suponer, en esta historia el Demonio también tiene su papel que, definitivamente, no es el de una divinidad en guerra contra el Dios del bien. El Demonio es la criatura caída y sin redención que aprovecha las fisuras que la soberbia abre en la voluntad humana para intentar confundir su libertad y cautivar su voluntad. Es el amo del engaño, una criatura vanidosa, astuta, motivada por la envidia al ser humano, por el rencor a Dios. Sin embargo, no es más que una simple criatura incapaz de aceptar la redención, aquel que cayó de manera definitiva por su propia decisión.

El ser humano es libre y es responsable de sus actos. Es tan libre que puede volver la espalda a su creador, renegar, patear y ponerse en su contra. Incluso puede intentar sustituirle por algo que le sea factible manipular del mismo modo en que el brujo y el mago lo pretenden. En el extremo, es capaz de sustituir a Dios por sí mismo cual Narciso que, al contemplarse en el espejo, se cree capaz de controlar cuanto le rodea aunque no lo sea ni de manejar la imagen que contempla. Es entonces que se comete el pecado de la idolatría. Un pecado que subvierte el orden de la creación al pretender que la criatura sea Dios con graves consecuencias también en el orden social. No obstante, es el pecado más fácil de perdonar por Dios a condición de que el ser humano cambie, se convierta, es decir, acepte el orden natural de las cosas y su condición de criatura abierta a la gracia, a la redención de Dios.

Cuando los historiadores nos adentramos en el drama de una historia sustentada por este realismo antropológico resulta difícil encontrar medias tintas. La apatía y la mediocridad existen como en cualquier lugar, pero son percibidas como tentaciones, como actitudes contrarias a la redención y por lo mismo deben ser combatidas. Así, de cara al tema que aquí nos ocupa, podremos observar la capacidad de una Iglesia local, por grande o pequeña que sea, para movilizar ingentes recursos con el fin de erradicar la idolatría de un puñado de indios en un paraje en medio de la nada —o cualquier costumbre que induzca al pecado— para, al final, aplicar las correspondientes penas, en pocas ocasiones con rigor y en las más con moderación o disimulo en mor de la condición humana. De igual suerte, los expedientes nos desvelan historias de seres humanos de carne y hueso, indios y no indios tan mortales como cualquier otro, con sus anhelos y esperanzas, con sus problemas cotidianos y extraordinarios, tan dispuestos a colaborar en la reforma de las costumbres, como de sacarle la vuelta, de sumarse al esfuerzo, como de sabotearlo. En su propia lógica, de aceptar la gracia a través de diferentes medios pastorales, como de voltearle la espalda. Al final de día, hombres y mujeres plenos de humanidad. Cabe preguntarnos ¿por qué ese afán de comprometer tantos recursos humanos en una empresa que, de antemano, se sabe que sus resultados serán limitados en el mejor de los casos? Porque tienen por sabido que en la historia, para aquellos que permanecen en la lucha, el alcanzar la cumbre es cosa cierta, contra lo que Sísifo y sus intérpretes pudieran opinar. Estamos ante una racionalidad distinta a la que domina en nuestra época, tan denodadamente volcada a la eficacia, tan marcada por el eficientismo y el principio de utilidad. Como sea, el historiador debe hacer el esfuerzo de comprender la racionalidad de aquellos de quienes escribe la historia.

Ahora puede quedar más claro que, la estrategia del combate al pecado consiste en poner al ser humano en condición de aceptar la gracia que le justifica y fortalece, que le permite ponerse en pie y tomar las decisiones correctas en orden al bien personal, social y trascendente, en el entendido de que no se logrará de una vez y para siempre. Una estrategia que pone en movimiento una compleja acción pastoral comprometiendo sacramentos, liturgia, educación de las masas y de las elites, predicación de la Palabra, la formación de organizaciones sociales, como también el uso de medios jurídicos y judiciales. Ahora podremos ver con más claridad que el Derecho Canónico, con sus tribunales, no es un fin en sí mismo, sino que está al servicio de la acción concertada de la Iglesia para alcanzar la salvación de cada persona y de todas las personas. El Derecho Canónico no es el príncipe de la historia, tampoco un caballero enfundado en su deslumbrante armadura. Es tan sólo un fiel sirviente, indispensable, culto, técnicamente muy sofisticado, imprescindible, que puede ocupar lugares de gran realce, tan necesario que cuando falla compromete el buen camino de la acción de la Iglesia; pero a final de cuentas no es más que un fiel sirviente.

Sólo en medio de este drama se puede entender la política de contención y encauzamiento tan propia del cuidado de la ortodoxia y la reforma de las costumbres que maraca aquellos años. Por eso el recurso judicial, con excepción de la confesión sacramental, se comprende como complementario y vinculado a la acción pastoral. Esto es muy claro, por ejemplo, durante una visita episcopal —general o especial, da lo mismo— en donde se hace presente el aparato religioso en pleno y, como parte de éste, la acción jurídica y judicial. En cualquier acción pastoral un conjunto de recursos humanos y materiales se ponen en marcha para salvar a cada persona y a todas las personas, insistimos, con la clara conciencia de que se volverá a caer, se volverá a fallar puesto que su condición es la de ángeles caídos con vocación trascendente. No son los resultados lo que orientan la acción, sino la pasión por la salvación de cada persona, un asunto en lo que honestamente creen y en lo cual comprometen, como decían entonces, fama y fortuna. Fuera de esta lógica, extraviamos el sentido de las acciones de aquellos seres humanos. A partir de aquí las posibilidades de investigación e interpretación se multiplican. Es un punto de partida para el investigador, no la meta a conseguir.

Si observamos con detenimiento y reflexionamos con serenidad, será sencillo darnos cuenta de que estos dramas son análogos a los desarrollados con genio y profundidad por Lope de Vega, Miguel de Cervantes, Pedro Calderón de la Barca, santa Teresa de Ávila, san Juan de la Cruz, sor Juana Inés de la Cruz y William Shakespeare; como, en tiempos más recientes, Fiodor Dostoievsky, León Tolstoi, Graham Green, Michael O'Brian, Javier Sicilia, C. S. Lewis, J. R. R. Tolkien y K. G. Chesterton, por citar algunos literatos de antaño y hogaño, que se han hecho cargo de la complejidad del drama humano, acorde a la comprensión que de la historia y la persona tiene el cristianismo de tradición apostólica.

Antes de terminar estas apretadas reflexiones, me parece pertinente salir al paso de ciertos prejuicios que entorpecen la comprensión de una historia que se desarrolla en un contexto cultural de tradición apostólica, concretamente del catolicismo romano. Es, pues, importante seguir el consejo de estudiosos de indudable solvencia como Emilio Durkheim, Max Weber y Luis González y González quienes invitan a identificar aquellas fobias que no nos dejan observar con calma el objeto de estudio. En esta ocasión me quiero referir al «complejo romano» —tan bien descrito por Hans Urs von Balthasar— y al «complejo puritano».

El «complejo romano» indica que nada bueno, cierto, justo o noble puede provenir de la Roma católica en el presente y mucho menos del pasado. Si es católico debe ser falso, incompleto o perverso. Es necesario insistir, una vez más, en que los historiadores no estamos para elaborar juicios flamígeros de los ancestros, mucho menos para generar opinión política usando el discurso historiográfico, que esa opinión tiene su lugar y su propia forma discursiva. Los historiadores estamos para comprender procesos históricos dentro de un tiempo y lugar específicos, cuyos protagonistas son siempre seres humanos de carne y hueso y no simples cosas que puedan usarse según las necesidades discursivas o las conveniencias políticas de moda. Como cualquier persona, como todos los muertos, los pasados merecen respeto y consideración.

Por otro lado, el prejuicio puritano indica que en la historia sólo existe un discurso posible el cual siempre coincide con el propio. Este prejuicio lo podemos encontrar en diversas presentaciones, ya se trate de la historia de una nación, de una religión, de una raza, clase o género, grupo social poderoso o «marginado», etc. Se trata de historias puritanas en donde no existe más discurso que el del propio historiador —y de su grupo de intereses—, a través del cual se justifica la historia. Se trata de construcciones historiográficas univocistas que, por ende, resultan ser esencialistas, teleológicas y anacrónicas como es propio de las posturas puritanas. Podemos odiar o amar a la Iglesia Católica, renegar o apreciar el pasado «colonial», pensar que el Derecho en un instrumento del poder o un mecanismo de justicia sin igual. Sin importar filias o fobias, al estudiar una historia que se desarrolla en una cultura católica la lógica del drama humano arriba descrito estará presente y el reto será comprenderlo, no juzgarlo.

Nadie debe llamarse a sorpresa cuando, a lo largo de este libro, descubra que los indios fueron protagonistas de su propia historia y que vivieran con intensidad su propio drama en las coordenadas de su propia cultura, que creyeron y dudaron, que pelearon en tribunales, que se arrepintieron de sus pecados y volvieron a pecar como cualquiera en su tiempo, que vivieron con pasión y decisión. La intensidad del peregrino de los Andes, al cual este libro dedica un capítulo, no es diferente a la de los personajes de Lope de Vega, de Cervantes o Shakespeare; su profundidad espiritual pertenece al linaje de sor Juana Inés de la Cruz, de santa Teresa de Ávila, de san Juan de la Cruz, de san Ignacio de Loyola; su pasión por el indio es del mismo talante que la de fray Toribio de Benavente «Motolinía» y Bernardino de Sahagún. Y, no obstante, Guaman Poma de Ayala es un hombre de su tiempo como diría Perogrullo, es el portador de un mensaje y no el creador único de aquella realidad. Esta es la historia que se encuentra en la relación que establecieron los indios con el Derecho Canónico y los foros de justicia en materia religiosa. En suma, observamos la intensidad con que fueron vividas esas dos metáforas que explican una historia que se despliega en el contexto del cristianismo de tradición apostólica en su vertiente católica romana: el Derecho y la religión.

Jorge E. Traslosheros

LOS INDIOS Y EL DERECHO CANÓNICO

La jurisdicción eclesiástica sobre los indígenas y el trasfondo del Derecho Canónico universal

THOMAS DUVE

En esta contribución, se quiere mostrar que el Derecho Canónico universal —es decir, el Derecho Canónico tal como estaba recopilado en el *corpus iuris canonici* y fue trabajado por los autores de los siglos siguientes— preveía un marco normativo muy elaborado en materia procesal y jurisdiccional que sirvió para establecer la jurisdicción eclesiástica en los siglos XVI y XVII en las Indias. Sin embargo, este marco normativo fue modificado por la legislación posterior y particular, y fue interpretado dentro de los paradigmas culturales de cada tiempo, lo que produjo una gran variedad y amplitud de prácticas. No obstante, no dejó de tener su importancia para estas prácticas, que tienen que ser leídas a la luz de este Derecho Canónico universal. Concretamente, trataré de mostrar esto tomando como ejemplo el debate que se llevaba a cabo entre los canonistas y juristas seculares sobre la competencia jurisdiccional de los obispos respecto de las personas miserables y su aplicación a los indígenas.

Uno de los problemas de especial interés para el historiador del Derecho Canónico (y para todos los que se interesan por la cultura del *ius commune*) es la relación entre lo universal y lo particular, en nuestro caso la relación entre el Derecho Canónico universal, por un lado, y su trasplante, su recepción, transformación y adaptación en el Nuevo Mundo, por otro. ¿Cómo es la relación entre este Derecho Canónico universal y sus expresiones locales, especialmente frente a las circunstancias inéditas que se suscitan en el Nuevo Mundo? ¿En qué medida verdaderamente podemos hablar de una «diversidad en la unidad»? ¿En qué medida podemos relacionar lo que está escrito en las fuentes del

Derecho Canónico universal, es decir, en el *corpus iuris canonici*, con su origen medieval, en la normativa pontificia posterior y en la doctrina de los autores, con la práctica del Derecho Canónico en las distintas y lejanas partes del orbe cristiano?

Sin entrar en reflexiones eclesiológicas sobre la relación entre lo «universal» y lo «particular», creo que no es necesario dar grandes explicaciones de que será recién a partir de una visión de múltiples casos particulares que podremos reconocer algunos rasgos de lo universal, y que, asimismo, lo particular podrá ser visto a la luz de lo universal.

Sin embargo, esta visión desde lo local, desde lo particular, recién la podremos tener si nos dedicamos a la normativa particular, muchas veces difícil de encontrar, y —en primer lugar— a partir de una reconstrucción de la práctica. Por eso, necesitamos consultar los archivos, evaluar los escritos de los actores y ver cómo fue el Derecho Canónico que efectivamente llegó a implementarse en cada lugar. Así, por ejemplo, Ana de Zaballa[1] afirma que en la actividad de las audiencias eclesiásticas respecto a la novedad de sus habitantes —los indios—, los obispos no encontraron un ordenamiento específico y, por tanto, su aplicación práctica dependía de las circunstancias y del obispo, por ausencia de reglas comunes.

Frente a esta variedad, a esta actuación aparentemente independiente de los tribunales, el historiador del Derecho obviamente se pregunta: ¿Dónde queda lo «universal»? ¿No hay una unidad detrás de la diversidad? ¿No existió una normatividad común, algo así como una subestructura que comparten los actores, aun en las partes más remotas del orbe cristiano?

Creo que es posible buscar estos «subtextos», detectar los dispositivos comunes, descifrar los discursos subyacentes, y rescatar las concepciones comúnmente compartidas que tal vez puedan haber influenciado la práctica, en mayor o menor grado, sin estar explícitos en los expedientes. Para esto, hay que reconstruir los discursos que influyeron en el pensamiento, en los modos de pensar que posiblemente han formado el universo intelectual-jurídico de los actores. Tenemos que rescatar cuál fue el Derecho Canónico considerado aplicable por los autores de la época, cuáles eran las doctrinas que pesaban

1. Zaballa Beascoechea, 2005, p. 59.

más a los ojos de estos actores, y cuáles menos, y cómo fue el *modus operandi*, el método de interpretación, la argumentación, las condiciones materiales del trabajo de los juristas-canonistas, etcétera.

Lamentablemente, parece difícil brindar en pocas palabras esta aportación, porque la investigación histórico-canónica se ha concentrado tradicionalmente en analizar las fuentes medievales y la doctrina del Derecho Canónico clásico, razón por la cual disponemos de muy pocos estudios sobre el Derecho Canónico en la temprana Edad Moderna. Además, los historiadores del Derecho indiano tampoco se han ocupado demasiado del Derecho Canónico indiano. Lo que sabemos, lo debemos a investigadores de la talla de Antonio García y García, Federico Aznar Gil o Paulino Castañeda Delgado. Pero las lagunas siguen siendo enormes.

Considerando todos estos desafíos, el fin de esta breve contribución es solamente un intento de dar un ejemplo del debate teórico que probablemente ha estado presente en la mente de los juristas-canonistas en el siglo XVI e inicios del XVII, cuando ellos debatían sobre la competencia de la jurisdicción eclesiástica en relación con los indígenas. En otras palabras: quisiera mostrar uno de estos posibles subtextos, uno de estos conocimientos que tal vez no estén plasmados en los expedientes pero que estaban presentes en la mente de los autores. Se trata de la doctrina sobre la especial responsabilidad jurídica que tiene la Iglesia para con los débiles, y su aplicación a los indígenas. Esta doctrina ha encontrado su expresión más vigorosa en la consideración de los indios como personas miserables, y creo que una mirada a esta doctrina puede ayudar a entender mejor no solamente la concepción sobre la jurisdicción eclesiástica, sino también la misma cultura jurídica de la época.

Procederé en tres pasos. Primero, haré una breve introducción a la problemática, segundo esbozaré los principales rasgos de esta doctrina canónica de la jurisdicción episcopal sobre los más débiles, y tercero terminaré con algunas reflexiones sobre la «cultura jurídica» en la cual se insertan estos debates, en otras palabras, sobre cómo fue el Derecho en el cual estaban formados los autores de los documentos que nos interesan.

EL INDIO COMO PERSONA MISERABLE

Empiezo con una breve introducción al problema. Creo que el término *«persona miserabilis»* y su aplicación a los indígenas son bastante conocidos: casi todos los libros de Historia del Derecho dedican por lo menos algunas líneas a esta figura jurídica, generalmente haciendo hincapié en la lista de privilegios en materia judicial que se encuentran en la *Política indiana* de Solórzano Pereira[2], donde el célebre jurista se refiere, en primer lugar, a la tradición romanística de este término, es decir, a su origen en una constitución del Emperador Constantino, recogida en el *Codex*, parte del *Corpus iuris civilis*. No quiero profundizar en estos aspectos ya bien conocidos[3].

Sin embargo, no es tan conocido que este término, vinculado en la memoria colectiva de los historiadores del Derecho con la Constitución de Constantino, también tiene una *tradición* y una *función* particular en el Derecho Canónico. Porque los canonistas medievales la emplearon para referirse a las personas por quienes la Iglesia se sentía especialmente responsable, y quienes, consecuentemente, podrían ser objetos de la jurisdicción eclesiástica: porque protección significaba, en primer lugar, poner a una persona bajo la propia jurisdicción. Esta tradición canónica, expresada en frases como *Iustitia est in subveniendis miseris* (un fragmento San Agustín, recogido en las *Sentencias* de Pedro Lombardo) llegó, junto con los conquistadores, sacerdotes y misioneros, con sus libros y su mentalidad, al Caribe y a México; y nadie se sorprendería de que se empezara a debatir acerca de la aplicación de esta categoría a los indígenas. Las consecuencias tuvieron una proyección importantísima porque al considerarlos personas miserables, podría sostenerse —y de hecho, como veremos, se sostuvo— que

2. Solórzano Pereira (1639), Lib. I, Cap. XXVII: «*Indos miserabiles personas censeri, & quibus privilegiis in temporalibus & spiritualibus hac de causa fruantur, & et qualiter ad festorum observantionem obligentur?*»; Solórzano Pereira (1647), Lib. II, Cap. 28: «Que los indios son y deben ser contados entre las personas que el Derecho llama miserables, y de qué privilegios temporales gocen por esta causa, y de sus protectores»; Cap. 29: «De los privilegios y gracias que a los indios por miserables y recién convertidos, les están concedidas en las causas y materias espirituales».

3. Acerca de los privilegios de los indios por su consideración de ser personas miserables véase, especialmente, Castañeda Delgado, 1971; Hespanha, 1993; Díaz Couselo, 2001; Cebreiros Álvarez, 2004. El uso del término *persona miserabilis* en la temprana Edad Moderna está abordado extensamente en Duve, 2008.

todos los asuntos de los indígenas debían tratarse en el fuero eclesiástico, independientemente de si se trataba de cuestión espiritual o no. En otras palabras: aplicándola en un sentido estricto, esta figura —pensada para una minoría, para casos excepcionales en el Viejo Mundo— permitía establecer una jurisdicción semejante a la que la Iglesia solía reclamar sobre los clérigos con el *privilegium fori*, quitándole a las audiencias la jurisdicción sobre una amplia mayoría de la población en el Nuevo Mundo.

EL DEBATE ACERCA DE LA JURISDICCIÓN ECLESIÁSTICA DE LOS OBISPOS SOBRE LAS PERSONAS MISERABLES

Como sabemos, esto no sucedió. Pero antes de preguntarnos por el por qué, miremos un poco más de cerca esta doctrina que ha sido considerada una de las pocas que nos señala la esencia del Derecho Canónico.

¿Dónde la encontramos expuesta? ¿Cuál fue el trasfondo de esta doctrina? ¿Qué facultades otorgaba esta doctrina a la jurisdicción eclesiástica?

Como sabemos, en el siglo XVI, no podía encontrarse el Derecho Canónico aplicable condensado en un solo libro. Tampoco existieron, en estos momentos iniciales de la implantación de la justicia eclesiástica en las Indias, obras con una autoridad semejante a las de posteriores generaciones, como las de Solórzano Pereira, Villarroel, Avendaño. ¿Cómo surgió, entonces, esta doctrina, en el siglo XVI?

Una de las más famosas figuras dentro de la historia de la evangelización en Indias nos dejó un escrito que da una pauta: se trata de una carta firmada el 19 de octubre de 1545 por Bartolomé de Las Casas, Antonio de Valdivieso y Francisco Marroquín, dirigida al presidente de la Real Audiencia de los Confines, Alonso de Maldonado. No es difícil imaginarse la postura de Las Casas, el autor de esta y de otras misivas sobre el mismo tema: según los tres obispos, de Chiapas, Nicaragua y Guatemala, todos los casos que involucraran a cualquier indio debían de inmediato ser trasladados a la jurisdicción eclesiástica, porque los indios eran, como ellos exponen, *personas miserables* y por eso

> uno de los casos que pertenece de derecho y según los sacros cánones a los obispos y jueces eclesiásticos y de que puedan juzgar y conocer y hacer

justicia inmediatamente, aunque no haya negligencia ni malicia, ni sospecha del juez seglar[4].

De no acceder a este reclamo —sigue la carta— ellos se verían obligados a comunicar a los fieles de su diócesis que tanto el presidente como los oidores de la Audiencia habían caído *ipso facto* en excomunión.

Obviamente, dicha solicitud no podía tener éxito: pasar todos los asuntos de los indios a la jurisdicción eclesiástica, con un obispo como Las Casas (o como Valdivieso) como juez competente, hubiese significado una rendición incondicional en la lucha que en este momento se llevaba a cabo en la implementación de las Leyes Nuevas en las Indias. Era previsible que la Audiencia respondería negativamente, y que también otros intentos de Las Casas —varias cartas al emperador Carlos y al príncipe Felipe, siempre centradas en las mismas ideas— fuesen infructuosos[5].

Sin embargo, desde el punto de vista jurídico —y es este el tema que nos interesa ahora— el fracaso y la contundencia del rechazo de la opinión de Las Casas y de los otros puede extrañar. Porque los obispos se apoyaron en una serie de cánones del *Decretum Gratiani* (C. 24. q. 3. c. 21; Dist. 84 c. 1, c. 2; 87, c. 1, c. 2; 88 c. 1) y del *Liber Extra* (X. 5.40.26; 1.29.38; 1.37.1; 2.2.15; 2.2.11; 2.2.10), es decir, en partes centrales del Derecho Canónico, y fundaron su petición con lo que ellos llamaron la «común doctrina de todos los dotores sobre los testos alegados»[6].

¿Es cierto esto? ¿Estamos frente a uno de los muchos casos de un divorcio absoluto entre el ser y el deber ser? La respuesta no es tan sencilla: los obispos tenían razón, pero también la Audiencia.

Para explicar esto, intentemos (brevemente) ponernos en el lugar del canonista del siglo XVI y miremos las fuentes del Derecho Canónico, los tópicos citados por Las Casas y algunos otros. ¿Dónde hubiese buscado un canonista una solución? El canonista virtual del siglo XVI hubiese, probablemente, iniciado su búsqueda en el Decreto de Graciano, tal como lo hicieron los obispos. Sin embargo, en la prime-

4. Representación a la Audiencia de los Confines, 19 de octubre 1545, AGI, IG, 1381, editado en Bartolomé de las Casas, *Obras completas*, t. 13: *Cartas y memoriales*.

5. Acerca del contexto Huerga, 1998; Sempat Assadourian, 1999.

6. Bartolomé de las Casas, *Obras completas*, t. 13: *Cartas y memoriales*, n. XXIII, pp. 199-200.

ra parte del *corpus iuris canonici*, el *Decretum Gratiani*, redactado más o menos en 1140, el término «*persona miserabilis*» ni siquiera aparece[7]. Pero lo que sí es patente es la reiterada afirmación de la responsabilidad especial de los obispos en la defensa de las personas relacionadas con la *persona miserabilis* desde los días de la ya mencionada constitución de Constantino. Porque en ésta se menciona en conjunto con la *persona miserabilis* a los *pupillos*, *viduas*, los *morbo fatigatos* y *debiles*[8], haciéndose eco en la terminología cristiana de que éstos y otros desafortunados son especial objeto de la *caritas*[9]. Así, se consagra en distintas partes del Decreto de Graciano la obligación de los obispos de defender a las viudas y huérfanos (Dist. 87 c. 1, citado por Las Casas), y se dispone que el obispo que no defendiera a las viudas, huérfanos y oprimidos debía ser duramente castigado (Dist. 84 c. 1, 2, citados por Las Casas). Otro canon preve que los clérigos podían, apartándose de la regla general, participar activamente en asuntos seculares si estos involucraban a pupilos, viudas y huérfanos (Dist. 88 c. 1, citado por Las Casas). Y, según se deduce de una decisión conciliar recogida en C. 24. q. 3. c. 21, también citada por Las Casas, un obispo podía y debía excomulgar a aquellos que robaran a clérigos y pobres y no comparecieran a la citación. En otros cánones, no citados

7. Véase Reuter y Silagi, 1990.

8. *Quando imperator inter pupillos vel viduas vel miserabiles personas cognoscat et ne exhibeantur. Imperator Constantinus: Si contra pupillos viduas vel diutino morbo fatigatos et debiles impetratum fuerit lenitatis nostrae iudicium, memorati a nullo nostrorum iudicum compellantur comitatui nostro sui copiam facere. quin immo intra provinciam, in qua litigator et testes vel instrumenta sunt, experiantur iurgandi fortunam atque omni cautela servetur, ne terminos provinciarum suarum cogantur excedere. * const. a. ad andronicum. ** <a 334 d. xv k. iul. constantinopoli optato et paulino conss.> .

9. Véase por ejemplo Ex 22, 21-23: «*advenam non contristabis neque adfliges eum* [...] *viduae et pupillo non nocebitis*»; Dt 10, 18-19: [Deus] «*facit iudicium pupillo et viduae amat peregrinum et dat ei victum atque vestitum et vos ergo amate peregrinos* [...]»; Dt 26, 12: «[...] *dabis Levitae et advenae et pupillo et viduae ut comedant intra portas tuas* [...]»; Jer 7, 6-7: «*advenae et pupillo et viduae non feceritis calumniam*»; Ps 33, 7: «*iste pauper clamavit et Dominus exaudivit*»; Ps 67, 6: «[...] *patris orfanorum et iudicis viduarum* [...]»; Ps 81, 3-4: «*iudicate egenum et pupillum /humilem et pauperem iustificate /eripite pauperem et egenum /de manu peccatoris liberante*»; Ps 145, 8-9: «[Lauda anima mea Dominum] *qui custodit veritatem in saeculum /facit iudicium iniuriam patientibus /dat escam esurientibus /Dominus solvit conpeditos/Dominus inluminat caecos /Dominus erigit adlisos /Dominus diligit iustos /Dominus custodit advenas /pupillum et viduam suscipiet /et viam peccatorum disperdet*» [citados por la edición *Biblia Sacra iuxta vulgatam versionem*, Stuttgart 1983].

explícitamente por los obispos, se ordena la protección de otros grupos de personas posteriormente relacionados con la *persona miserabilis*, como en la Causa 24 (C. 24. q. 3), donde fueron establecidas penas canónicas para la protección de peregrinos y comerciantes (c. 23), y de peregrinos, clérigos, mujeres y pobres (c. 25). De esta forma, si bien en el mismo *Decretum Gratiani* no encontramos el término *persona miserabilis*, lo que sí encontramos son elementos formativos de una doctrina sobre la competencia de la Iglesia para proteger a los débiles y desafortunados, resumidos bajo el común denominador «*persona miserabilis*». De los indios, obviamente no se hablaba, pero nadie esperaba esto, razón por la cual se podía acudir a estas categorías por vía de la interpretación que en esa época abría espacios mucho más amplios que actualmente.

Lo que no aparece en estos textos medievales es un claro deslinde entre el poder secular y el poder eclesiástico en los casos mencionados. Mejor dicho: se encuentran tanto argumentos a favor de una potestad privativa como a favor de una potestad compartida o incluso subsidiaria del poder eclesiástico. Miremos brevemente a las fuentes: algunos cánones parecían indicar la supremacía de la jurisdicción eclesiástica: especialmente dos cánones, uno del Decreto de Graciano (C. 24 q. 3 c. 21) y otro del *Liber Extra* (X. 2. 2. 15, una decretal de Honorio III, del año 1220) indicaban una competencia privativa de la Iglesia para los asuntos de los pobres y clérigos (C. 24 q. 3 c. 21) y las viudas (X. 2.2.15). Especialmente la *superscriptio* —que gozaba de autoridad en la práctica jurídica[10]— de la decretal recogida en el *Liber extra* (X. 2.2.15) manifestaba la competencia del fuero eclesiástico para los asuntos de las personas miserables, aun cuando se tratara de materia feudal[11]. Por otro lado, en el *Decretum Gratiani*, también se encuentra un fragmento de San Jerónimo, citado en la Causa 23 (C. 23 q. 5 c. 23), que dice explícitamente que entre las tareas especiales de los gobernantes está el abogar por los débiles, entre los que se nombran a los *oppressos, et peregrino,*

10. Véase acerca de este problema, con más referencias, von Schulte, 1877, II, p. 19, nota 14.

11. Sin embargo, en la versión medieval española de la misma decretal, que se refiere al caso específico de una viuda, no se encuentra la referencia a las personas miserables, sino solamente a la viuda: «Nota daquesta decretal: Que si alguna bibda es despoiada bien puede demandar reuestimiento delante el juez de Sancta Eglesia», Mans Puigranau, 1942, t. 2, p. 25, línea 5 (X. 2.2.15).

pupilloque, et viduae, es decir, los grupos típicamente asociados con la *persona miserabilis*. De tal forma, podía deducirse (*y de hecho se ha deducido*) que el especial cuidado de estas personas estaba asignado a los gobernantes, dejando solamente una competencia subsidiaria a los obispos. Además, en el *Liber Extra* están recogidas algunas disposiciones que aún más claramente sugerían una supremacía del poder secular: en el segundo libro del *Liber Extra* (X. 2.2.10) encontramos un canon que se remonta a una decretal de Inocencio III del año 1208, donde se restringe claramente la competencia de la Iglesia sobre los asuntos de las viudas a los casos en que se tratara de un *defectus iustitiae* o cuando rige una costumbre especial. De manera similar, en la *superscriptio* a X. 2.2.11 se decía que una viuda sólo podía recurrir a la jurisdicción eclesiástica en el caso de que la jurisdicción secular hubiera fallado: *Vidua laicum coram iudice ecclesiastico convenire non potest, nisi super causa ecclesiastica, vel in defectum iudicis saecularis.*

En resumen, puede concluirse que los mismos cánones del *corpus iuris canonici*, con su carácter casuista, que representaban distintas capas históricas, no permitieron sacar una conclusión inequívoca: lo que existía era una normativa ambigua acerca de la competencia del fuero eclesiástico en el caso de las viudas, huérfanos y de otros grupos de personas consideradas bajo el común denominador de «*persona miserabilis*» y tampoco esta denominación tuvo una definición clara.

A la misma conclusión llegaríamos si analizásemos la decretística y la decretalística, es decir, a las primeras generaciones de canonistas, a su vez fuentes del Derecho para el jurista del siglo XVI. Aquí también encontramos más bien la ampliación de la oferta normativa contenida en los cánones, sin que se lograra erigir en una doctrina coherente. Veamos un solo ejemplo: en la *Glossa ordinaria* al *Decretum Gratiani* —hecha en el mismo lapso en el cual se redactaron las *decretales* luego recogidas en el *Liber Extra*— se refleja la ambivalencia que hemos encontrado en los cánones: en la *glossa* a la Dist. 87 c. 1, relativa a la obligación de responder por los asuntos que involucraran a las viudas y huérfanos, se agrega que también los casos de los pobres, de los oprimidos y de los peregrinos caen bajo la competencia del fuero eclesiástico:[12] *nota quod etiam causae*

12. *Glosa ad Dist. 87 c. 1, ad verbum plus tamen*: «*nota quod etiam causae pauperum & oppressorum & peregrinorum spectent [*sic*] ad ecclesiam*». La glosa al *Decretum* se citará según la edición *Decretum Divi Gratiani* [...], Lugduni 1560.

pauperum & oppressorum & peregrinorum spectent [sic] *ad ecclesiam*. Esto podría significar una ampliación de la jurisdicción eclesiástica. Sin embargo, inmediatamente el glosador agrega que estos casos estaban también subordinados a la jurisdicción real: *spectant etiam ad iudicium regis*[13]. Y en una glosa a un canon de la Causa 12 (C. 12 q. 1. c. 1), se afirma la jurisdicción eclesiástica sobre los pupilos, huérfanos, viudas, manumisos y las *personae miserabiles*, pero nuevamente sin establecer una posición clara con respecto a la relación con la jurisdicción secular[14]. Bartholomaeus Brixiensis —último redactor la *glossa ordinaria*— agrega a esta glosa que estos casos pertenecen a ambas jurisdicciones: *Credo quot sint de foro utriusque*[15]. La misma indeterminación la encontramos cuando acudimos a las grandes obras de la canonística clásica como Inocencio IV, Hostiense y otros autores más tardíos como Juan de Andrés, Panormitano, etcétera.

¿Cuál es el resultado de esta revisión de las fuentes medievales, base del Derecho Canónico en el siglo XVI? Creo que pueden destacarse por lo menos dos puntos: primero, que el Derecho Canónico claramente consagraba la obligación de los obispos de proteger a los más débiles, aun a costa de su propia vida, y que lo consagraba como una obligación jurídica. Segundo, que no fue tan claro el cómo: ¿Cómo debía actuar el obispo en un caso de jurisdicción mixta por tratarse de la *persona miserabilis*? ¿El obispo tenía una obligación y competencia exclusiva, privativa o no? ¿Quién de los dos tenía que ceder en el caso de un reclamo?

Al fin y al cabo, el Derecho contenía argumentos en favor de las dos posturas. Las Casas, por supuesto, eligió las que favorecieron su opinión. La Audiencia y el Consejo de Indias, los contrarios. Los dos podían invocar autoridades de gran peso para sus posturas.

Ahora bien, esta imprecisión no es solamente fruto de la dificultad política sobre las cuestiones de límites entre jurisdicciones, sino que es uno de los rasgos centrales del Derecho de esta época. No es aquí posible ahondar demasiado en este aspecto. Las fuentes del Derecho Común, desarrolladas con el tiempo, como lo eran el *corpus iuris civilis* y el *corpus iuris canonici*, con su universo normativo lleno de contradicciones, con

13. *Glosa ad Dist.* 87 c. 1., *ad verbum plus tamen*.

14. *Glosa ad* C. 12 q. 1. c. 1. *ad verbum pupilli: «pupilli, orphani, viduae, liberti, miserabiles personae spectant ad iudicium ecclesiasticum»*.

15. *Glosa ad* C. 12 q. 1 .c. 1. s.v. *pupilli*.

su terminología imprecisa, con los errores de traducción, transcripción y luego impresión, con las inseguridades sobre los autores y contextos de los escritos, abrían un amplio espectro de interpretaciones. A esto se agregaba un concepto del Derecho fundamentado en la justicia material, es decir que las normas, las reglas, eran meras expresiones circunstanciales de la justicia, y por eso, sujetas a una muy amplia interpretación.

Y si esto fue así ya en el viejo mundo, lo inédito del descubrimiento y del encuentro con las culturas indígenas agregó una inseguridad mayor o, dicho de otra forma, una opción más. Esto se demuestra claramente —en nuestro contexto— en la glosa de Gregorio López a una disposición de las *Siete Partidas* (1.6.48), en la que se establece que los clérigos no deben inmiscuirse en los asuntos de la jurisdicción secular. En esta glosa, publicada en 1555, es decir, diez años después del escrito de Las Casas, y a partir de ahí en adelante de altísima autoridad, López trata con sumo detalle la cuestión de la competencia eclesiástica sobre la *persona miserabilis*, desechando, en general, la doctrina de la competencia judicial eclesiástica exclusiva sobre la *persona miserabilis*. Sin embargo, y esto muestra esta dosis adicional de flexibilidad creada por los descubrimientos, López la considera razonable en los territorios lejanos, donde difícilmente podría tenerse acceso al rey en caso de negligencia del juez secular. En estos casos, destaca López, haciendo explícita referencia a los *Terre firme & Insule Maris Oceani*, existe una competencia subsidiaria de los obispos para las *personae miserabiles* que en el viejo mundo parecía prácticamente imposible[16].

Otros autores, como Castillo de Bobadilla, seguirían en esta línea, adjudicando a la Iglesia una competencia especial para con las viudas, huérfanos, pobres y otras *personae miserabiles*[17], y agregando que esta

16. López, *Las Siete Partidas del Sabio Rey don Alonso el nono*, ad 1.6.48, glos. g, ad v. Rey: «[...] *haec tamen difficulter obtinerentur in practica in istis regnis in causis mere prophanis quae sunt de iurisdictione Regis & inter laicos, seu quando laicus conveniretur: aequum tamen videretur, ut in partibus multum remotis ubi de facili non posset adiri Rex, data negligentia iudicum provinciae permitteretur Episcopis in causis miserabilium personarum procedere qui alias oprimerentur de facili a potentibus a quibus non possent iustitiam consequi & quod Rex ita permitteret & committeret tales Episcopis, ut etiam auctoritate Regia in illis procedent* [...] *& saltem in partibus remotissimis, ut sunt terrae firmae & insulae maris Occeani, ubi sunt Indi de novo conversi ad fidem, qui & dicuntur miserabiles personae secundum Innocentium* [...]».

17. Castillo de Bobadilla, *Política para corregidores y señores de vasallos*, I, Lib. II, Cap. 17, n. 108: «Caso LXVII. es, que podra el Juez eclesiastico proceder contra legos,

competencia podía darse con una mayor amplitud en las Indias: siendo generalmente muy difícil probar la negligencia del juez secular y por eso, de hecho, casi imposible reclamar la jurisdicción eclesiástica[18], escribe Castillo de Bobadilla, en el Nuevo Mundo con sus particularidades, esta prueba podría lograrse[19].

Resumiendo lo dicho puede decirse que la competencia subsidiaria de los obispos para los asuntos de los indígenas como personas miserables siempre fue una opción, y podría darse con mayor probabilidad en las Indias que en el Viejo Mundo. Recién en el siglo XVII, con autores como Solórzano, y luego Villarroel, De la Peña Montenegro y otros, esta puerta abierta estaba por cerrarse. Y en el *Cursus* de Murillo Velarde ya no se discute más esta posibilidad: en los comentarios que Murillo Velarde hace a las *decretales* que son como la *sedis materiae* (2.2.10-12), el canonista sencillamente se refiere a la problemática del privilegio de fuero de los indígenas en el fuero secular.

CONCLUSIÓN

¿Para qué servía, entonces, el Derecho Canónico con sus doctrinas tan imprecisas, si al final lo que definía era la conveniencia política? Muy probablemente, más allá de ser un discurso estéril, teórico, legitimador, como podría pensarse, los debates cumplían una función adicional, positiva. Esta función positiva de los debates doctrinales pue-

amparando, y administrando justicia a la viuda, y al pupilo pobres, y a las otras miserables personas para que no sean oprimidas, vejadas ni despojadas por los poderosos de su posesion; porque la Iglesia con particular instituto, y cuidado tiene debaxo de su amparo a las personas miserables, segun los Decretos, y ley Civil, y los Doctores».

18. Castillo de Bobadilla, *Política para corregidores y señores de vasallos*, I, Lib. II, Cap. 17, n. 110: «Y aun en los dichos casos de negligencia, y remision, esta comun opinion de los Canonistas tiene grande resistencia, y casi imposibilidad de observarse, por ser dificil la probanza de la negligencia, y denegacion de justicia; porque la negativa es improbable [...]».

19. Castillo de Bobadilla, *Política para corregidores y señores de vasallos*, I, Lib. II, Cap. 17, n. 110: «Pero en un caso dicen Gregorio Lopez [...] podria verificarse y es en las Indias, y partes muy remotas, de donde sin gran dificultad, y sin esperanza de oportuno remedio, no se podria occurir al Rey, ò al Superior, para conseguirle, y desagraviar a los miserables tyranizados, y oprimidos; que en tal caso el Obispo, ò Juez Eclesiastico, podra hacerlo, por la dilacion, distancia ò imposibilidad, para poder occurir al Superior a que quite la opresion».

de mostrarse acudiendo al ejemplo de una última fuente, un capítulo en el ya mencionado libro de Gaspar de Villarroel, escrito en los años 40 del siglo XVII en Santiago de Chile. Villarroel se ocupa del problema de la jurisdicción eclesiástica sobre las personas miserables y los indios. Abre un amplio panorama del Derecho Común, cita autores medievales y despliega toda su erudición. Después de todo esto, Villarroel concluye que los indígenas sin duda pueden ser sometidos a la jurisdicción eclesiástica cuando hay negligencia, y un caso de *defectus iustitiae* —hasta este punto existía un cierto consenso—[20]. Asimismo, Villarroel sostiene que los obispos y jueces eclesiásticos pueden reaccionar con sanciones canónicas contra el juez civil cuando cometiere negligencia o desatendiere sus deberes, y llegado el caso, incluso excomulgarlo[21]. Esto también estaba dentro de lo comúnmente consentido. Al respecto del delicado asunto de la competencia sin que se dé un caso de negligencia, sino una competencia paralela de los tribunales eclesiásticos, le parecía «muy probable» que haya una jurisdicción eclesiástica sobre las *personae miserabiles* más allá del *defectus iustitiae*[22]. Y concluye con el siguiente notable párrafo:

> Pero sin embargo que tengo por probable las dos encontradas opiniones, y esta ultima ensancha los terminos de la jurisdicion de la Iglesia, tenga la otra por mejor para practicada, porque veo llena de peligros esta [...]: y pues en realidad de verdad en opinion probable es el Obispo Juez incompetente, ha de querer por una causa, que quando la admita, no peca, rebolver una Republica?

20. Villarroel, *Gobierno Eclesiástico Pacífico y Unión de los dos cuchillos, pontificio y regio*, Part. II, Question XIV, Art. III, n. 68: «Pueden los Obispos, y los Jueces Eclesiasticos, oir de justicia a las personas miserables, sacando las causas de los Tribunales a instancia de las dichas personas miserables, ò en ausencia, ò en negligencia de los Jueces seculares», y n. 69: «Esta conclusion no ay en el mundo Doctor que la contradiga».

21. Villarroel, *Gobierno Eclesiástico Pacífico y Unión de los dos cuchillos, pontificio y regio*, Part. II, Question XIV, Art. III, n. 70: «Pueden los Obispos, y los Jueces Eclesiasticos valerse de censuras para que los Jueces del Rey no sean remissos en las causas de las personas miserables, si los vieren negligentes, y podran excomulgarlos si no obedecieren, siendo requeridos».

22. Villarroel, *Gobierno Eclesiástico Pacífico y Unión de los dos cuchillos, pontificio y regio*, Part. II, Question XIV, Art. III, Sumario n. 73: «Sin embargo [...] no es prudencia que los Obispos, siendo possible el retirrar, se ingieran en essas causas».

Y sigue

> [...] El Obispo no peca dexando una jurisdicion dudosa, y que faltando la negligencia no esta assentada. Pues como quiere escandalizar, por solo crecer su jurisdicion, quando solo le puede favorecer, que los Autores de essa opinion le ayan dado alguna probabilidad? [...][23]

Como se ve, frente a la inseguridad sobre cuál era la respuesta correcta, el obispo aconsejaba ser cuidadoso en la toma de decisiones, para evitar conflictos con el poder secular. Sin embargo, ni él ni la Iglesia cedieron el principio de su jurisdicción. Con esto, ellos aclararon que pueden existir situaciones en las cuales no quedaba duda alguna de que los obispos podían y debían actuar en defensa de los oprimidos y en las cuales la misma Corona exigía de sus obispos que hiciesen uso de su competencia.

De esta forma, la falta de una definición inequívoca sobre la jurisdicción, la imprecisión, o mejor dicho, la apertura de la doctrina para distintas lecturas no fue disfuncional, sino que tenía una funcionalidad positiva. Porque de esta manera la jurisdicción eclesiástica formaba parte de un sistema flexible de control mutuo entre los dos brazos de la administración en las Indias[24]. Los representantes de la administración secular sabían de la existencia del peligro de incurrir en lo que la doctrina denominaba *defectus iustitiae*, con la consecuencia de que se actualizaría automáticamente la jurisdicción eclesiástica. También sabían que había algunos obispos que sostuvieron que, en principio, les competía la jurisdicción sobre los asuntos de los indios aun sin que hubiera un caso de *defectus iustitiae*, y que solamente la prudencia les hacía abstenerse de hacer uso de esta competencia. Así, los debates doctrinales podían tener (y probablemente tuvieron) un efecto sobre la realidad, sobre las decisiones de los que tenían el oficio de administrar justicia.

23. Villarroel, *Gobierno Eclesiástico Pacífico y Unión de los dos cuchillos, pontificio y regio*, Part. II, Question XIV, Art. III, n. 73.

24. *Cfr.* en este contexto Traslosheros, 2004, esp. 71 y ss., 180 y ss. y desde el punto de vista tardo-medieval, con una reflexión crítica sobre la historiografía acerca del problema, Wetzstein, 2006.

BIBLIOGRAFÍA

CASAS, Bartolomé de las, *Obras Completas*, t. 13: *Cartas y Memoriales*, edición de Castañeda, Paulino; Rueda, Carlos de, *et al.*, Madrid, Alianza Editorial, 1995.

CASTAÑEDA DELGADO, Paulino, «La condición miserable del indio y sus privilegios», *Anuario de Estudios Americanos*, XXVIII, 1971, pp. 245-335.

CASTILLO DE BOBADILLA, Jerónimo, *Política para corregidores y señores de vasallos, en tiempos de paz y guerra, y para jueces ecclesiasticos y seglares* [...]. Madrid, 1597.

CEBREIROS ÁLVAREZ, Eduardo, «La condición jurídica de los indios y el derecho común: un ejemplo del 'favor protectionis'», en *Panta rei. Studi dedicati a Manlio Bellomo*, a cura di Orazio Condorelli, Roma, Il Cigno, 2004, t. I, pp. 469-489.

DÍAZ COUSELO, José María, «El ius commune y los privilegios de los indígenas en la América Española», *Revista de Historia del Derecho* [Buenos Aires], 29, 2001, pp. 268-306.

DUVE, Thomas, *Sonderrecht in der Frühen Neuzeit. Studien zum ius singulare und den privilegia miserabilium personarum, senum und indorum in Alter und Neuer Welt*, Frankfurt, Klostermann, 2008 (= Studien zur Europäischen Rechtsgeschichte, ed. por el Max-Planck-Institut für europäische Rechtsgeschichte).

HESPANHA, Antonio Manuel, «Sabios y rusticos. La dulce violencia de la razón jurídica», en Hespanha, Antonio Manuel (ed.), *La gracia del Derecho. Economía de la cultura en la Edad Moderna*, Madrid, Centro de Estudios Constitucionales, 1993, pp. 17-60.

HUERGA, Álvaro, *Fray Bartolomé de las Casas. Obras Completas.* 1: Vida y obras, Madrid, Alianza Editorial, 1998, pp. 191-260.

LÓPEZ, Gregorio, *Las Siete Partidas del Sabio Rey don Alonso el nono, nuevamente Glosadas por el Licenciado Gregorio Lopez del Consejo Real de Indias de su Magestad* [...], Salamanca, 1555.

MANS PUIGRANAU, Jaime M., *Decretales de Gregorio IX*, versión medieval española, Barcelona, Universidad de Barcelona, 1942.

REUTER, Timothy; SILAGI, Gabriel, *Wortkonkordanz zum Decretum Gratiani*, München, Monumenta Germaniae Historica, 1990.

SCHULTE, Johann Friedrich von, *Die Geschichte der Quellen und Literatur des Canonischen Rechts von Gratian bis auf die Gegenwart*, Stuttgart, 1877.

SEMPAT ASSADOURIAN, Carlos, «Fray Bartolomé de Las Casas obispo: la condición miserable de las naciones indianas y el derecho de la Iglesia (un escrito de 1545)», *Allpanchis* (Cuzco, Perú), 1999, 22-I, pp. 35-36, 29-104.

SOLÓRZANO [Y] PEREIRA, Juan de, *De Indiarum iure sive de iusta indiarum occidentalium gubernatione*, Tomus alter, Madrid, 1639.

— *Política indiana sacada en lengua castellana de los dos tomos del derecho y govierno municipal de las Indias*, Madrid, Atlas, [1647] 1972, t. 1. (Biblioteca de Autores Españoles, 252).

TRASLOSHEROS, Jorge, *Iglesia, justicia y sociedad en la Nueva España. La Audiencia del Arzobispado de México, 1528-1668*, México, Porrúa, Universidad Iberoamericana, 2004.

VILLARROEL, Gaspar de, *Gobierno Eclesiástico Pacífico y Unión de los dos cuchillos, pontificio y regio*, Madrid, I, II, 1656/57 (Reimpresión Madrid, 1738).

WETZSTEIN, Thomas, «Tam inter clericos qam laicos? Die Kompetenz des Konstanzer geistlichen Gerichts im Spiegel der archivalischen Überlieferung», en Arlinghaus, Franz-Josef *et al.* (eds.), *Praxis der Gerichtsbarkeit in europäischen Städten des Spätmittelalters*, Frankfurt, Klostermann, 2006, S. 47-81 (= Rechtsprechung, 23).

ZABALLA BEASCOECHEA, Ana de, «Jurisdicción de los tribunales eclesiásticos novohispanos sobre la heterodoxia indígena: una aproximación a su estudio», en Zaballa Beascoechea, Ana de (coord.), *Nuevas perspectivas sobre el castigo a la heterodoxia indígena en la Nueva España (siglos XVI-XVIII)*, Bilbao, Universidad País Vasco, 2005, pp. 57-78.

Reflexiones en torno a la recepción del Derecho Eclesiástico por los indígenas de la Nueva España

ANA DE ZABALLA BEASCOECHEA

INTRODUCCIÓN

Ha sido común al estudiar la transformación de la cultura indígena en la época colonial, atribuirla a dos factores: a la política de la Corona que buscó explícitamente la castellanización, y a la acción de los misioneros, que en ocasiones secundaron esa política, y según algunos estudiosos en su tarea evangelizadora y educativa transformaron estas culturas e impusieron formas de vida occidentales[1]. En este sentido se ha discutido sobre la intencionalidad del clero; si primaba el afán evangelizador o la castellanización; el servicio a los intereses de la Corona o al bien de los nuevos cristianos; si defendían con sus traducciones el mantenimiento de las culturas indígenas o sí las desvirtuaban con su mentalidad europea.

Falta, a mi entender, una tercera explicación: la voluntad de parte de la población indígena de apropiarse de la cultura, el derecho y privilegios que ofrecía el nuevo orden establecido.

En este trabajo, presento una muestra de la recepción de la práctica judicial por parte de la población indígena; se puede considerar, también, como recepción de la *cultura* judicial castellana —después indiana—, que pone al servicio de sus intereses. Examinaremos con este fin fuentes derivadas de la actividad judicial eclesiástica. Teniendo en cuenta que el presente artículo es el preámbulo de una investigación

1. Duviols, 1986, 2003; Klor de Alva, 1991; Tavarez, 2002.

mayor, en curso, y partiendo de una selección de casos, exploro algunas actuaciones judiciales que nos permiten comprobar la soltura con la que actúan los indígenas en los foros de justicia.

La documentación que se analiza es fundamentalmente la ofrecida por los archivos episcopales y especialmente la derivada de los tribunales diocesanos. En algún caso haré uso de pleitos seguidos ante la justicia secular pero siempre tendrán relación a la justicia eclesiástica. Como es sabido, en Indias dentro del complejo orden judicial[2], aunque en un primer momento se aplica el Derecho castellano, muy pronto surge el Derecho indiano —el Derecho producido en Indias o para las Indias—, pues el Derecho castellano, enormemente casuístico, no ofrecía soluciones a las novedosas situaciones encontradas en el Nuevo Mundo[3]. Del mismo modo, en el ámbito eclesiástico regirá en principio el Derecho Canónico general y surge, con el andar de los acontecimientos, el Derecho Canónico indiano. En esta línea y dentro del tema tratado en estas páginas se podría rastrear la formación del Derecho indiano, cómo se reciben las prácticas judiciales en Indias —también las eclesiásticas— hasta formar el Derecho indiano... en su especificidad indígena. Utilizaré, fundamentalmente documentación del siglo XVIII y sólo puntualmente alguna referencia al siglo XVI y XVII; esta referencia sirve para comprobar que, a pesar de los cambios que se producen en estos siglos, los indígenas estarán igualmente presentes en los foros de justicia.

Los tribunales episcopales tuvieron una jurisdicción amplísima pues les incumbían asuntos sobre moralidad, costumbres y sacramentos. Esto suponía detentar autoridad sobre todo lo relativo al matrimonio, al cumplimiento con la Iglesia, la resolución de testamentarias, mandas pías, fundación de capellanías, funcionamiento de las cofradías y de sus bienes, etcétera. Para la población indígena, la Audiencia eclesiástica entendía también de los casos de herejía pues, como es sabido, desde el momento de la implantación del tribunal de la Inquisición en Indias, el Santo Oficio perdió su jurisdicción sobre este sector de la población y esa potestad volvió a los obispos.

La documentación que estamos trabajando nos ha llevado a un cambio de óptica. En los estudios referidos a las relaciones entre igle-

2. Traslosheros, 2006.
3. *Cfr.* Dougnac Rodríguez, 1998[2].

sia y población indígena, el indio es visto siempre, o casi siempre, como sujeto pasivo y, por ende, reprimido[4]; en la actividad judicial, en cambio, el indio aparece en muchos casos como sujeto activo, como quien lleva la iniciativa de la actuación. Espero poder mostrar que los indígenas se apropiaron de la legalidad, tanto del Derecho castellano como el indiano, así como el canónico de las Indias. En un relativamente corto espacio de tiempo, el Derecho —y «sus» derechos bajo el nuevo orden instituido—, las instancias judiciales y muchos valores dentro de ese régimen judicial, fueron asumidos pacíficamente —con normalidad— por la población indígena[5].

El estudio tiene tres objetivos[6]:

1. Calibrar el conocimiento que la población indígena tenía de la legislación castellana.

2. Revisar si existió lo que podríamos llamar un «mestizaje legal», es decir, si los indios utilizaron la legislación castellana —o indiana— para defender su cultura y tradiciones, sus sistemas de sucesión.

3. Y, finalmente, si de esos pleitos se puede deducir que habían hecho suyas costumbres castellanas o criollas; en definitiva que habían asimilado en algunos aspectos la cultura y mentalidad criolla.

CONOCIMIENTO DE LA LEGISLACIÓN POR PARTE DE LA POBLACIÓN INDÍGENA

Querría comenzar con algo quizá obvio. Aunque encontramos a individuos que no pertenecen a la nobleza o a los llamados principales, por lo general los temas relacionados con los derechos de sucesión, alianzas matrimoniales, etcétera, van a estar protagonizados por los antiguos señores y caciques... o por aquellos indígenas que tras la conquista prosperaron y se asimilaron a éstos por medio de su situación

4. Aramoni Calderón, 1993, pp. 367-387; Gareis, 1999; Griffiths, 1996, etcétera.

5. Es evidente que en las fuentes judiciales nunca está representada la totalidad de la población; pero aun con esta salvedad, es obvio que una parte significativa de los naturales acudió a los tribunales eclesiásticos. Además, en la audiencia eclesiástica hay asuntos que exceden lo delictivo, lo reservado a personajes de relieve, en concreto, los asuntos matrimoniales. *Vid.* Sobre el funcionamiento y actuación de la Audiencia Arzobispal de México, Traslosheros, 2004.

6. Lo que se ofrece será revisado cuando se culmine el estudio en profundidad.

económica o sus méritos[7]. Lógicamente estos grupos serán los primeros interesados en conservar su poder y liderazgo, y conservar su prestigio en el nuevo orden establecido. Uno de los medios para mantener sus cotas de poder fue el conocimiento y uso de la justicia, tanto secular como eclesiástica.

Entre los historiadores del Derecho hace ya tiempo que se habló del indio «pleiteador y litigioso» presente desde comienzos de la época colonial. Andrés Lira[8] asegura que los naturales enseguida aprendieron los medios y la fuerza de la jurisdicción y podríamos decir que fueron «aprendices precoces» del Derecho castellano e indiano y de las posibilidades que éste les brindaba en beneficio propio. Asegura que hay muchos ejemplos en lo referente a la justicia real y pocos a la eclesiástica. Podemos afirmar, casi quince años después, que también en los tribunales eclesiásticos se encuentran muchos ejemplos de indios como iniciadores de pleitos, apelaciones o recursos de fuerza.

Esta documentación es testigo de que los naturales hicieron un uso concienzudo del derecho y a veces abusivo, cuando utilizaron la legislación para obtener beneficios no confesados; de que conocían las posibilidades que les ofrecían las diferencias entre la justicia secular y la eclesiástica. Me detendré en algunos ejemplos más significativos. Comencemos con un ejemplo del siglo XVII.

Los cronistas de idolatrías, como Pedro de Feria[9] para Chiapas o Gonzalo de Balsalobre para Oaxaca, recogen ejemplos de esta actividad judicial en los siglos XVI y XVII.

En Oaxaca, en 1654, tras las averiguaciones que realiza Gonzalo de Balsalobre, cura beneficiado del Partido de Zola, descubre entre su feligresía abundantes prácticas idolátricas, sobre todo entre los principales, y lo eleva al Tribunal Episcopal. El obispo falla sentencia contra los indígenas principales implicados en idolatrías; la pena impuesta no es dura pero sí humillante, y sobre todo merma el prestigio que esta élite indígena tenía sobre la población. Por este motivo, el gobernador, alcaldes, principales y demás oficiales de la república del pueblo y cabecera de Zola, jurisdicción de Zimatlan,

7. Cruz, Gil, y Rojas, 2007; Hillerkuss, 2001a, 2001b.

8. Lira, 1995, p. 771; Duve, 2004 y los autores por él citados.

9. Pedro de Feria, «Revelación sobre la reincidencia en sus idolatrías de los indios de Chiapa después de treinta años de cristianos», pp. 381-392.

> estando en este estado las caussas, ganaron Provisión Real (los Naturales del dicho Partido de Zola) para que se llebase lo actuado (por el Reverendo Obispo de dicha ciudad y el licenciado Gonzalo de Balzalobre) a la Real Audiencia, por vía de fuerza.

No se trata de una denuncia cualquiera, sino de la utilización del recurso de fuerza ante una sentencia del Tribunal Eclesiástico que les era desfavorable. Llama la atención tanto por lo atrevido del recurso, como por su confianza en las posibilidades de la justicia secular frente a la eclesiástica.

La respuesta del fiscal, les fue desfavorable[10], pero lo intentaron. Quienes recurren los autos son los «principales» —lo que englobamos como nobleza indígena—, que sabían que poco había que hacer en un caso de idolatría ante la justicia eclesiástica, y conocían las posibilidades de trasladar el caso a la jurisdicción secular. Deciden, por tanto, enfrentar los límites y potestad de ambas jurisdicciones, y se acogen a la vía de fuerza contra el obispo. Como se ve, su conocimiento legal —o su asesoramiento, lo mismo da— atendía a aspectos sutiles. La relación entre justicia secular y eclesiástica la manejan según su interés.

Un siglo y medio más tarde los indígenas siguen actuando frente a la Audiencia eclesiástica; veamos varios ejemplos. En 1791 el indio Raymundo Manuel de los Santos, tributario y natural de Cotzocon, Obispado de Oaxaca, había sido acusado por idolatría. Fue preso en la cárcel eclesiástica y mientras se terminaba el proceso le embargaron sus bienes.

El indio Raymundo —parece que con el apoyo del cabildo indígena—, apeló, en primer lugar, la sentencia del Tribunal Episcopal de Oaxaca ante el Arzobispado de México, y mientras se tramitaba ésta, apela también al Juzgado de indios de la Real Audiencia quejándose

10. «En las causas fulminadas contra los Indios, de que consta en los treinta cuadernos, traídos por vía de fuerza a esta Real Audiencia, sobre idolatrías, sortilegios y otras abominaciones y herrores contra la Fee, y Religión Christiana, se deve declarar que no haze fuerza el Reverendo obispo de Oaxaca a quien se debe devolver, y remitir, para que como le toca (...) proceda al castigo de los culpados» (Gonzalo de Balsalobre, «Relación de las idolatrías, supersticiones y abusos en general de los naturales del Obispado de Oaxaca», p. 368. El texto de Balsalobre actualmente también puede consultarse en Cervantes virtual: <www.cervantesvirtual.com/servlet/SirveObras/24694941101136941754491/p0000001.htm>.

del embargo de sus bienes, puesto que estaba prohibida la incautación a los indios aunque fuera para costa y otras penas[11].

Logra el malestar del provisor del Arzobispado ante los requerimientos del virrey; y aunque no sabemos en qué quedó la sentencia por idolatría, logró la devolución de sus bienes.

Encontramos pruebas del conocimiento judicial de los naturales en las innumerables quejas contra curas —unas ciertas y otras no—, en las que si no obtenían ayuda del obispo acudían ante el Juzgado de Naturales de la capital como «pobres miserables». En 1753 el alcalde y naturales del pueblo de San Pedro Quiatoni, sujeto al de Teotitlán del Valle, en Oaxaca, acudieron a la Audiencia de México para obtener justicia frente a los excesos de su cura, quien les cobraba obvenciones más elevadas de lo aprobado y les exigía además trabajos personales sin pagarles salario[12].

Como el cura desoyó varias veces las provisiones para acabar con las exacciones indebidas, los indios acudieron a diferentes instancias para obtener justicia. Se dirigieron al obispo, al alcalde mayor[13] y por último a la Audiencia de México.

Los naturales demostraron su tenacidad y su conocimiento legal. Acudieron una vez más al Juzgado de Naturales de la Real Audiencia y exigieron justicia en todos los puntos: las obvenciones, los trabajos impagados por parte del cura y la devolución de los 300 pesos cobrados injustamente por parte del teniente de alcalde; a esto añadieron su queja por el elevado coste que les suponía acudir a México. Además, como medio para evitar que de nuevo se desoyeran las directrices de la Audiencia, obtuvieron Real Provisión de ruego y encargo para el Cabildo en Sede Vacante y para el alcalde mayor, de forma que ambas jurisdicciones velaran por su cumplimiento.

En el ámbito local destacan casos como el protagonizado por dos indios del común del pueblo de Ayoquesco, Oaxaca, en 1752[14]. Hipólito de los Santos y Pascual de la Virgen que acuden al tribunal del

11. AGN. Bienes nacionales. Volumen 149, exp. 25, 1791.

12. AGN, Indiferente virreinal, Caja 1531, exp. 8, 1753.

13. Que también les cobró en exceso —300 pesos— con la excusa de que su teniente estaba fuera y debían pagar las costas. AGN, Indiferente virreinal, Caja 1531, exp. 8, fol. 43vº-44rº.

14. Archivo del Estado de Oaxaca (desde ahora AEOx), Sección curia de justicia, Serie Asuntos criminales, Leg. 1, Exp. 23: Hipólito de los Santos y Pascual de la Vega

Obispado para denunciar al alcalde indígena y al cura de la doctrina por no respetar la inmunidad eclesiástica.

El atropello comienza cuando los dos denunciantes huyen del alcalde que les estaba golpeando en la plaza por algún delito y se refugian en sagrado. Según su denuncia, el cura llama al alcalde, y convencido por este de que había peligro de motín, les manda azotar y les mete en la cárcel pública hasta el día siguiente.

Es significativo que dentro de una situación no del todo clara, estos dos indígenas presentaran apelación ante el obispo no por razón del castigo o por su exceso, sino por el atropello a la inmunidad eclesiástica del dicho alcalde y también del cura que tampoco la respetó, así como por su comportamiento, pues andaba por el pueblo como conchabado con el alcalde indígena.

En su defensa, afirman, claramente exagerando, que todo el pueblo está escandalizado, de

> que la casa de Dios no protexa al que se refugia en ella; y no causa tanta admiración de lo ejecutado por dicho alcalde (...) y si lo ejecutado por el padre cura fray Francisco Gonzalo que en lugar de favorecernos cooperó al castigo y nos metió en la cárcel.

El Tribunal Eclesiástico aceptó la queja y aunque amonestó por su conducta a los denunciantes, también advirtió al cura sobre la necesidad de defender la inmunidad eclesiástica. No podemos olvidar que en la segunda mitad del siglo XVIII, la inmunidad junto al fuero eclesiástico eran elementos paradigmáticos en la defensa de la autonomía de la potestad eclesiástica. Podemos decir, que en gran medida, el Vicario general del Obispado, les da la razón.

Habría otros ejemplos, como la apelación que presentan los miembros del Cabildo de Yagayo al obispo para remover al fiscal de iglesia[15]. La queja contra Miguel de los Ángeles, alguacil fiscal, se basa en su mala conducta, sus vicios de embriaguez, ser jugador de naipes y

contra Pascual Pérez, alcalde que fue de ese lugar por arbitrariedad a la inmunidad eclesiástica, 1752.

15. AEOx: Sección curia de justicia, Serie Asuntos criminales, Leg. 1, Exp. 20, y 21: El pueblo de Yagago contra Miguel de los Ángeles Alguacil mayor, fiscal de doctrina sobre los capítulos que se expresan, 1751.

ladrón; faltas consideradas leves, y sobre las que el propio cabildo tenía jurisdicción[16]. Por tanto, no era necesaria la intervención del obispo para castigarle por sus vicios —de hecho ya lo había sido—, sino para despojarle del cargo de fiscal.

Como es sabido, el fiscal de iglesia, miembro del cabildo, es nombrado por el cura y los miembros del cabildo indígena[17]. En el caso que nos ocupa hubo alguna irregularidad en su nombramiento[18], y para removerle necesitaban la aprobación del cura de la parroquia —cura interino, en ese momento—[19], quien se negó, por lo que decidieron apelar al obispo.

Después de muchas averiguaciones y el interrogatorio de testigos, el fiscal es destituido y se indica por decreto del vicario general de la diócesis que «la república y electores de dicho pueblo de Yagayo nombren otro fiscal de la capilla y coro de aquella iglesia parroquial».

16. Así lo demuestra la queja de los principales y del Cabildo del pueblo de Tulansingo en 1656. Recurren ante el Juzgado de indios de México porque el alcalde mayor les obliga a llevar a la cabecera desde su pueblo, a los naturales que prendiesen por causas leves. Protestan y se quejan porque tienen jurisdicción para conocer las causas leves, y concretan qué consideran causas leves: «como son borracheras, amansevamientos y cobransas de tributos, segun su titulo y nombramiento despachado por govierno, y que tienen su carsel para ello» (AGN, Indios, Volumen 20, exp. 125, 1656).

17. Sobre el papel de los fiscales indios y los conflictos con la justicia secular y eclesiástica, *vid.* Gómez García (en prensa). En concreto, esta investigadora confirma que los fiscales formaban parte del cabildo indio pero su función se encontraba en la iglesia, es decir, estaban situados dentro de la iglesia aunque se colegiaban también con el cabildo. Su vinculación jurídica estaba en las dos esferas. Esta es la razón por la cual los sacan de cabildo a veces o se pelean con los gobernadores: precisamente por las atribuciones políticas y legales que tenían (eran notarios por ejemplo, sin necesidad de estar conformados en cabildo, como era menester hacerlo en el caso del poder secular de la República de Indios). Lidia Gómez ha estudiado la institución novohispana y considera que era una institución con mucha independencia respecto al cura pero siempre actuaba bajo la sombrilla jurídica del Derecho Canónico y también del secular. Lamentablemente no se ha estudiado la fiscalía como institución en sí misma, sino siempre en función del cabildo o bien de adoctrinador de la iglesia

18. El cura lo nombró sin el voto del cabildo indígena.

19. En el escrito al obispo, los cargos de república comienzan su requerimiento ladinamente «el pueblo y común de Santiago Yagayo parescemos diciendo que aquél triste rebaño se halla muy desconsolado y en peligro de ruina espiritual que ocasiona Miguel de los Ángeles, fiscal que puso nuestro cura difunto sin voto, su elección de nuestro común, que conoce y sabe los vicios que concurren en dicho Miguel de los Ángeles» (AEOx: Sección curia de justicia, Serie Asuntos criminales, Leg. 1, Exp. 20, y 21: El pueblo de Yagago contra Miguel de los Angeles Alguacil mayor, fiscal de doctrina sobre los capítulos que se expresan, 1751).

Se podrían citar pleitos por reclamación de tierras, nombramientos, uso de bienes de la iglesia, falta de atención religiosa[20], etcétera, en los que se verifica su conocimiento y agudo uso de la legislación eclesiástica.

ASUNTOS MATRIMONIALES INDÍGENAS EN EL TRIBUNAL ECLESIÁSTICO

Para comprobar la asimilación de las costumbres y derechos castellanos por parte de la población indígena, me he dirigido a los conflictos relativos al matrimonio porque entran de lleno en la vida social y familiar, en los motivos de poder y prestigio presentes en todas las culturas.

Se podría argumentar contra esta supuesta apropiación, que las costumbres matrimoniales fueron impuestas desde el momento en que se vigiló y castigó la poligamia. Si bien esto es cierto, hubo otros aspectos en torno al matrimonio que podían no haber sido asumidos. Los indios presentaron sus querellas, quejas y demandas por asuntos que consideraríamos propios de la sociedad criolla. Nos referimos a la importancia dada a la promesa de matrimonio, la libertad de la mujer para casarse[21], o la exigencia del permiso paterno para el matrimonio de hijos menores de edad, sobre todo cuando se trataba de matrimonios desiguales. Todo esto habla de una asimilación de gran calado de pautas matrimoniales y sociales.

En los asuntos matrimoniales[22] la población indígena, hace uso de la normativa canónica, de costumbres antiguas en Castilla o de cédulas reales, para defender sus derechos. No son infrecuentes expedien-

20. AGN Indiferente Virreinal, Caja 1531, Indios, 8, 6 Fojas. San Pedro Luintoni, Obispado de Oaxaca. Los naturales del pueblo de San Pedro Luintoni, sujeto al de Tlacolula del Valle, en el Obispado de Oaxaca, contra su cura sentenciado el Bachiller Don Manuel de Vetancur, por derechos parroquiales, 1753.

21. En ámbito mexicano, el I Concilio Provincial de 1555 denuncia la costumbre «entre los indios macehuales de no casarse sin licencia de los principales, ni tomar mujer sino dado por su mano», con la consecuencia de que «el matrimonio no tiene entre las personas libres la libertad que debe tener» (Concilio I Mexicano, cap. 72, en *Concilios provinciales primero y segundo*, 1769). *Vid.* Margadant, 1980; Kellogg, 2005; Latasa, 2005; Latasa Vasallo, 2008.

22. La información que cito es preferentemente del siglo XVIII. *Vid.* AEOx, Fondo Obispado de Oaxaca, Curia de gobierno y administrativa, Serie matrimonios, bautizos y defunciones, exp. 15, Diligencias seguidas para negar el permiso de realizar matrimo-

tes y diligencias sobre asuntos matrimoniales en los que indios del común acuden a la promesa de matrimonio para exigir que la otra parte se case con el /ella y no con quien pretende hacerlo. En alguna ocasión dicha promesa es falsa o lo son las circunstancias que, según el denunciante, la reforzaban (como la unión de cuerpos)[23].

También es habitual exigir la libertad para la validez del matrimonio ante las presiones de la otra parte, del cura o de los padres. El caso, por ejemplo, de Paula María, india, que solicita justicia al señor provisor pues el cura de su pueblo, San Lucas Teitipaque, Manuel Joseph Calvo, la obliga a casarse con Pedro González, que es el inductor de la actitud del padre cura. Ella suplica, además, que el obispo envíe superior orden al cura de su pueblo «para que me asista al matrimonio que tengo tratado y pretendo contraer con Jacinto García, natural de dicho mi pueblo»[24].

Asimismo se defiende la libertad de la mujer en dos pleitos por incumplimiento de palabra de matrimonio, en los que se discute al mismo tiempo esta libertad y el consentimiento paterno. En ambos casos quien denuncia es el varón, que pertenecía al común, y pretendía casarse con una india principal.

En 1700 un indio macegual de Coyotepeque, del Obispado de Oaxaca, se siente engañado porque había recibido promesa de matrimonio de Isabel María Ambrosio india natural y principal del mismo pueblo[25]. El

nio entre Paulino Angulo y María Celedonia Pimentel por haber afinidad ya que esta llevó a bautizar un hijo que Francisca Pimentel tuvo con el referido Paulino Angulo, Tlaxiaco, 1780; Leg. 19, exp. 6, Libro donde se asientan las actas matrimoniales del año de 1745 de Santa Catarina Ixtepeji. Ciudad de Antequera, Santa Catarina Ixtepeli 1745, 27 ff.; exp. 7, Antonio Martín Vicente, indio natural de San Lucas Teitipac solicita que se agilicen las diligencias para contraer matrimonio con Rosa López, San Lucas Teitipac, 1766, 2 ff.; exp. 10, Maria Gertrudis Palacios y Ramón Bustos ambos viudos solicitan permiso para contraer matrimonio, Ciudad de Antequera, 1780, 23 ff.

23. AEOx, matrimonios, 1797. *Vid* también AEOx, Obispado de Oaxaca, Caja Anexo 3, sin numerar, 1757, Diligencias llevadas a cabo ante el provisor sobre la pretensión de Juan de los Santos mulato para contraer matrimonio con María Manuela Calderón, castiza.

24. AEOx, Fondo Obispado de Oaxaca, Sección curia de justicia, asuntos criminales, Leg. 2, exp. 14, Paula María solicita justicia al señor provisor ya que el cura de su pueblo, San Lucas Teitipaque, Manuel Joseph Calvo la obliga a casarse con Pedro González, 1780 (incompleto).

25. AGN Instituciones coloniales, Regio patronato, matrimonios, Vol. 154, exp. 1. La india principal otorga poderes ilimitados a un cacique y principal de la localidad

agraviado presenta la queja ante el Tribunal del Obispado de Oaxaca y, tras la sentencia contraria a su petición, apela dicha sentencia ante el juzgado metropolitano. Para ser un macegual contó con medios y conocimientos, además de arrestos, para enfrentarse con una familia de principales y llegar hasta el metropolitano.

La defensa por ambas partes va a girar en torno a tres aspectos: la fuerza de obligatoriedad de la promesa de matrimonio, la libertad necesaria para que el matrimonio sea válido, y la necesidad del consentimiento paterno por parte de la mujer y más en caso de diferencia de «calidades», aspecto en el que inciden los padres.

El denunciante considera que la promesa obliga:

> pues si la palabra esta probada como lo esta en los autos, con los adminiculos de la devoción, comunicación secreta, trato en lugares escondidos, protesta de impedirse uno a otro qualquiera casamiento, y todo esto aprobado por el citado auto de veintitrés de julio es agravio no obligarla a su cumplimiento[26].

Sin embargo, a lo largo del proceso se demuestra que, aun siendo importante, la promesa de matrimonio no suplía la libertad de los contrayentes; la Iglesia se oponía a obligar a casarse por haber hecho promesa, si cambiaba la voluntad.

El procurador de la Audiencia que defiende a Isabel María, insiste en dos aspectos: la primacía de la libertad y la opinión de los padres. Sostiene que aunque hubiere esponsales juradas (que en este caso no las había) es opinión común que si una parte se resiste, no se obligue a contraer matrimonio[27]. Respecto al consentimiento paterno, distingue

para que le represente y defienda en México. El principal que recibe el poder lo entrega, a su vez, al notario del Arzobispado para que se encargue de todo. Todo el razonamiento judicial es propio de la legislación canónica. Se sitúa a la mujer como fácil para el engaño, necesidad de consentimiento paterno para matrimonio, etcétera. La parte contraria defiende que las mismas obligaciones en el juramento y ante la ley tiene el varón y la hembra. La única referencia concreta al Derecho es Trento.

26. AGN Instituciones coloniales, Regio patronato, matrimonios, Vol. 154, exp. 1, fol. 35v°.

27. AGN Instituciones coloniales, Regio patronato, matrimonios, Vol. 154, exp. 1. Fol. 43v. Libertad imprescindible para casarse: «y declaro no tener lugar lo pedido por el dicho Bartholome Garcia, por su ultimo escripto serca de que se le compeliesse por todo rigor de derecho a que le cumpliesse dicha palabra, por ser expressa excepcion de

entre *derechos antiguos*[28] «que requerían de essencia el paterno ascenso», y los modernos que lo «*permiten y atienden de decencia* congruentemente...», especialmente si existe «disparidad social». Esto es, la oposición paterna presente en este caso, queda reforzada por la diferencia de calidades entre ambos contrayentes.

El juez metropolitano, al final del proceso, tras indicar que se animase a Isabel María a cumplir su palabra de matrimonio, resuelve que si esta se mantenía en su negativa, no se le debía obligar y por tanto quedaba libre de la palabra dada. Es decir, la promesa tenía bastante fuerza y lo que inclina la balanza para librarle de la misma, no es el consentimiento paterno sino la libertad necesaria para que exista el matrimonio.

Un resultado más llamativo alcanzó un caso similar resuelto en Cholula. Un indio macegual defendió su derecho a casarse en contra de la oposición paterna de la otra parte; se apoyaba en la promesa recibida y en la decisión libre de la otra parte a contraer matrimonio. El denunciante aseguró «tener tratado»[29] contraer matrimonio con Leonarda María Josefa Atlauten, india principal, doncella de diecisiete años, y pidió al juez eclesiástico que confirmada su libertad «sin apremio se extraiga de su casa y se ponga en depósito donde nuevamente reciba su declaración». Pide así que se compruebe su voluntad de contraer o no matrimonio, sin ningún tipo de apremio, de manera que quede patente ante la iglesia su libertad. De esta forma, está utilizando la legislación matrimonial por la cual la Iglesia primaba ante todo la libertad de los contrayentes, a pesar de la costumbre del consentimiento paterno; si faltaba la libertad, no existía matrimonio.

el canonico, que en semejantes casos mas ainas se amoneste al renuente y no que se compela por los daños que se pueden seguir, y el mayor que es serca de la libertad esencialmente nesesaria para contraer, la qual es incompatible con el acto de compulsion o apremio, en cuya atencion infirio dicho señor jues a la consienscia de dicha Isabel Ambrosio, para que siguiendo el recto dictamen de ella pueda casar por palabras de presente que hagan verdadero matrimonio, segun y en la forma que dispone el santo consilio de Trento, con Joseph de Aquino, y para que ocurriesse a su proprio parocho se le diesse testimonio de dicho autto».

28. Estos derechos antiguos bien podrían referirse a las costumbres prehispánicas por las que los padres decidían el matrimonio.

29. Archivo parroquial de San Pedro Cholula, Fondo informaciones matrimoniales, Información matrimonial de Andrés de Jesús Teocuitlahua, 17 de abril de 1784, citado en González Hermosillo, pp. 126-128.

El padre presenta como fundamento de su oposición «una novísima cédula» expedida y publicada por ambas jurisdicciones eclesiástica y secular que prohibía matrimonios con desigualdad de sangre. Así lo decretó dicha autoridad episcopal el 23 de abril de 1784.

La citada cédula, que no hace ninguna referencia a la población indígena, prohíbe los contratos de esponsales o matrimonio de «menores» de *veinticinco años*[30] sin el consentimiento paterno o de los familiares más cercanos[31]. Establece que de celebrarse el matrimonio sin ese consentimiento, no quedaría anulado (porque no es potestad secular) pero se le negarían todas las consecuencias civiles, como son el derecho a dote, herencia, etcétera. En cuanto a las calidades, la cedula concreta y recuerda algo muy importante: «Que los indios caciques por su nobleza se consideren en las clases de los españoles distinguidos para todo lo prevenido en la Real pragmática» (estamos en el último tercio del siglo XVIII)[32].

Puede parecer natural que en el siglo XVIII o en el XVII los indios cumplan las formalidades para el matrimonio, pero no lo es que utilicen legislación canónica y secular para oponerse a un matrimonio desigual; que estuviera arraigada la promesa de matrimonio y que, como en este caso, se opusieran a ella por motivos sociales. Defienden preeminencias y derechos que forman parte de la sociedad criolla, no específicamente india. En este caso el indio macegual logró su propósito y se casó con su prometida.

Encontramos otros casos más ordinarios como petición de permisos por consanguinidad, o por casarse español con india, como la «solicitud de licencia para contraer matrimonio entre el sargento

30. Sorpende esta aseveración cuando comunmente se admitía que la edad válida y lícita para el matrimonio eran los catorce años: «Por derecho eclesiástico se requiere que los contrayentes sean púberes, cap. 6. cap. 10. cap. 11. h.t. S. Thom. in 4. dist. 36. q. un. art. 5. Sánchez de Matrim. lib. 7. disp. 104. n. 9. González in cap. 2. h.t. n. 7. et comm. DD. Lo mismo es por el derecho civil. Princ. Instit. de Nuptis. Y por el derecho español. L. 6. tit. 1. p. 4. Allí dice: Mas para casamiento facer, ha menester, que el varon sea de edad de catorce años, e la muger de doce» (Murillo Velarde, 2008, Libro IV, Tit. II, sobre los esponsales de los impúberes).

31. Archivo de la Biblioteca Francisco de Burgoa, Fondo Luís Castañeda Guzmán, Libro de cordilleras del obispo Joseph de Ortigosa, ff. 49r°-72 r°.

32. El asunto llegó al juzgado del provisor y vicario general del Obispado de Puebla de los Ángeles ante el cual el indio noble intentó detener las amonestaciones que restaban.

mayor del Batallón de Oaxaca, Luis de Zárate y María Josefa Nieto, descendiente del emperador Moctezuma a fines del XVIII»[33].

Me parece que con estos casos he presentado algunos ejemplos de asimilación de pautas matrimoniales y sociales.

Vayamos al segundo ámbito en el que verificar la apropiación de costumbres castellanas:

LA PROBANZA DE SANGRE Y MÉRITOS

Las probanzas de sangre se pueden entender de forma amplia[34] como la acreditación del prestigio y calidad social de una persona, e incluso como un documento de méritos y servicios. En principio se tramitaban «ante la real justicia ordinaria»[35] y no ante la eclesiástica con la excepción del Santo Oficio[36]. Pero los alcaldes mayores en las tramitaciones de probanzas solicitaban a su vez al párroco las certificaciones o copias de los registros de bautizo con las filiaciones, etcétera. Además, «los vicarios eclesiásticos otorgaban información semejante en los disensos paternos para impedir los matrimonios desiguales y recibían los autos correspondientes a la prosecución o desistimiento del matrimonio»[37]. Por último, por diferentes motivos hubo ocasiones en que los indios solicitaron esa información en el Obispado, o la presentaron por requerirlo las autoridades eclesiásticas.

Los informes de este tipo sobre indios encontrados en los archivos eclesiásticos no hacen referencia a la pureza religiosa, limpia de heterodoxos —dato que sí recogen las probanzas de los indios que accedían a la universidad de México[38]—, sino a la limpieza étnica, racial, sobre

33. AGN Instituciones coloniales, Regio patronato, matrimonios (069), volumen 8, exp. 2, fojas 26-87. Estamos en 1798.

34. La definición más genuina de expediente de limpieza de sangre es: «requisito legal impuesto por la autoridad para el desempeño de ciertos cargos públicos, empleos, oficios o dignidades del Estado y de la Iglesia» (Lira Montt, 1997, p. 32).

35. Lira Montt, 1997, p. 42.

36. La Inquisición tramitaba ella misma los expedientes de limpieza de sangre, exigiendo además una información mucho más exhaustiva.

37. Castillo Palma, 1996, pp. 142-143.

38. Menegus, 1989; Menegus y Salvador, 2006; Lavrin, 1999; Zaballa Beascoechea, 2000.

todo con referencia a aquellas consideradas de baja calidad como la negra y las mezclas a partir de ella[39], así como su procedencia noble.

A este respecto, Norma Angélica Castillo Palma indica —refiriéndose a Cholula— que las probanzas de pureza de sangre las solicitaban a los alcaldes mayores y estos solicitaban al párroco las certificaciones o copias de los registros de bautizo con las filiaciones, etcétera, y añade:

> los vicarios eclesiásticos otorgaban información semejante en los disensos paternos para impedir los matrimonios desiguales y recibían los autos correspondientes a la prosecución o desistimiento del matrimonio[40].

Será, en efecto, en los asuntos matrimoniales donde encontremos con más frecuencia la referencia a esa información de limpieza de sangre o presentación de genealogías[41]. También las hemos encontrado en la fundación de una capellanía por un matrimonio de indios principales.

Este expediente de fundación de capellanía[42], contiene varias probanzas de limpieza de sangre y ofrece también los criterios de prestigio entre los indígenas principales en el siglo XVIII.

Los fundadores son un matrimonio de principales, con muchas propiedades y genealogía importante por ambas partes. Su escala de valores quedó reflejada en las condiciones que impusieron a los posibles candidatos. Establecieron que los primeros en ocupar la capellanía serían sus hijos y parientes, «y por su defecto a otros caciques del mismo obispado, estableciendo por regla general que solo se entiendan llamados indios puros, nobles hijos legítimos y honestos y virtuosos que es toda la ley que debe dirigir la aplicación de este beneficio»[43].

39. Los mestizos, que también serán orillados, se aceptan con mucha más facilidad que cualquier mezcla con negro o mulato.

40. Castillo Palma, 1996, p. 142-143.

41. En algunos casos, los caciques principales, para mostrar su dignidad, requieren la inclusión de la cédula de Carlos II, de 22 de marzo de 1697, pues «Por medio de ella la monarquía reconoce una distinción entre los indios principales o caciques, equiparados legalmente a los hidalgos castellanos, y los indios menos principales o tributarios, en quienes concurren la puridad de sangre, como descendientes de la gentilidad, no mezclados con sectas reprobadas, y merecedores en derecho de todas las prerrogativas, dignidades y honras que gozan en España los limpios de sangre, que llaman del estado general» (Lira Montt, 1997, p. 45).

42. AGN Bienes Nacionales (014), Vol. 553, exp. 8 año, 1722.

43. AGN Bienes Nacionales (014), Vol. 553, exp. 8 año, 1722, fol 197v.

Es decir, limpieza de sangre, nobleza —estatus social— y virtud. Respecto a la nobleza que se requiere se aclara que

> quando los fundadores se llaman casiques y llaman a otros casiques, no hablan de los que son verdaderamente tales en el sentido rigorista de la ley y según los había en el siglo de la conquista quando esta se expidió, sino solo a los que hoy se llaman casiques por descendientes de aquellos, aunque no estén en el goze de los derechos del casicazgo, en cuanto a exigir tributos y vasallos.

El expediente contiene las probanzas de limpieza y nobleza de tres candidatos a la capellanía. El primer candidato probó[44], en efecto, ser descendiente de caciques, incluyó la real cédula arriba citada, y presentó, al estilo castellano, los méritos de sus antepasados:

> Don Julián Carrasco casique originario, Hijo del Cacique D. Julián Carrasco que *recibió el Santo Evangelio* y con el *cargo de capitán* militó bajo el mando de el Excelentísimo Sr. D. Hernando Cortés Marqués del Valle en la *conquista y pacificación* que expresa.

El segundo candidato quedó excluido porque algunos testigos demostraron que su abuela paterna «fue de calidad parda» y porque su padre era «tozinero». Estos dos datos, sangre manchada y oficio impropio a la calidad de noble, serían decisivos para ser rechazado[45].

El tercero en disputar la capellanía también fue excluido «pues aunque alegó que es indio puro y de los que hoy se llaman principales que ejercen los cargos de su república: también es cierto que no ha probado descender de caciques y lo que es más (...) ha confesado que su padre es tributario». Se le concedió la capellanía a Don Julián Carrasco, el primer candidato.

44. AGN Bienes Nacionales (014), Vol. 553, exp. 8, año 1722, fol. 63, «probanza ad perpetuam rei memoriam».

45. Por gentileza del Dr. Felipe Castro aporto dos referencias del ámbito de Pátzcuaro, donde se muestra la exigencia de oficio noble para los cargos indígenas importantes hasta finales del siglo XVI y cómo a mediados del XVIII se relaja esta exigencia: Archivo Histórico Municipal de Páztcuaro, AHMP, Caja 132-1, 2 f : Los principales y común de Pátzcuaro sobre que se guarde el decreto para que no se elija como gobernador a ninguno de oficio mecánico, 1674; AHMP, Caja 34, carpeta 2, 1 f., Aprobación de la elección como gobernador de Pátzcuaro de Miguel Huacuja, 1746 y AHMP, Caja 132-4, 12 f.

En otras probanzas, se presentan como méritos el haber ejercido cargos en el cabildo y relacionados con la Iglesia, además de la ascendencia de sangre noble indígena. Así, un cacique indio de Cholula probó su calidad por los cargos ejercidos por antepasados y por los que desempeñó él mismo en la iglesia como fiscal mayor, en el cabildo de indios, como escribano —el mérito de saber escribir— y alcalde y porque tenía un pariente cercano presbítero, pues para serlo se debía probar la nobleza de origen además de la formación, calidad y virtudes[46].

En algunos documentos se puntualiza que los cargos importantes como alcalde o gobernador sólo se concedían a los caciques y principales. Esta aclaración es importante porque demuestra la continuidad en época colonial —como mínimo hasta fines del siglo XVII— de las élites de poder prehispánicas, al menos en algunas regiones y pueblos.

En este sentido discurre un expediente de información de cacicazgo que se siguió ante el Tribunal Eclesiástico del Obispado de Chiapas. Se trata de la «Información que comprueba el cacicazgo y distingue la prosapia de D. Domingo Santa María Noti Quiñones, Guerra y Guevara, de Chiapa la Real» [47]. Es un documento del siglo XVIII en el que el interesado insertó junto a la petición del certificado, el interrogatorio que deseaba se realizara a los testigos, de forma que quedara patente su capacidad y prestigio: legitimidad, descendencia de caci-

46. Archivo parroquial de San Pedro Cholula, Fondo informaciones matrimoniales, Información matrimonial de Andrés de Jesús Teocuitlahua, 17 de abril de 1784, citado en González Hermosillo, 1996, p. 126: «soy puramente indio y uno de los principales de dicha ciudad, en cuya virtud he servido *en la Santa Iglesia Parroquial con el empleo* de fiscal mayor por seis años, en el ayuntamiento del *cabildo de su escribano cuatro años*, y el empleo honorífico que ahora estoy sirviendo [*alcalde ordinario de primer voto* del Ayuntamiento de la nobilísima ciudad de Cholula]. Es pública y notoria mi *descendencia de indios principales y nobles*, acreditado que no falta de ellos testimonio con tener un *primo hermano presbítero*, que lo es el bachiller don Juan de Atlauten, teniente de cura del partido de Tuxtepec» (Cholula). Son muy similares las probanzas que he localizado firmadas por el corregidor. Por ejemplo, Biblioteca Burgoa, Fondo Castañeda, 1303 a/41, Información de nobleza dada por Pedro de Chaves Casique del Pueblo de Santa Cruz. Lo que se pregunta a los testigos es si es cacique e hijo de caciques; si estaban exentos de pagar tributos y de servicios personales; obtuvieron cargos de gobernador, alcalde de aquella república; que eran estimados por los ministros de doctrina y el alcalde mayor...

47. Archivo Histórico Diocesano de San Cristóbal de las Casas, Chiapas, III, serie I, 1, 1772.

ques; cargos que «solo se daban a los caciques» y que fueron ejercidos por sus antepasados[48], etcétera.

En el expediente, además de testificaciones de indios principales del pueblo de Chiapa, se incluyen las de dos dominicos y un cura párroco que se extendieron en alabanzas al interesado y a su familia tanto por su ascendencia nobiliaria como por sus obras de caridad, enseñanza de la doctrina y servicios a su majestad.

Limpieza de sangre: pureza de sangre sin mezcla de mulatos u otras castas, linaje de caciques, ejercicio de cargos de república, buena fama y buenas costumbres. Calidad, fama o reputación social y méritos y servicios... Valores similares a los defendidos por los criollos, no porque piensen como ellos, sino porque comparten la misma base de creencias religiosas y de derecho, dentro de la diversidad de mentalidades y culturas.

REFLEXIONES FINALES

Quizá lo más llamativo tras esta primera revisión de la presencia y actuación de los indígenas en los foros de justicia eclesiástica, es que estuvieron presentes en el siglo XVI —fueron, como se ha dicho, aprendices precoces—, y los seguimos encontrando en el XVII y hasta finales del XVIII. Es decir, tuvieron éxito ante la justicia eclesiástica, manejaron bien todos sus resortes y fueron actores habituales en estos foros.

Aunque se trata de una revisión que debe ser completada, se puede adelantar que los indios conocían la legislación canónica y las posibilidades que esta les ofrecía en relación con la justicia secular. Emplearon tanto la apelación a la instancia eclesiástica superior, como el cambio de la jurisdicción eclesiástica a la secular, para lograr sus objetivos. En este sentido utilizaron, por ejemplo, el derecho de amparo o el recurso de fuerza.

Dentro de la jurisdicción eclesiástica acudieron, en cada caso, al aspecto legal que más efecto podía tener ante sus jueces: la inmunidad eclesiástica, el mal ejemplo de un fiscal, o la falta de libertad en un matrimonio.

48. Uno de los testigos asegura que «habían sido los mas, alcaldes de primer voto y gobernadores deste dicho pueblo». *Vid.* Romero Frizzi, 1996.

En segundo lugar, respecto al matrimonio, se puede decir que una parte importante de la población tenía asumidas la primacía de la libertad, pero también utilizaron en su favor la fuerza que tenía en la sociedad colonial la promesa de matrimonio, o la legislación secular y eclesiástica sobre el consentimiento paterno. La legislación para evitar matrimonios desiguales reforzaba su propia política matrimonial para preservar los linajes y la élite indígena, de la misma forma que actuaban las élites criollas.

Por último, los criterios de prestigio y nobleza varían en algunos puntos, amoldándose al nuevo orden, al tiempo que buscaron conservar sus linajes.

FUENTES

Archivo General de la Nación, México (AGN)

AGN, Bienes nacionales. Vol. 149, expediente 25, año 1791.
AGN, Bienes Nacionales. Vol. 553, expediente 8, año 1722.
AGN, Indios, Vol. 20, expediente 125, año 1656.
AGN, Instituciones coloniales, Regio patronato, matrimonios, Vol. 8, Exp. 2, ff. 26-87.
AGN, Instituciones coloniales, Regio patronato, matrimonios, Vol. 154, Exp. 1.
AGN, Indiferente virreinal, Caja 1531, expediente 8, año de 1753.

Archivo del Estado de Oaxaca (AEOx)

AEOx, Sección curia de justicia, Serie Asuntos criminales, Leg. 1, Exp. 23. Hipólito de los Santos y Pascual de la Vega contra Pascual Pérez, alcalde que fue de ese lugar por arbitrariedad a la inmunidad eclesiástica, 1752.
AEOx: Sección curia de justicia, Serie Asuntos criminales, Leg. 1, Exp. 20 y 21. El pueblo de Yagago contra Miguel de los Ángeles Alguacil mayor, fiscal de doctrina sobre los capítulos que se expresan, 1751.
AEOx, Fondo Obispado de Oaxaca, Sección curia de justicia, asuntos criminales, Leg. 2, exp. 14. Paula María solicita justicia al señor provisor ya que el cura de su pueblo, San Lucas Teitipaque, Manuel Joseph Calvo la obliga a casarse con Pedro González, 1780 (incompleto).
AEOx, Fondo Obispado de Oaxaca, Curia de gobierno y administrativa, Serie matrimonios, bautizos y defunciones; Exp. 15. Diligencias seguidas para negar el permiso de realizar matrimonio entre Paulino Angulo y María Celedonia Pimentel por haber afinidad ya que esta llevó a bautizar un hijo que francisca Pimentel tuvo con el referido Paulino Angulo, Tlaxiaco, 1780.
AEOx, Fondo Obispado de Oaxaca, Curia de gobierno y administrativa, Serie matrimonios, Leg. 19.
Exp. 6, libro donde se asientan las actas matrimoniales del año de 1745 de Santa Catarina Ixtepeji. Ciudad de Antequera, Santa Catarina Ixtepeli, 1745, 27 ff.
Exp. 7, Antonio Martín Vicente, indio natural de San Lucas Teitipac solicita que se agilicen las diligencias para contraer matrimonio con Rosa López, San Lucas Teitipac, 1766, 2 ff.
Exp. 10, María Gertrudis Palacios y Ramón Bustos, ambos viudos, solicitan permiso para contraer matrimonio, Ciudad de Antequera, 1780, 23 ff.

AEOx, Obispado de Oaxaca, Caja Anexo 3, sin numerar, 1757. Diligencias llevadas a cabo ante el Provisor sobre la pretensión de Juan de los Santos, mulato, para contraer matrimonio con María Manuela Calderón, castiza.

Archivo Histórico Diocesano de San Cristóbal de las Casas

Chiapas, III, serie I, 1, 1772.

Biblioteca Francisco de Burgoa, Fondo Luis Castañeda Guzmán, Oaxaca

Libro de cordilleras del obispo Joseph de Ortigosa, ff. 49rº-72 rº (sin clasificar).

BIBLIOGRAFÍA

ARAMONI CALDERÓN, Dolores, «Iglesia, cultura y represión entre los zoques de Chiapas en el siglo XVII», en Ramos, G.; Urbano, H. (comps.), *Catolicismo y extirpación de idolatrías. Siglos XVI-XVIII,* Cuzco, Centro de Estudios Regionales Andinos «Bartolomé de las Casas», 1993, pp. 367-387.

BALSALOBRE, Gonzalo de, «Relación de las idolatrías, supersticiones y abusos en general de los naturales del Obispado de Oaxaca», en Hernando Ruiz de Alarcón, Dr. Pedro Sánchez Aguilar, Gonzalo de Balsalobre, *Tratado de las idolatrías, supersticiones, dioses, ritos, hechicerías y otras costumbres gentilicias de las razas aborígenes de México*, notas comentarios y un estudio de Francisco del Paso y Troncoso, México, Ediciones Fuente Cultural, 1948-1952 [la primera edición es del Museo Nacional 1892].

CASTILLO PALMA, Norma Angélica, «El estudio de la familia y del mestizaje a través de las fuentes eclesiásticas: el caso del archivo parroquial de San Pedro Cholula», en Connaughton, Brian F.; Lira, Andrés (coords.), *Las fuentes eclesiásticas para la historia social de México*, México, Universidad Autónoma Metropolitana-Instituto Dr. José María Luis Mora, 1996, pp. 133-164.

Concilios provinciales primero y segundo, celebrados en la muy noble y muy leal ciudad de México, presidiendo el illmo. y rmo. señor D. Fr. Alonso de Montúfar, en los años de 1555 y 1565. Dalos a la luz el ill.mo Sr. D. Francisco Antonio Lorenzana, arzobispo de esta santa metropolitana iglesia [...], En México, en la imprenta de el Superior Gobierno, de el Br. D. Joseph Antonio de Hogal, 1769

CRUZ, Patricia; GIL, Francisco; ROJAS, José Luis, «Soy descendiente de Don Juan Istolinque y Guzmán. El cacicazgo de Coyoacán en el siglo XVIII», en *Relaciones*, El Colegio de Michoacán, 109 (2007), pp. 51-73.

DOUGNAC RODRÍGUEZ, Antonio, *Manual de Historia del derecho indiano*, México, McGraw-Hill, Universidad Nacional Autónoma de México, 1998[2].

DUVE, Thomas, «La condición jurídica del indio y su condición como persona miserabilis en el Derecho Indiano», en Losano, Mario (ed.), *Un giudice e due leggi. Pluralismo normativo e conflitti agrari in Sud America*, Milano, Giuffrè, 2004, pp. 3-33.

DUVIOLS, Pierre, *Cultura andina y represión: procesos y visitas de idolatrías y hechicerías, Cajatambo, siglo XVII*, Cuzco, Centro de Estudios Rurales Andinos «Bartolomé de las Casas», 1986.

— *Procesos y visitas de idolatrías. Cajatambo, siglo XVII*, Lima, Instituto Francés de Estudios Andinos, Pontificia Universidad Católica del Perú, 2003.

FERIA, Pedro de, «Revelación sobre la reincidencia en sus idolatrías de los indios de Chiapa después de treinta años de cristianos», en Francisco del Paso y Troncoso, *Tratado de las idolatrías, supersticiones, dioses, ritos, hechicerías y otras costumbres gentílicas de las razas aborígenes de México*, México, Fuente Cultural, 1982, vol. 1.

GAREIS, Iris, «Repression and cultural change: the 'Extirpation of Idolatry' in colonial Peru», en Griffiths, Nicholas; Cervantes, Fernando (eds.), *Spiritual Encounters. Interactions between Christianity and native religions in colonial America*, Birmingham, The University of Birmingham Press, 1999, pp. 230-254.

GÓMEZ GARCÍA, Lidia E., «Las fiscalías en la ciudad de los Ángeles, siglo XVII», en Castro Gutiérrez, Felipe (ed.), *Los indios y las ciudades de Nueva España*, México, Universidad Nacional Autónoma de México (en prensa).

GONZÁLEZ HERMOSILLO, Francisco, «Las fuentes eclesiásticas para el estudio de las comunidades indígenas: el caso de Cholula en el siglo XVIII», en Connaughton, Brian F.; Lira, Andrés (coords.), *Las fuentes eclesiásticas para la historia social de México*, México, Universidad Autónoma Metropolitana-Instituto Dr. José María Luis Mora, 1996, pp. 115-132.

GRIFFITHS, Nicholas, *The Cross and the Serpent: Religious Repression and Resurgence in Colonial Peru*, Norman and London, University of Oklahoma Press, 1996.

HILLERKUSS, Thomas, *Colima entre 1540 y 1575. La formación de una sociedad en la periferia del virreinato*, Colima, Archivo Histórico del Municipio de Colima, serie Pretextos, N° 25, 2001a.

— *Diccionario biográfico del occidente novohispano. Siglo XVI*, Vol. 2. D-G, Zacatecas, Universidad Autónoma de Zacatecas-Centro de Docencia Superior, 2001b.

KELLOGG, Susan, *Weaving the Past: A History of Latin America's Indigenous Women from the Prehispanic Period to the Present*, Oxford, Oxford University Press, 2005.

KLOR DE ALVA, J. Jorge, «Colonizing souls: The failure of the Indian Inquisition and the rise of penitential discipline», en *Cultural encounters: The impact of the Inquisition in Spain and the New World*, Perry, Mary E. (ed.)., Berkeley u.a., University of California Press, 1991, pp. 3-22.

LATASA, Pilar, «La celebración del matrimonio en el virreinato peruano: disposiciones sinodales de Charcas y Lima (1570-1613)», en Arellano, Ignacio; Usunáriz, Jesús M.ª (eds.), *El matrimonio en Europa y el mundo hispánico. Siglos XVI y XVII*, Madrid, Visor, 2005, pp. 237-256.

LATASA VASALLO, Pilar, «Publicidad y libertad en el matrimonio: autoridad paterna y dispensa de amonestaciones en Lima, 1600-1650», en Usunariz, J. M.ª; García Bourrellier, R. (eds.), *Padres e hijos ante el matrimonio: España y el Mundo Hispánico (siglos XVI-XVIII)*, Madrid, Visor, 2008, pp. 53-67.

LAVRIN, Asunción, «Indian Brides of Christ: Creating New Spaces for Indigenous Women in New Spain», en *Mexican Studies-Estudios Mexicanos*, 1999, vol. 15, nº 2, pp. 225-260.

LIRA, Andrés, «El indio como litigante en cincuenta años de Audiencia, 1531-1580», en *Memoria del X Congreso del Instituto Internacional de Historia del Derecho Indiano*, México, Universidad Nacional Autónoma de México, 1995, T. I, pp. 765-782.

LIRA MONTT, Luis, «El estatuto de limpieza de sangre en el Derecho indiano», en *XI Congreso del Instituto Internacional de Historia del Derecho Indiano. Buenos Aires 4 al 9 de septiembre de 1995. Actas y Estudios*, Buenos Aires, Instituto de Investigaciones de Historia del Derecho, 1997, pp. 31-47.

MARGADANT, Guillermo Floris, «Del *matrimonio prehispánico* al matrimonio cristiano», *VI Anuario Histórico-Jurídico Ecuatoriano*, Quito, 1980, pp. 515-528.

MENEGUS, Margarita, «La real y Pontificia Universidad de México y los expedientes de limpieza de sangre», en Albiñana, Salvador (ed.), *Claustros y estudiantes: Congreso Internacional de Historia de las universidades americanas y españolas en la edad moderna*, Valencia, Universidad de Valencia, 1989.

MENEGUS, Margarita y AGUIRRE, Salvador, *Los indios, el sacerdocio y la Universidad en Nueva España. Siglos XVI-XVIII*, México, CESU-Plaza y Valdés, 2006.

MURILLO VELARDE, Pedro, *Curso de Derecho Canónico hispano e indiano*, El Colegio de Michoacán (traducción Alberto Carrillo Cázares), Zamora, Michoacán, El Colegio de Michoacán, 2008.

ROMERO FRIZZI, M.ª de los Ángeles, *El Sol y la Cruz. Los pueblos indios de Oaxaca Colonial*, México, Centro de Investigaciones y Estudios Superiores de Antropología Social, Instituto Nacional Indigenista, 1996.

TAVAREZ, David, «Idolatry as an ontological question: Native consciousness and juridical proof in colonial Mexico», *Journal of Early Modern History* 6, 2 (2002), pp. 114-139.

TRASLOSHEROS, Jorge E., *Iglesia, Justicia y Sociedad en la Nueva España: La Audiencia del Arzobispado de México, 1528-1668*, México, Editoral Porrúa, Universidad Iberoamericana, 2004.

— «Orden judicial y herencia medieval en la Nueva España», en *Historia Mexicana*, LV: 4 (2006), pp. 1105-1138.

ZABALLA BEASCOECHEA, Ana de, «Los Afromestizos en la Real Universidad de México», *Iberoamericana* XXII (Tokio, 2000), pp. 83-99.

La procuración de justicia a la población indígena en el Concilio Tercero Provincial Mexicano (1585)

ALBERTO CARRILLO CÁZARES

El presente trabajo se enfoca a uno de los nuevos cauces de estudio sobre la administración de justicia a la población indígena en el ámbito de la Iglesia indiana, cauce que se abre en los debates y decisiones de los concilios provinciales de México y el Perú, realizados en el siglo XVI. Al más alto nivel de responsabilidad regional, estas asambleas se preocuparon de enjuiciar la política eclesiástica y real que lesionaba principalmente a la población indígena. Se tratará aquí, específicamente, de dos de las ocho grandes consultas que el Concilio Tercero Provincial Mexicano de 1585, sometió a consideración de la asamblea episcopal y sus asesores teólogos y juristas, a saber: una sobre la justicia o injusticia de la guerra a los indios chichimecas; y otra sobre el problema laboral de trabajo conscripto a que era sometida la población indígena por el sistema de los repartimientos. Guerra y explotación del trabajo: dos lacras sociales enjuiciadas por la Iglesia indiana.

Las posibilidades de investigación sobre estos temas se han abierto ampliamente con la reciente publicación de los *Manuscritos del Concilio Tercero Provincial Mexicano (1585)*, en su mayoría inéditos, publicados por El Colegio de Michoacán y la Universidad Pontificia de México.

Son reveladores los enjuiciamientos que hacen sobre estos temas algunos letrados, antiguos alumnos de la Escuela de Salamanca, en concisos tratados y pareceres; señaladamente el dominico fray Pedro de Pravia. Guerra, explotación del indígena, usura y sed de lucro: tres plagas imperiales que hacen presente el pasado.

Aunque estos enjuiciamientos no aparecen reflejados en los decretos, están vivamente expresados en los instrumentos de pastoral, especialmente en el *Directorio de confesores y penitentes* que el Concilio ordena para instruir a unos y otros, como sujetos al tribunal de la penitencia sacramental, donde el pecado público, sin dejar de pertenecer al fuero de la conciencia, tiene la posibilidad de alcanzar lo que Andrés Lira, con sabio tino, ha llamado «la dimensión jurídica de la conciencia[1].

En este estudio nos proponemos examinar dos vías por donde el Concilio Tercero Provincial Mexicano (1585) ejerce la procuración de justicia ante graves pecados públicos que redundan en agravio de la población indígena. Primeramente, la formación de conciencia de los gobernantes, eclesiásticos y seculares. Y en segundo lugar, la instrucción del confesor y del penitente para conocer los pecados que ponen en riesgo su salvación eterna.

Con este propósito presentaremos documentos, en su mayoría inéditos, y ahora a disposición de los estudiosos, contenidos tanto en las consultas del Concilio, como en el *Directorio de confesores y penitentes*.

1. LOS PROBLEMAS DE LA GUERRA Y DE LOS REPARTIMIENTOS

1. 1. *Sobre la guerra a los chichimecas*

En la consulta sobre la guerra chichimeca, el Concilio Tercero Mexicano (1585) se planteó, al máximo nivel de una provincia eclesiástica, la cuestión de la justicia de la empresa bélica contra los indios rebeldes:

> Si a estos indios se les puede dar guerra a fuego y a sangre con seguridad de la conciencia, presuponiendo que esa licencia general se ha de dar con límite de los lugares que se han de acometer, y los soldados han de venir a dar cuenta de las presas que hagan al general de esta guerra, para que siendo justas conforme a lo que se decrete, se les adjudiquen, o en su defecto se les castigue y se dé libertad a los presos; segundo, haciéndose estas presas por la moderación referida, si se podrán dar por esclavos perpetuos[2].

1. Lira, 2006.

2. *Manuscritos del Concilio III Provincial Mexicano (1585)*, 2007, t. 2 (en adelante: *ManCarr* 2), p. 272.

En respuesta al Concilio los consultores teólogos y juristas presentaron a la magna asamblea eclesiástica macizos pareceres, no sólo como respuesta individual de peritos, sino como pareceres razonados colectivos de las órdenes religiosas. A manera de ejemplo presentamos a continuación el parecer de los dominicos.

Los dominicos entran de lleno a un comprensivo examen de la cuestión. El punto arduo del negocio era, naturalmente, declarar si con segura conciencia se les podía hacer guerra de exterminio a los indios chichimecas, y dar los cautivos por esclavos perpetuos. En cuanto a sustancia y fondo se resuelven en contra de la guerra general contra los chichimecas.

Puesto que

> por reverencia a Dios se advierta que este Reyno no se debe gobernar en utilidad y provecho precisamente de los Reynos de España, sino principalmente en su propio bienestar, y los que gobiernan, si no procuran esto como último objetivo de su gobierno, están en estado de condenación eterna... porque en esto difiere el gobierno justo y legítimo del tiránico que el tiránico principalmente se toma para bien del príncipe, mas el gobierno legítimo principalmente se ordena para el bien de la república[3].

El Concilio hace suyo lo que en tales pareceres se concluye, a saber:

1° Que no se puede hacer la guerra a fuego y a sangre a los chichimecas ni el cautiverio perpetuo de ella derivado.

2° Que se debe examinar no sólo la causa que los españoles tienen contra los indios, sino también la que los indios tienen contra los españoles.

3° Que antes que por guerra, se debe intentar la pacificación por medio de poblamiento y buenas obras.

4° Que para llevar a cabo este remedio, el rey tiene obligación de gastar toda su real hacienda si es necesario.

El decreto del Concilio se pronuncia, en definitiva, contra el hacer la guerra a los chichimecas como a enemigos, «guerra a fuego y a san-

3. *ManCarr 2* , p. 264.

gre», y se declara en favor de la obligación de emprender la pacificación por medio de poblamiento, tanto de españoles en la frontera como de chichimecas en sus tierras, reforzándola con buena doctrina de religiosos y buenas obras de gobernantes y pobladores.

1. 2. *Sobre los repartimientos o sistema de trabajo conscripto de los indígenas*

Elegimos el parecer del dominico fray Pedro de Pravia como representativo de la respuesta de los letrados a las dificultades que sobre los repartimientos el Concilio les manda responder. Este catedrático de la Real Universidad de México, responde docta y puntualmente a las dudas sobre «los repartimientos que se hacen de los indios en esta tierra y de ellas y de las razones en que se fundan estas dudas», sintetizando la respuesta en ocho puntos. Su tratado está esperando todavía un estudio particular, similar al que los jesuitas han hecho de los memoriales del padre La Plaza. Para el propósito del presente trabajo presentaré aquí como muestra, sólo uno de sus razonamientos, que manifiesta vivamente el estilo de su argumentación, doctrinal y vivencialmente bien fundada.

> Digo que, absolutamente hablando, repartir indios y aun españoles... se puede hacer bien y mal, conforme al fin y circunstancias que le pusieren. También digo que repartirlos de manera que el repartimiento sea necesario y provechoso para el bien común, esto sería justo y santo, guardándose juntamente sus debidas circunstancias, pues los indios son partes de esta república cristiana; y la parte, cuando hay necesidad, se pone a peligro por el todo. Allende de esto, repartirlos, ordenándose el repartimiento al propio interés de los españoles, esto es iniquísimo y malo: porque esto es hacerlos, en buen romance, esclavos, siendo ellos libres.
>
> Empero podría alguno decir que si en Sevilla no hubiese totalmente quien quisiese servir a otro o alquilarse para trabajar, podría la república compeler a los inferiores a ello, y que pues en esta tierra no hay quien se alquile por jornaleros, podrá el que gobierna compeler a los indios, que son los inferiores, a que sirvan, no solamente en sementeras y edificios públicos, sino también al zapatero y herrero y caballero, etc. A esto digo el caso ser metafísico en España. Mas dado que fuese así, no hay razón que sufra decir que entonces podrían compeler a todo el pueblo de Córdoba

que sirviese a todos los de Sevilla, que sobre esto podrían quebrarse las cabezas. ¿Pues qué remedio prudencial se podría dar entonces? Que de la misma Sevilla apartasen algunos que sirviesen a los ciudadanos más necesarios en la república, conviene a saber, a los que tienen labranzas, viñas y olivares, y aun no a todos, sino a los que se entendiese ser necesarios para sustentar a la república, y también a los caballeros y a algunos oficiales mecánicos, sin los cuales no se puede pasar, y así mismo a algunos mercaderes, y no a todos los que lo quieren ser, porque es perdición de la república ser casi todos mercaderes. A este modo en el caso puesto pudiera el magistrado de Sevilla compeler a algunos inferiores que sirviesen a los superiores. Pero a toda la chusma que hay en Sevilla y a todo aquel gentío querer que les sirvieran los dichos jornaleros, mayormente para enriquecerlos, esto ¿quién no verá ser contra todo derecho y justicia, y para que se despertara perpetua guerra en el pueblo?[4]

Basten estas muestras para sopesar la gravedad del cuestionamiento que el Concilio hace sobre el trato a la población indígena.

2. El *Directorio de confesores y penitentes* compuesto por el Concilio Tercero

Veamos ahora cómo se ocupa el mismo Concilio de la procuración de justicia en el Confesionario o Directorio dirigido a confesores y penitentes.

El Concilio ordena de forma bien definida la procuración de justicia por medio del tribunal de la penitencia en que el confesor ha de fungir como juez. Así lo declara: «Y mire el confesor que en este fuero es juez del penitente para obligarle a que con efecto satisfaga el daño que ha hecho en su próximo, y si por ser el confesor fácil y remiso en absolver al penitente sin que haya primero restituido el daño de su próximo, quedará el confesor obligado a restituirlo»[5].

Para abordar la importancia de los manuales o directorios de confesores, llamados generalmente confesionarios, me valdré del extraor-

4. *ManCarr 2*, pp. 320-323.

5. *Directorio del santo concilio provincial mexicano celebrado este año de 1585. Directorio de confesores.* Mss. 7196., Biblioteca Nacional, Madrid (en adelante *Dir. Mss. 7196*), ff. 271v-272r.

dinario trabajo de Andrés Lira en que plantea la «Dimensión jurídica de la conciencia, pecadores y pecados en tres confesionarios de la Nueva España, 1545-1734»[6]. Estudio en que hallamos una clave luminosa para comprender la significación que el tribunal de la penitencia tenía para juzgar las injusticias de los cristianos, no sólo en el fuero interno de la conciencia, sino también en el fuero externo en que el pecador debía comprometerse a reparar los daños ocasionados individualmente a sus prójimos o colectivamente a la república.

Andrés Lira analiza tres confesionarios, comenzando por el impreso en México el año de 1544, esto es, el *Tripartito christianissimo y consolatorio del doctor Juan Gerson de doctrina Christiana a qualquiera muy provechosa* [...], traducido del latín al castellano e impreso en casa de Juan Cromberger. De este famoso confesionario el jurista mexicano destaca el mensaje consolatorio de la obra y el carácter jurídico del sacramento de la penitencia:

> De los sacramentos, el que más acusa carácter de acto jurídico es el de la penitencia. La confesión es un juicio en el que el reo es penitente, testigo y acusador de sus pecados, y el confesor es el juez que ha de juzgar y perdonar cuando esté convencido de la verdad de la confesión y del arrepentimiento del reo. Para eso, confesor y penitente deben actuar de manera conveniente y respetar la jurisdicción marcada en los cánones[7].

Para entrar directamente a valorar los confesionarios compuestos por la Iglesia novohispana, Lira elige tres manuales producidos en estas tierras: el 'confesionario' de fray Bartolomé de Las Casas (escrito entre 1545-1552); el *Confessionario mayor en lengua mexicana y castellana* de fray Alonso de Molina (1565 y 1569), y *Las Reglas ciertas precisamente necessarias para juezes y ministros de las Indias y para sus confessores,* de fray Jerónimo Moreno (1617-1631)[8].

La elección responde a que en estos manuales se puede ver claramente el carácter judicial que tiene la confesión no sólo en el fuero

6. Lira, 2006, pp. 1139-1178.

7. *Código de Derecho Canónico*, 1957, tít. IV. De la penitencia, 870 y 881, § 1. Exposición contemporánea en que se recogen de la doctrina multisecular. Una visión cercana a la época de que tratamos puede apreciarse en Murillo Velarde, *Curso de derecho*, lib. y, tít. XXXVIII (t. IV, pp. 267-288), en especial § 359, 364 y 370.

8. El pormenor de estos libros aparece en la bibliografía.

interno, sino también la posibilidad de pasar al fuero externo en casos que se traducen, por ejemplo en obligación en conciencia de hacer restitución de bienes mal habidos, por hecho de presente o por promesa de futuro contenida en testamento. Y esto es lo que Andrés Lira destaca en su trabajo, como dimensión jurídica de la conciencia, derivada de la calidad de los pecados de que tratan los confesionarios.

El confesionario de fray Bartolomé de las Casas viene a ser un paradigma para el estudio de la manera cómo el polémico defensor de los naturales, en sus doce reglas para confesores de conquistadores, encomenderos y mercaderes de armas para la guerra a los indios, recalcaba la gravedad de los pecados públicos, por lo cual era necesario acudir a los medios coactivos del Derecho Civil de que disponía la autoridad. Andrés Lira expone la calidad paradigmática de dicho confesionario en un párrafo de su trabajo, que —aunque extenso— considero pertinente citar a la letra:

> Sobre tal evidencia y caracterización del penitente y dada la trascendencia dañina del pecado (homicidio, rapto, robo y despojo, destrucción de familias y pueblos, todo expuesto con lujo de detalle en los diversos *Tratados*), se hacía necesario poner en juego los medios coactivos del derecho civil (así concebido por su diferencia con el derecho canónico, propio de las relaciones de los fieles y no sólo como sujetos del derecho común), aprovechando los medios de que disponía la autoridad. De esa suerte, decía: «Si fuere conquistador y si este tal se quisiere confesar en artículo de muerte, antes que entren en confesión haga llamar un escribano público o del rey y por un acto público hágale el confesor declarar, y ordenar, conceder las cosas siguientes: [...] Poder cumplido [al confesor] (en cuanto puede y es obligado de derecho divino y humano para que descargue su conciencia) en todo aquello que viere [el confesor] que conviene a su salvación. Y si para esto le pareciere al dicho confesor que es necesario restituir toda su hacienda de la manera que a él pareciere se debe de restituir, sin quedar cosa alguna para sus herederos, lo puede libremente hacer [...]»[9] Quedaba así en el fuero exterior —ya no sólo en el de la conciencia y en la privacidad del sigilo de la confesión— del derecho común, mediante instrumento público, asegurada la intención —inducida, diríamos— del penitente, a quien previa garantía escrita oiría el confesor haciendo que el mismo escribano o notario asentara los pecados propios y

9. *Tratados de fray Bartolomé de Las Casas*, t. II, pp. 857-859.

> consabidos de la conquista, así como el inventario de los bienes del penitente y su renuncia a la libre disposición de éstos, haciéndole decir si se halló en tales o cuales guerras, robos, violencias o daños; y declarar luego lo que trajo de Castilla para hacer el inventario de lo que, por supuesto, había malamente adquirido, como eran esclavos indios y, además, revocar cualquier testamento o codicilo[10].

Esta trascendencia de uno a otro fuero consistía en que el penitente hiciera una especie de confesión pública al obligarse a resarcir daños y restituir bienes mal habidos, no sólo ante su conciencia, sino ante la autoridad de la república.

Aplicando esta clave para comprender la trascendencia de un confesionario como el *Directorio de confesores y penitentes* compuesto como el principal instrumento de pastoral con que el Concilio instruía al confesor sobre la manera de absolver o denegar la absolución a ciertos cristianos que por su oficio eran responsables de agravios a la población indígena, podremos apreciar los alcances del tribunal de la penitencia como instancia de procuración de justicia de la iglesia indiana hacia la población indígena. Es relevante observar ahora como el Concilio Mexicano vierte en los moldes de la *Instrucción* o *Directorio de confesores y penitentes* el conjunto de pareceres con que sus consultores letrados responden a las consultas sobre la licitud de la guerra y de los repartimientos de indios.

En los manuscritos del Concilio la respuesta de los consultores a la consulta de la guerra de los chichimecas ocupa 32 grandes folios (ff. 81r-113r) y la respuesta sobre los repartimientos abarca 47 folios (ff. 114-161v). Mientras que el redactor del *Directorio*, el docto jesuita Juan de la Plaza, condensa el conjunto doctrinal en unos cuantos párrafos al instruir al confesor sobre los pecados graves en que pueden caer oficiales de la república o capitanes y soldados en acciones de armas. A manera de ejemplo, veamos cómo se refiere a los capitanes y soldados:

> *Capitanes y soldados.* Pecan si ayudan en guerra injusta, y son obligados a todo el daño que se hace yendo de su voluntad, y si van forzados están obligados a la parte del daño que hacen; y en caso de duda si la gue-

10. Lira, 2006, pp. 1146-1147.

rra es injusta, ninguno puede ir a ella de su voluntad, pero siendo mandado por quien le puede mandar, puede ir seguramente, porque en caso de duda esta obligado a obedecer al superior. También pecan, aunque la guerra sea justa, en los daños, fuerzas y agravios que hacen a los huéspedes y tierras por donde pasan, y los capitanes que lo mandan o disimulan o no lo estorban, pudiendo, están obligados también a la restitución de ello[11].

La consulta sobre los repartimientos y las vejaciones, agravios y otras injusticias que contra los indios se cometen queda condensada en una breve instrucción, al uso de la época, en que se proponen y se resuelven siete casos de conciencia, típicos del repartimiento.

El primero de estos casos se refiere al miserable precio con que los caciques y ministros de justicia hacen que los indios les vendan las gallinas de la tierra (pavos o guajolotes) y las mismas de Castilla. Se responde que el hecho es injusto y malo. El segundo se refiere a los mantenimientos que los indios de los pueblos de la laguna son forzados a vender a mucho menor precio del que comúnmente se venden. Se responde que el hecho es injusto y que los que de él se han aprovechado están obligados a restituirlo a los indios. El tercero se refiere a la manera como se detienen en obrajes y tornos de seda o ingenios de azúcar a muchos indios encerrados y forzados a trabajar de día y de noche. El hecho se califica tan grave que los autores de estos delitos no pueden ser absueltos. El cuarto caso trata de la venta indiscriminada de vino y pulque a los naturales; conducta que se califica de pecado mortal «especialmente habiendo ley que lo prohíba, y en el mismo pecado están los alcaldes mayores o regidores y otras justicias que no ponen diligencia en la ejecución de esta ley»[12]. La quinta pregunta refiere cómo se quejan los indios de los frailes y clérigos que se sirven de su oficio de barberos, sastres, porteros, sacristanes, cocineros, hortelanos, caballerizos y tlapixques sin pagarles cosa alguna por su trabajo. La respuesta es tajante puesto que tales ministros eclesiásticos «llevan salario del rey y tienen provecho de las ofrendas de los indios que les dan la comida, los tales ministros están obligados a pagar a los indios su trabajo»[13]. El sexto caso advierte del peligro en que se ven los

11. *Dir Mss. 7196*, ff. 220v-221r.
12. *Dir. Mss. 7196*, f. 257r.
13. *Dir. Mss. 7196*, f. 257v.

niños y niñas indias que caminan a la doctrina «estando sus casas lejos y el camino despoblado». De lo cual se responsabiliza a los ministros de la iglesia, quienes deben tratar con los caciques que se remedie este peligro. Finalmente se expone el abuso de mercaderes y taberneros que en reales de minas valiendo la plata del rescate a seis pesos y dos tomines cuando la rescatan a españoles, a los indios no les dan más que a seis pesos como si por ser plata de indios valiese dos reales menos. A lo que se responde que «el hecho es claramente injusto y malo, y así esta obligado el mercader o tabernero a restituirle los dos tomines menos que le dio en el rescate de la plata y lo que llevó más de lo que valía la mercadería que le vendió»[14].

El cuestionamiento que los consultores teólogos y juristas del Concilio han hecho sobre los repartimientos de los indios a labores, edificios y minas se encuentra en el *Directorio* en una síntesis de once puntos magistralmente comprehensivos, para guía de confesores y penitentes. En suma se advierte que los repartimientos en el modo que se hacen son «injustos, perjudiciales y dañosos para las ánimas, haciendas, salud y vida de los indios, y moralmente es imposible quitar esos inconvenientes haciéndose como se hacen».

La dimensión jurídica de la conciencia la expresa el *Directorio* con esta sentencia: «Y, lo que peor es, no sólo se impide el bien de sus ánimas, mas lo que han deprendido, olvidan y dejan, y a esto es primera la obligación de su Majestad y ministros y de los prelados y religiones de clamar y dar voces so pena que de ello han de dar muy estrecha cuenta a Dios cuyo juicio terrible les espera si a esto no dan luego el reparo ya dicho»[15].

CONCLUSIÓN

He tratado de explorar una vía alterna para juzgar la actitud de la iglesia novohispana respecto de la procuración de justicia a la población indígena, contemplada no solamente en los procedimientos de las audiencias episcopales, en particular del provisor de indios; sino observada fundamentalmente en la normativa establecida por el Dere-

14. *Dir. Mss. 7196*, ff. 252-258v.
15. *Dir. Mss. 7196*, ff. 262v-263v.

cho Canónico local emanado del Concilio Tercero Provincial Mexicano (1585) y de su *Directorio de confesores y penitentes,* compuesto como instrumento práctico de los ministros de la pastoral hacia la población indígena.

Andrés Lira concluye con una propuesta definida de nuevas investigaciones como el estudio y reproducción de los confesionarios en lenguas indígenas de los siglos XVI y XVII para ver cómo se fue articulando

> un orden local al que se atendió, en particular, sin desdeñar la doctrina tradicional, ampliando el repertorio de pecados... y la articulación de un orden jurídico propio, que habría que comparar con lo ocurrido en otros ámbitos de la vida social y cultural de la época[16].

En esta línea, dentro del Proyecto de investigación «Concilios Provinciales Mexicanos» estamos preparando en El Colegio de Michoacán una edición crítica del *Directorio de confesores y penitentes*, como quinto tomo de la colección de Manuscritos del Concilio Tercero Provincial Mexicano; y una reedición del *Manual de los Santos Sacramentos en el idioma de Michuacan,* compuesto por Juan Martínez de Araujo, Cura de Tlazazalca, publicado en México, el año de 1690.

Finalmente, entre otras tareas pendientes, quizá tengamos que plantear con insistencia la necesidad de nuevos estudios sobre el Derecho Canónico local de las provincias eclesiásticas del Orbe Indiano.

16. Lira, 2006, pp. 1148.

BIBLIOGRAFÍA

AZOULAI, Martine, *Les péchés du Noveau Monde. Les manuels pour la confession des Indiens, XVIe-XVIIe siècle*, Paris, Editions Albin Michel, 1993.

BELEÑA, Eusebio Ventura, *Recopilación sumaria de todos los autos acordados de la Real Audiencia y sala del crimen de la Nueva España, y providencias de su superior gobierno* [...], prólogo de González, María del Refugio, México, Universidad Nacional Autónoma de México, [1787] 1981, ed. facsimilar, 2 tomos.

BERMAN, Harold J., *La formación de la tradición jurídica de Occidente*, traducción de Mónica Utrilla de Neira, México, Fondo de Cultura Económica, 1996.

BURGOA, fray Francisco de, *Geográfica descripción de la parte septentrional del Polo Ártico de la América y, nueva Iglesia de las Indias Occidentales, y sitio astronómico de esta provincia de predicadores de Antequera, Valle de Oaxaca*, México, Porrúa, 1989a, 2 tomos (Biblioteca Porrúa, 97 y 98).

— *Palestra historial de virtudes ejemplares apostólicas fundada en el celo de los insignes héroes de la sagrada Orden de Predicadores de este Nuevo Mundo de las Américas en las Indias Occidentales*, 3a ed., México, Porrúa, 1989b (Biblioteca Porrúa, 94).

CARRILLO CÁZARES, Alberto, *El debate sobre la guerra chichimeca: 1531-1585. Derecho y política en la Nueva España*, Zamora, El Colegio de Michoacán, El Colegio de San Luis, 2000.

CASAS, fray Bartolomé de las, *Apologética historia sumaria cuanto a las cualidades, disposición, descripción y suelo destas tierras y condiciones naturales, policías, repúblicas, maneras de vivir e costumbres de las gentes destas Indias Occidentales y Meridionales, cuyo imperio pertenece a los reyes de Castilla*, edición preparada por Edmundo O'Gorman, con un estudio preliminar, apéndice e índice de materias, México, Universidad Nacional Autónoma de México-Instituto de Investigaciones Históricas, 1967, 2 tomos.

— *Tratados de fray Bartolomé de Las Casas*, prólogos de Lewis Hanke y Manuel Giménez Fernández, transcripción de Juan Pérez de Tudela Bueso y traducción de Agustín Millares Carlo y Rafael Moreno, México, Buenos Aires, Fondo de Cultura Económica, 1965, 2 tomos.

Código de Derecho Canónico. Código de Derecho Canónico y legislación complementaria, texto latino y versión castellana con jurisprudencia y comentarios por Lorenzo Miguélez Domínguez, Sabino Alonso Morán y Marcelino Cabreros de Anta, prólogo de José López Ortiz, Madrid, Biblioteca de Autores Cristianos, 1957.

Delumeau, Jean, *Le péché et la peur. La culpabilisation en Occident (xiiie-xviiie siécles)*, Paris, Fayard, 1983.

García Pelayo, Manuel, «Juan Ginés de Sepúlveda y los problemas jurídicos en la Conquista de América», en Ginés de Sepúlveda, Juan, *Tratado sobre las justas causas de las guerras contra los indios*, con una advertencia de Marcelino Menéndez y Pelayo en un estudio por Manuel García Pelayo, México, Fondo de Cultura Económica, 1979, pp. 1-42.

Gerson, Juan, *Tripartito del Cristianísimo y consolatorio Doctor Juan de Gerson de doctrina Christiana a cualquiera muy provechosa*, publicado en México por fray Juan de Zumárraga e impreso en casa de Juan Cronberger, año de 1444, edición facsimilar con prólogo de Alberto María Carreño, México, Ediciones «Libros de México», 1949.

Giménez Fernández, Manuel, «Bartolomé de Las Casas en 1552», en *Tratados de fray Bartolomé de Las Casas*, prólogos de Lewis Hanke y Manuel Giménez Fernández, transcripción de Juan Pérez de Tudela Bueso y traducción de Agustín Millares Carlo y Rafael Moreno, México, Buenos Aires, Fondo de Cultura Económica, 1965, 2 tomos, t. I, pp. XXI-LXXXVII.

Ginés de Sepúlveda, Juan, *Tratado sobre las justas causas de las guerras contra los indios*, con una advertencia de Marcelino Menéndez y Pelayo en un estudio por Manuel García Pelayo, México, Fondo de Cultura Económica, 1979.

Hanke, Lewis, *La lucha española por la justicia en la conquista de América*, traducción de Luis Rodríguez Aranda, Madrid, Aguilar, 1959.

Historia de los indios de la Nueva España, en *Colección de documentos para la historia de México*, publicada por Joaquín García Icazbalceta, 2.ª ed. (facsimilar de la primera, México, 1858 y 1866), México, Porrúa, 1980, tomo 1, pp. 1-249 (Biblioteca Porrúa, 47-48).

Le Goff, Jacques, «Métier et profession d'aprs les manuels de confesseurs du Moyen Age», en Le Goff, Jacques, *Pour un autre Moyen Age. Temps, travail et culture en Occident: 18 essais*, Paris, Gallimard, 1977.

León-Portilla, Miguel, «Estudio preliminar», en Molina, Fray Alonso de, *Vocabulario en lengua castellana y mexicana y mexicana y castellana*, México, Porrúa, 1977, pp. XI-LXIV (Biblioteca Porrúa, 64).

Lira, Andrés, «Dimensión jurídica de la Conciencia. Pecadores y pecados en tres confesionarios de la Nueva España, 1545-1732», *Historia Mexicana*, LV, 4, 2006.

Manual de los Santos Sacramentos en el Idioma de Michuacan. Dedícalo /Al Ilstmo. y Rvmo. Señor Doctor D. JUAN/ ORTEGA MONTAÑES ... oy digníssimo Obispo de Michuacan, el Bachiller IVAN MARTINEZ

DE ARAUJO... En México: por Doña María Benavides, viuda de Juan de Ribera en el Empedradillo, año de 1690.

Manuscritos del Concilio III Provincial Mexicano (1585), estudio introductorio, notas, versión paleográfica y traducción de textos latinos por Alberto Carrillo Cázares, primer tomo, 2 vols., Zamora, Michoacán, El Colegio de Michoacán, Universidad Pontificia de México, 2006; segundo tomo, 2 vols., 2007, tercero y cuarto tomos, 2009.

MARTIARENA, Óscar, *Culpabilidad y resistencia. Ensayo sobre la confesión en los indios de la Nueva España*, México, Universidad Iberoamericana, 1999.

MARTÍNEZ FERRER, Luis, *Directorio para confesores y penitentes. La pastoral de la penitencia en el Tercer Concilio Mexicano (1585)*, Pamplona, Ediciones EUNATE, 1996.

MEDINA, José Toribio, *La imprenta en México*, facsimilar de la primera edición, México, Universidad Nacional Autónoma de México, 1989, 8 tomos.

MOLINA, fray Alonso de, *Confesionario mayor en lengua mexicana y castellana* (1569), edición facsimilar con introducción de Roberto Moreno de los Arcos, Suplemento del Boletín del Instituto de Investigaciones Bibliográficas, 7 (ene.-jun. 1972), México, Universidad Nacional Autónoma de México.

— *Vocabulario en lengua castellana y mexicana y mexicana y castellana*, México, Porrúa, 1977, pp. XI-LXIV (Biblioteca Porrúa, 64).

MORENO, fray Gerónimo de, *Reglas ciertas y precisamente necessarias para juezes, y ministros de justicia de las Indias y sus confesores, compuestas por fray Gerónimo Moreno, de la Sagrada Orden de Predicadores*, en México, en la Imprenta de Francisco Sálvago, año de 1637. Y por su original en la Puebla de los Ángeles por la viuda de Miguel Ortega y Bonilla, en el Portal de las Flores, año de 1732.

MOTOLINÍA, fray Toribio de, «Carta de fray Toribio de Motolinía al emperador Carlos V», en *Colección de Documentos para la Historia de México*, publicada por Joaquín García Icazbalceta, 2 ed. (facsimilar de la primera, México, 1858-1866), México, Porrúa, 1980, t. 1, pp. 251-277 (Biblioteca Porrúa, 47-48).

MURILLO VELARDE, S. J., Pedro, *Curso de Derecho Canónico hispano e indiano*, traducción de Alberto Carrillo Cázares, México, Zamora, El Colegio de Michoacán, Universidad Nacional Autónoma de México, 2005.

OROZCO Y BERRA, Manuel, *Historia de la dominación española en México*, con una advertencia de Genaro Estrada, México, Antigua Librería Robredo de José Porrúa e hijos, 1938.

PARISH, Helen-Rand y Harold E. WEIDMAN, *Las Casas en México. Historia y obra desconocida*, México, Fondo de Cultura Económica, 1996.

SANTA MARÍA, Fray Guillermo de, *Guerra de los chichimecas (México 1575-Zirosto 1580)*, edición crítica, estudio introductorio, paleografía y notas por Alberto Carrillo Cázares, Zamora (Michoacán), Guanajuato, El Colegio de Michoacán, Universidad de Guanajuato, 1999; 2ª edición, Zamora (Michoacán), Guadalajara (Jalisco), San Luis Potosí, El Colegio de Michoacán, Universidad de Guadalajara, El Colegio de San Luis, 2003.

SOLÓRZANO Y PEREYRA, Juan de, *Política indiana* (1647), corregida e ilustrada con notas de Francisco Ramiro de Valenzuela, estudio preliminar de Miguel Ochoa Brun, Madrid, Ediciones Atlas (Biblioteca de Autores Españoles, CCLII-CCLVI).

TORRE RANGEL, Jesús Antonio de la, «Confesionarios: uso del Derecho Canónico a favor de los indios», en *X Congreso Internacional de Historia del Derecho Indiano*, Veracruz, s. e., 1992, t. II, pp. 1657-1675.

ZAVALA, Silvio y María CASTELO, *Fuentes para la historia del trabajo en Nueva España*, t. VI: 1606-1607, 1616-1621 y 1621-1632, México, Fondo de Cultura Económica, edición facsimilar del Centro de Estudios del Movimiento Obrero, 1980.

La defensa de la libertad de indios y negros para contraer matrimonio en el Tercer Concilio Mexicano (1585)

LUIS MARTÍNEZ FERRER

PRELIMINARES HISTÓRICO-CANÓNICOS

La cuestión de la defensa del *ius connubii* no es, en modo alguno, una problemática recluida en el mundo del Derecho, Civil o Canónico; ciertamente, admite «miradas» sociológicas, históricas, culturales, etc. Sin embargo, el historiador no puede ignorar todas las implicaciones jurídicas de este derecho fundamental, pues se cerraría a cualquier posibilidad de entender el problema. Es siempre urgente el diálogo entre el Derecho y la Historia, para no caer en imprecisiones mayúsculas o en generalidades sin fundamento. Porque el Derecho no es algo añadido a la vida del hombre, ni siquiera nace de la sociedad; la dimensión de justicia es algo que parte de la naturaleza de la persona, que viene ulteriormente modelada por las diversas culturas y las decisiones de personas e instituciones. El caso del matrimonio es paradigmático, pues anuda en sí mismo dimensiones muy profundas de la persona, la cultura y la sociedad. Y la libertad para contraerlo toca el centro de su ser.

Según Miguel Ángel Ortiz, «se puede afirmar que la protección de la libertad de los cónyuges cuando dan el consentimiento es uno de los principios fundamentales del sistema matrimonial de la Iglesia: solamente los cónyuges pueden decidir por sí mismos, y deben hacerlo con la libertad que se requiere para elegir estado de vida. Se trata de un principio que ha estado siempre presente en la legislación y, en concreto, constituye una de las mayores aportaciones del Derecho Canónico a la cultura jurídica»[1]. Hay que considerar que a la defensa de la

1. Ortiz, 2006, p. 131.

libertad se opone la violencia a la voluntad de los cónyuges. Conviene tener en cuenta, a este respecto, la noción canónica de violencia que, siguiendo el trabajo clásico de Dossetti, podemos definirla por cuatro elementos:[2] a) «el ejercicio actual de una fuerza prepotente», ya que violencia reduplica la vis, la fuerza. Se trata, pues, de una fuerza exagerada, concentrada; b) esa violencia tiene como sujeto originario una persona concreta, se trata de «una fuerza puesta en acto por la voluntad de un hombre»; c) «debe ser una fuerza deliberadamente orientada a influir sobre la conducta de un sujeto determinado»; d) el sujeto que padece puede percibir el movimiento violento. De esa manera la violencia viene definida por este reconocido autor como «la extrinsecación de una entidad volitiva de un sujeto, consciente y deliberadamente dirigida a influir sobre la conducta de otro sujeto, en modo prepotente y por tanto susceptible de ser advertido por la víctima».

Según Gaudemet, con el cristianismo comienza una «nueva doctrina del matrimonio»[3] respecto a la cultura matrimonial romana. Cuestión capital para nuestro asunto es el reconocimiento de los esclavos como sujetos libres para unirse en matrimonio, en clara ruptura con el Derecho Romano. Con todo, la plasmación de esta «nueva doctrina» no fue lineal. Con la irrupción de los bárbaros en el Imperio romano, la Iglesia se vio determinada por el Derecho Germánico que, en cierta medida, constituyó una marcha atrás en la defensa de la libertad para otorgar el consentimiento. En efecto, las uniones entre esclavo y libre volvieron a ser consideradas *contubernia*. El edicto de Teodorico (*ca.* 503) pena con la muerte al esclavo que tome por la fuerza una mujer libre, y la misma condena recae, según la *Lex Visigotorum*[4], para la mujer libre que se casa con un esclavo. De hecho los concilios de esta época no reconocen el matrimonio de los esclavos (al contrario del período precedente). El concilio de Orleans de 541 dispone que los esclavos que han buscado asilo en lugar sagrado para contraer matrimonio deben ser restituidos a sus dueños[5]. Estos ejemplos nos sirven para atisbar la complejidad de las relaciones entre contexto social, cultura jurídica y desarrollo temporal.

2. Dossetti, 1943, pp. 80-84.
3. Gaudemet, 1987, p. 54.
4. Compilación de leyes publicada probablemente en 654.
5. *Cf.* Gaudemet, 1987, pp. 100-101.

A partir del siglo XI, sin embargo, la casi total dependencia de las cuestiones matrimoniales por parte del Derecho Canónico hace que la defensa de la libertad de contraer matrimonio sea clara y prácticamente definitiva, en lucha contra las diversas formas de violencia, sea la coacción o restricción de la libertad o su completa anulación. Me referiré a continuación a algunas normas de primera importancia, teniendo siempre presente la distinción (real, pero no dialéctica) entre Derecho y costumbres. Las líneas maestras del Decreto de Graciano sobre la libertad en el matrimonio son: derecho a celebrar el matrimonio, reconocimiento y defensa del vínculo, derecho a la libre elección del propio cónyuge, derecho de celebrar o no el matrimonio, etc.[6] Para Graciano, pues, el *ius connubii* «implica la libertad de celebrarlo o no y la libertad en la elección del propio cónyuge, contra la imposición de la autoridad, de la sociedad o de los padres»[7].

Sumamente importante para nuestro problema resulta la Causa 29, quaestio 2, sobre el derecho de los esclavos a contraer matrimonio, aun contra la voluntad de los señores. Graciano presenta un largo *dictum* que antecede a la *questio* en donde: a) se defiende claramente la libertad de los esclavos para celebrar el matrimonio, tanto con esclavo como con libre. En este sentido, la condición de esclavo o libre es irrelevante a la hora de ejercitar el *ius connubii*; b) el error por parte de la persona libre sí que tendría consecuencias sobre la validación de la unión matrimonial[8]. Citamos sólo uno de los pasajes significativos:

> Se nos ha dicho que los matrimonios legítimos entre los esclavos pueden ser disueltos por una cierta presunción potestativa, no atendiendo a aquello del Evangelio: «Lo que Dios ha unido el hombre no lo separe». De ahí que nos ha parecido que no se disuelvan los matrimonios entre esclavos, y si tienen diversos señores, sirvan a sus señores permaneciendo en un matrimonio[9].

6. *Cf.* Franceschi, 2000, p. 474-475.
7. *Cf.* Franceschi, 2000, p. 476.
8. *Cf.* Franceschi, 2000, p. 477.
9. «Dictum est nobis, quod quidam legitima seruorum matrimonia potestatiua quadam presumptione dirimant, non adtendentes illud euangelii 'Quod Deus coiunxit homo non separet'. Unde nobis uisum est, ut coniugia seruorum non dirimantur, et si diuersos dominos habeant, sed in uno coniugo permanentes dominis seruiant suis», C. 29, q. 2, 8.

El *Liber Extra* (Decretales de Gregorio IX) insiste de nuevo en que el matrimonio es una realidad de Derecho Natural[10]. En particular, nos habla de la libertad del esclavo para contraer matrimonio en el Libro IV, can. 9 del título IX, *De coniugio servorum*. El capítulo primero se titula así: *Servus, contradicente domino, matrimonium contrahere potest; sed propter hoc non liberatur a servitiis domino debitis*. Es decir, «el esclavo puede contraer matrimonio con la contradicción del señor. Pero por eso no se libra de los servicios debidos al señor». Norma ésta que recuerda mucho el decreto de Graciano, en la Causa apenas expuesta. El Derecho Natural tiene la primacía, pero no anula el Derecho humano.

Otras de las líneas jurídicas de defensa de la libertad de elegir el propio cónyuge es la consideración del *metus* (miedo), entendido como *instantis vel futuris periculi causa mentis trepidatio*: «trepidación de la mente causada por un peligro presente o futuro». Es, en otras palabras, «aquella forma de perturbación psicológica que viene determinada en un sujeto ante la perspectiva de un mal»[11]. Los desarrollos en este sentido siguen en buena parte la delimitación de la capacidad de intervención de los padres en la decisión de sus hijos de elegir cónyuge o de contraer o no matrimonio. La jurisprudencia canónica suele distinguir el matrimonio celebrado con temor reverencial —por las presiones de los padres o superiores—, que invalida el matrimonio, y el celebrado siguiendo las costumbres, que no invalida. Aquí los hijos dan por buena la elección de los padres, y consienten libremente siguiendo las costumbres del lugar: es la distinción entre *agere ob metum* y *morem agere*, pues los hijos *morem gerunt voluntati seu desiderio parentum* sin que por ello se consideren privados de libertad[12].

Es importante detenernos ahora en el Concilio de Trento, fuente inmediata del Tercer Concilio de México. La asamblea ecuménica establece la siguiente norma, dentro de los cánones de reforma sobre el matrimonio:

10. Por ejemplo al hablar de la validez del matrimonio entre infieles: X.4.19.7 y X.4.19.8.

11. Dossetti, 1943, nº 32, p. 105.

12. Remitimos a Dossetti y Ortiz.

> Llegan a cegar muchísimas veces en tanto grado la codicia, y otros afectos terrenos los ojos del alma a los señores temporales y magistrados, que fuerzan con amenazas y penas a los hombres y mujeres que viven bajo su jurisdicción, en especial a los ricos, o que esperan grandes herencias, para que contraigan matrimonio, aunque repugnantes, con las personas que los mismos señores o magistrados les señalan. Por tanto, siendo en extremo detestable tiranizar la libertad del matrimonio, y que provengan las injurias de los mismos de quienes se espera la justicia; manda el santo Concilio a todos, de cualquier grado, dignidad y condición que sean, so pena de excomunión, en que han de incurrir *ipso facto*, que de ningún modo violenten directa ni indirectamente a sus súbditos, ni a otros ningunos, en términos de que dejen de contraer con toda libertad sus matrimonios[13].

El tema del decreto es la violencia de los señores, tal como la hemos caracterizado, para obligar a los subordinados a contraer matrimonio. El principio general es muy claro: *Quare cum maxime nefarium sit, matrimonii libertatem violare*. Encontramos los elementos que tipifican la violencia: a) fuerza prepotente (amenazas y penas); b) por parte de un sujeto (señores temporales y magistrados); c) unas víctimas precisas a las que se quiere forzar la voluntad para contraer un determinado matrimonio: hombres y mujeres, ricos o con esperanzas de serlo, que viven bajo su jurisdicción; d) percepción de las víctimas de la violencia sufrida, que se entiende sobreentendida. Naturalmente, el miedo está presente, pues es el que provoca la cesión de la voluntad ante las amenazas de los señores.

Otra cuestión abordada en el Tridentino es la de la potestad de los padres de invalidar el matrimonio. Contradiciendo a Lutero, el decreto *Tametsi* proclama que «no se puede dudar que los matrimonios clandestinos, efectuados con libre consentimiento de los contrayentes, fueron matrimonios legales y verdaderos, mientras la Iglesia católica no los hizo írritos»[14]. Es decir, que el consentimiento de los padres no es imprescindible para la validez de un matrimonio (como decía Lute-

13. Concilio de Trento, ses. XXIV, Decreto de reforma sobre el matrimonio, cap. 9, p. 759. Traducción castellana en <http://multimedios.org/docs/d000436/p000004.htm #3-p0.12.1.3> (consultada el 9.02.2009).

14. *Concilio de Trento*, ses. XXIV, Decreto de reforma sobre el matrimonio, cap. 1, p. 755. Traducción castellana en la dirección electrónica citada en la nota anterior.

ro), sino que la libre voluntad de los futuros esposos creaba la unión cuando se daban el mutuo consentimiento. Otra cosa es que después del *Tametsi* la Iglesia no reconocería más estas uniones clandestinas, pero por vía de Derecho Eclesiástico, no por Derecho Natural.

LA LIBERTAD PARA CONTRAER MATRIMONIO EN EL NUEVO MUNDO (HASTA 1585)

Pasemos ahora a contemplar en el ámbito americano y, sobre todo, mexicano, el problema de la defensa por parte de la Iglesia del *ius connubii* de indios y, secundariamente, de negros. Las fuentes no escasean: cartas, concilios, confesionarios, tratados misionológicos, etc.[15] No nos proponemos, sin embargo, un estudio monográfico, sino solamente presentar el problema como contexto y precedentes del Tercer Concilio Mexicano.

Aunque las cuestiones que se reflejan en la documentación son similares a las ya expuestas para Europa, el pasado prehispánico pesa fuertemente; no podía ser de otra forma. Si nos referimos al mundo mesoamericano del postclásico, tanto en los imperios azteca como tarasco, en forma general podemos afirmar que la intervención de los padres para la elección del cónyuge de sus hijos (sobre todo de sus hijas) no debía llegar al punto de eliminar la libertad necesaria para contraer un verdadero matrimonio del tipo *morum gerere*[16]. De hecho algunos jóvenes, tanto varones como mujeres en casos excepcionales decidían no casarse para dedicarse al servicio de los dioses[17]. Lo nor-

15. Puede verse una introducción para toda América en Rípodas Ardanaz, 1977, pp. 233-244.

16. En este sentido es muy explícito Alonso de la Vera Cruz que, entre los tarascos, reconoce verdaderos tanto los matrimonios de nobles como de plebeyos. En los nobles la intervención de los padres era siempre presente. No así entre los plebeyos. *Cf.* Alonso de la Veracruz, *Speculum coniugiorum*, pp. 174-178. En la primera parte del tratado, el agustino recuerda la doctrina común de que los siervos pueden contraer matrimonio sin el consentimiento del señor (art. 30, pp. 87-89), o de que ni los padres ni los señores pueden sustituir la voluntad de los que se han de casar (art. 6-7, pp. 19-23).

17. Según testimonia Diego Durán, al llegar los veinte años, excepcionalmente, algunos mancebos deseaban «ser religiosos» y hacían una especie de promesa de castidad. *Cf.* Diego Durán, *Historia de las Indias de Nueva España e Islas de Tierra Firme*, p. 191.

mal era que los progenitores combinasen las uniones con la mediación de lo que llamaríamos «alcahueta» o «casamentero» (al menos para el caso azteca)[18]. Desde luego los varones tenían más capacidad de maniobra que las mujeres. Bernardino de Sahagún resalta en un precioso *huehuehtlahtolli* que la futura esposa debía secundar la elección de los padres, que le venía comunicada con dulzura: «no te juntes con otro, sino con sólo aquel que te demandó», y «si pluguiere a nuestro señor que alguno te quiera y te pida, no lo deseches.» [...] «Si fuere bien dispuesto el que te demandare, recíbele; y si fuere mal dispuesto y feo, no lo deseches»[19]. El texto supone que es el varón el que solicita la mano de la mujer, y no sus padres. Claro es que estas composiciones de Sahagún se refieren fundamentalmente a las clases nobles del mundo azteca.

Para la cultura purépecha, podemos citar este fragmento de la *Relación de Michoacán*, referido al matrimonio de los nobles:

> Sabía un señor o cacique que tenía una hija otro señor o prencipal [...] y enviaba un mensajero con sus presentes a pedir aquella mujer para su hijo o pariente, y llegando a casa de aquel señor o prencipal, decíanle: «pues, ¿qué hay señor?, ¿qué negocio es por el que vienes?» Respondía el mensajero: «señor envíame fulano, tal señor o prencipal, a pedir tu hija.» Respondía el padre: «seas bien venido. Efecto habrá, basta que lo ha dicho». Decía el mensajero: «señor, dice que le des tu hija para su hijo». Tornaba a responder el padre: «efecto habrá, y ansí será como lo dice. Días ha que tenía intención de dársela, porque soy de aquella familia y cepa y morador de aquel barrio, seas bien venido. Yo enviaré uno que la lleve. Esto es lo que le dirás». Y así se despedía el mensajero, y partido, iba aquel señor a sus mujeres[20] y decíales: «¿qué haremos, a lo que nos han venido a decir?» Respondían las mujeres y decían: «¿Qué habemos nosotras de decir? Señor, mándalo tú sólo». Respondía él: «sea como dicen, ¿no tenemos allá nuestras sementeras?» Y ataviaban aquella mujer y llevaba mantas para su esposo...[21]

Dos puntos se pueden destacar de este texto: a) la costumbre de concertar los casamientos entre los miembros de un mismo linaje, o al

18. *Ibidem*.
19. Sahagún, *Historia general de las cosas de la Nueva España*, lib. VI, cap. 18, p. 418.
20. Alusión a la poligamia, común entre los nobles tarascos.
21. Alcalá, *Relación de Michoacán*, 3ª parte, cap. 11, p. 213.

menos de la misma clase de caciques; b) tanto el padre como sus mujeres y la futura esposa parece que aceptan pacíficamente el sistema.

Entre los plebeyos purépechas lo normal, siguiendo la *Relación de Michoacán*, era que los padres concertaran los matrimonios. Sin embargo, se daban casos de lo que podríamos llamar «voluntades autónomas», como dice Jerónimo de Alcalá: «otros se casaban por amores, sin dar parte a sus padres»[22]. En este caso, se daba una unión carnal entre los jóvenes en secreto, y posteriormente el mancebo pedía en matrimonio a la mujer. Explica la *Relación* que sus padres reaccionaban con desconcierto a tal petición no programada. Con todo, en algunos casos (si el joven era del mismo barrio) podían llegar a resignarse: «"Ya han mudado entrambos sus corazones y han hablado entre sí." Entonces llevábansela a la casa dél, acompañándolos sus parientes»[23]. Se trata, pensamos, de un caso poco frecuente, en el que la libertad de los futuros esposos pasaba por encima de los proyectos paternos y podía plasmarse en una unión matrimonial reconocida socialmente. Evidentemente, habría que cotejar con otras fuentes estos curiosos «matrimonios de amores».

No siempre se llevaron a la práctica en modo pacífico los enlaces matrimoniales. Los caciques (curacas en el Incario), intervenían frecuentemente con prepotencia, ahogando la libertad necesaria para que los indígenas ejercieran el *ius connubii*. Estos abusos perduraron durante la época del dominio español. Para el Tawantinsuyu, José de Acosta explica que los funcionarios estatales asignaban a cada hombre su propia mujer: «no la elegía cada uno a su gusto —dice—, sino que le quedaba asignada por voluntad del príncipe o de sus señores o del mismo pueblo»[24]. Esta tradición prehispánica se venía arrastrando en época colonial. Acosta señala que «los curacas o principales de los indios dan —habla en presente— a su arbitrio las esposas a los suyos sin dejarles facultad para elegir libremente»[25], aunque, por otra parte, añade satisfecho: «verdad es que estos abusos han quedado en gran parte abolidos por el celo de los párrocos diligentes»[26].

22. *Ibidem*, 3ª parte, cap. 13, p. 216.
23. *Ibidem*, 3ª parte, cap. 14, p. 218.
24. Acosta, *De Procuranda Indorum Salute*, Lib. VI, cap. 20, p. 463.
25. *Ibidem*.
26. *Ibidem*.

En ámbito mexicano, Juan de Zumárraga denuncia en 1536 al rey que los padres, heredando costumbres prehispánicas, entregaban sus hijas a los caciques «como frutas en tributo»[27], como si fueran un bien con que satisfacer los impuestos. Evidentemente, aquí hay algo más que violentar la libertad para contraer matrimonio, que la hay. Se trata de rebajar a las personas a objetos de satisfacción para el cacique. Para evitar esta grave injusticia, el arzobispo mexicano proponía al Consejo de Indias que se recluyeran las niñas en colegios antes de que sus padres las pudieran entregar a los caciques: así podrían, en su momento, ser «desposadas y entregadas a sus maridos a vida maridable»[28]. Estos abusos perduraban en la segunda mitad del siglo XVI. El franciscano Alonso de Molina denuncia en su *Confesionario mayor* que los caciques presionaban a algunos padres para que casaran a sus hijas con sus criados: «¿Forzaste o compeliste a los padres de algunas doncellas a que las casasen con tus criados y mozos de casa, no siendo de esto contentos los dichos padres de ellas sino por tus importunaciones, teniendo ellos tus ruegos por mandamientos?»[29] Es decir, parece que los caciques, para disfrazar sus malos propósitos, hacían casar a las víctimas con sus directos subordinados. Lo mismo denuncia el II Limense, que ordena a los sacerdotes que, cuando ejerzan la visita, exhorten a curacas y progenitores a que no sean obstaculizadas las indias que quieran y puedan casarse por los curacas u «otro miedo»[30].

En términos generales, la defensa por parte de la Iglesia de la libertad para que los indígenas ejercieran el *ius connubii* sigue dos líneas convergentes: la predicación y labor pastoral general, y la legislación canónica. Veamos otros ejemplos representativos.

En las amonestaciones matrimoniales del confesionario ya citado de Alonso de Molina, se pregunta a los novios si vienen a contraer matrimonio «compelidos o importunados por otros»[31]. En otras fuentes aflora quiénes son los actores de esa violencia. En el confesionario del Tercer

27. «Carta de Fray Juan de Zumárraga al Consejo de Indias, México, 25 de noviembre de 1536», en García Icazbalceta, 1947, v. 4, doc. nº 10, p. 127.

28. «Instrucción de Fray Juan de Zumárraga dada a los procuradores para el concilio universal» [s. d.], en García Icazbalceta, 1947, doc. nº 26, p. 242.

29. Molina, *Confesionario mayor en la lengua mexicana y castellana*, en Durán, Juan Guillermo, 1984, p. 471.

30. Concilio II Limense [Constituciones para indios], const. 73, pp. 572-573.

31. Molina, *Confesionario mayor*, p. 473.

Concilio Limense, al considerar el impedimento de violencia o miedo («por fuerza, por miedo o por amenazas»), se habla de diversos actores: el novio, los curacas o cualquier persona. Esa violencia anula la unión, «porque el matrimonio quiere Dios que sea libre y de pura voluntad»[32]. En esta línea el II Concilio de Lima dispone que los curas deben examinar si los curacas coaccionaban a los indios a casarse[33]. Además de los caciques, en otras fuentes se habla de la prepotencia de los españoles. El II Limense condena con excomunión a los conquistadores que estorben el matrimonio de criados o yanaconas o les obliguen a contraerlo[34].

En ámbito mexicano, el I Concilio Provincial de 1555 denuncia la costumbre «entre los indios macehuales de no se casarse sin licencia de los principales, ni tomar mujer sino dado por su mano», con la consecuencia de que «el matrimonio no tiene entre las personas libres la libertad que debe tener»[35]; abuso que prohíbe taxativamente, de forma que cualquier macehual «pueda libremente casar con la muger que quisiere y bien le estuviere»[36]. Como se ve, de nuevo la mujer queda relegada a un papel más bien pasivo. Es interesante constatar que los padres son siempre, o casi siempre, los beneficiados de la lucha por la justicia: son ellos, y no los caciques o curacas, los que deben tener la libertad de poner a sus hijas en estado de matrimonio.

Respecto a los siervos africanos, el III Limense se pronuncia contra la violencia de los amos en perjuicio del *ius connubii* de sus esclavos, con argumentos filosóficos ya recordados: «la ley natural del matrimonio no debe ser derogada por la ley humana de la esclavitud», en el original: «*non enim debet lex matrimonii naturalis per legem servitutis humanam derogari*»[37].

Recapitulando podemos afirmar lo siguiente:

a) La Iglesia, siguiendo una tradición multisecular, perseguía en el Nuevo Mundo —tanto en el fuero interno de la confesión como en el externo— la violencia contra el Derecho Natural a casarse libremente. Esta violencia, perfectamente tipificada por la doctrina canónica, sig-

32. Concilio III Limense, *Confesionario para los curas de indios*, p. 596.

33. Concilio II Limense, [Constituciones para indios], const. 63, p. 567.

34. Concilio II Limense, [Constituciones para españoles], const. 19, pp. 229-230.

35. Concilio I Mexicano, cap. 72, p. 147. Formalmente, este canon excluye a los esclavos negros de ejercer libremente el *ius connubii*.

36. Concilio I Mexicano, cap. 77, p. 147.

37. Concilio III Limense, Actio 2ª, cap. 36, en Lisi, 1990, pp. 950-951.

nificaba un pecado y, además, un delito, que acarreaba una pena y que exigía lógicamente acabar con la acción violenta.

b) Los sujetos de la violencia contra la libertad para contraer matrimonio son sobre todo los caciques (o curacas) y, secundariamente, los españoles.

c) Las acciones violentas parece que tienen una cierta gradación: o licencia que se ha de pedir obligatoriamente para contraer nupcias, o bien prohibir la unión, u obligar a casarse con una determinada persona. En este sentido, en algunos casos, se menciona el atropello concreto de casar a una indígena con los criados del cacique.

d) Los destinatarios de la violencia son sobre todo los padres, protagonistas en buena medida del negocio matrimonial. Los futuros esposos, y particularmente la mujer, ocupaban la última posición en la cadena nupcial, lo cual no quiere decir que no dieran el consentimiento con la suficiente voluntad para crear un verdadero matrimonio «de ley natural», ya que actuaban *morem gerere*, siguiendo libremente las costumbres sociales.

La libertad de indios y negros para contraer matrimonio en el Tercer Concilio Mexicano

Tres son los aspectos que vamos a considerar: los debates conciliares sobre los decretos; el decreto final sobre nuestro tema; y las menciones del Directorio para confesores y penitentes del concilio. Empezamos por este último.

El Directorio para confesores y penitentes

El Directorio, también llamado Instrucción, es uno de los instrumentos pastorales más importantes del Tercer Concilio Mexicano. Como se sabe quedó sin publicar. Sin embargo, su denso y articulado contenido nos da algunas pistas sobre la posición de los padres conciliares y, sobre todo, de su autor principal Juan de la Plaza[38]. El docu-

38. Más información en Martínez Ferrer, 1996 y 1998, pp. 262-294; Martínez López-Cano, 2004.

mento está dividido en dos partes. La primera, de carácter general, se titula «Examen que se ha de hacer de los que se han de admitir y aprobar para confessores»[39]. Presenta la doctrina teológica y moral necesaria para ejercer el delicado oficio de confesor. La segunda, mucho más amplia, es una «dirección de los ya admitidos para que exerciten este ministerio con mérito suyo, y provecho de las ánimas de sus penitentes»[40]. Contiene algunos apartados específicos del contexto mexicano, con aspectos morales, teológicos, jurídicos, espirituales, económicos.

En la primera parte del Directorio se explica la doctrina común sobre el matrimonio[41]; entre los impedimentos que lo hacen inválido se encuentra aquél por el que «se contrahe por fuerza absoluta, *aut per metum cadentem in virum constantem*»[42]. Es decir, con la coacción que quitaría la libertad al *vir constans* (según la doctrina común jurídica, la persona no fácilmente impresionable). Este impedimento viene tipificado en cuatro supuestos: a) temor de la muerte; b) de perder todos los bienes; c) de ser azotado; d) de ser preso o hecho esclavo; e) de ser forzada la mujer. No encontramos especiales referencias al ámbito mexicano, cosa lógica en esta primera parte del Directorio, de carácter general.

En la segunda parte hay una significativa mención a nuestro tema, en la sección «De las obligaciones que tienen algunos hombres por razón de su estado, i oficios, i de los pecados que por no cumplir con ellas se suelen cometer»[43]. Concretamente en uno de los apartados más consistentes, el de los «Señores de Vassallos, que tienen govierno temporal de ellos»[44], se dice que «pecan si hacen casar por fuerza unos [vasallos] con otros, o les estorvan los casamientos que ellos quieren hacer de su voluntad»[45]. Se sigue aquí, pensamos, una tradición europea, sin especiales coloridos mexicanos: no se trata de un género casuístico, en el que vendrían detalladas, por ejemplo, las finalidades del

39. Seguimos el manuscrito de la Biblioteca Pública de Toledo, fondo Borbón Lorenzana, ms. 47 [citaremos BL]. La cita en fol. 2r.

40. *Ibidem.*

41. Definido como «sacramento en el qual el hombre, i la muger se obligan a vivir toda la vida juntos para tener hijos, y criarlos en servicio de Dios» (BL, fol. 20v).

42. BL, fol. 23v.

43. BL, fol. 146v.

44. *Ibidem. Cf.* Schwaller, 2000, pp. 32-38.

45. BL, fol. 148r.

pecado. Con todo, su mención nos habla de la existencia de estos abusos en México, y de la necesidad de su conocimiento por parte de los confesores mexicanos, para preguntar cuando los señores no se acusaren de ello[46].

LOS DEBATES CONCILIARES

Como se ha demostrado suficientemente, la documentación de la Bancroft Library de Berkeley permite seguir muy de cerca el *iter* formativo de cada uno de los decretos del Tercer Concilio Mexicano[47]. En síntesis, podemos afirmar que el esquema redaccional consiste fundamentalmente (aunque no exclusivamente) en tres sucesivas revisiones de las constituciones del I Concilio Mexicano de 1555. Los textos manuscritos de estas anotaciones son casi siempre de la mano de Juan de Salcedo, secretario del Concilio.

Para el caso que nos ocupa, hay que partir también de otra fuente canónica: el llamado «Papel de Hortigosa», que presentó al concilio el arzobispo Moya de Contreras el 14 de marzo de 1585 (dos meses después de la inauguración). Este documento fue redactado por el teólogo personal del arzobispo, el jesuita Pedro de Hortigosa. Se trata de un tratado latino, dividido en dos partes. La primera se ocupa de la regulación de la vida de los canónicos y prebendados de las diócesis[48]; la segunda, más larga, de los siete sacramentos[49]. Cada una de las dos secciones está dividida en títulos y capítulos. Pues bien, estas normas fueron muy tenidas en cuenta por los padres conciliares, como veremos enseguida.

Concretamente en el título 7, dedicado al matrimonio, el capítulo 8 trata *De libertate indorum et servorum in matrimonio contrahendo*. Es un decreto muy denso que pretende defender a los indios (y

46. *Cf.* BL, fol. 146v.

47. *Cf. Decretos del Concilio tercero provincial mexicano*, 2009; Galindo Bustos, en prensa.

48. *Cf.* Bancroft Library, Mexican Manuscripts [a partir de ahora MM] 268, f. 262r-264v; *Manuscritos del Concilio Tercero Provincial Mexicano (1585)* [a partir de ahora *ManCarr*], t. 1, v. 1, , pp. 476-480 (original latino), pp. 511-516 (traducción castellana).

49. *Cf.* MM 268, f. 265r-282r; *ManCarr* I, pp. 481-511 (original latino), pp. 516-548 (traducción castellana).

negros), aludiendo explícitamente las diversas problemáticas de hombres y mujeres, y de las violencias de señores y amos contra el libre ejercicio del *ius connubii*. En un primer momento se refiere a los amos que no dan libertad a los indios subordinados por avaricia, «para tenerlos en casa casi a perpetuidad»[50]. Este abuso se presenta particularmente duro en el caso de las amas con sus criadas domésticas, a quienes «retienen con tan excesiva opresión y rigor, que quedan completamente excluidas y expulsadas de contraer matrimonio»[51]. Se aprecia en esta propuesta del «Papel de Hortigosa» circunstancias que no eran tan explícitas en los textos antes citados.

El capítulo del «Papel» que estamos comentando contiene una referencia al ya mencionado decreto de Trento sobre abusos de señores y magistrados[52], pensamos que sólo como apoyo a la norma en el ámbito de la doctrina general, pues en Trento lo que se condena en particular es otro tipo de violencia. El «Papel de Hortigosa» continúa con unas cláusulas penales: después de tres amonestaciones a los señores para que cesen las presiones, quedarán excomulgados. Y culmina con una declaración de principio:

> Y así, los indios de esta provincia, tanto varones como mujeres, tengan libertad de contraer matrimonio cuando quisieren y con quien quisieren, sin que hayan de separar o requerir el asentimiento de sus amos y amas, o encomenderos, sino que les sea libre contraer o no contraer, quitada toda violencia, la cual este santo concilio, en cuanto sea posible, desea extirpar. Y el mismo juicio exactamente se ha de tener, acerca de los siervos o esclavos negros[53].

Obsérvese, de una parte, la contundencia de esta formulación, que sigue una tradición canónica por entonces perfectamente consolidada. De otra parte, se debe considerar que los sujetos que obran la violencia o el miedo aquí son los señores, amos y amas y encomenderos (*dominorum aut dominarum seu comendatariorum*). Pensamos que al referirse a señores se refiere fundamentalmente a españoles.

50. *ManCarr* I, p. 545, original latino en p. 508.
51. *Ibidem*.
52. Ses. XXIV, Decreto de reforma sobre el matrimonio, cap. 9.
53. *ManCarr* I, p. 545, original latino en p. 508.

Ocupémonos ahora de la primera revisión que los padres conciliares hicieron del I Concilio de México. En particular, nuestro problema salta a la luz en los brevísimos apuntes de Juan de Salcedo al capítulo 38, que se ocupaba de los matrimonios clandestinos. Hay tres anotaciones: a) referencia al decreto tridentino ya citado; b) alusión al capítulo 36 de la Actio 2ª del III Limense que ya hemos visto, con esa jerarquía entre el derecho natural del matrimonio y el derecho humano de la esclavitud; c) finalmente Salcedo se refiere al decreto ya considerado del «Papel de Hortigosa.»

Más adelante, en la segunda revisión del I Mexicano, a propósito del mismo capítulo 38, se dice: «Se ponga a la letra el Papel [de Hortigosa] *De sacramento matrimonii*, cap. 8, así en indios como en negros, como allí lo dice, haciendo mención de caciques y principales, conforme al capítulo 72 de estas constituciones de 1555, que aquí ha de ir incluso»[54]. Se aprecia que el Papel de Hortigosa, junto con el capítulo 72 del I Mexicano (que se ocupaba directamente de la violación de la libertad para ejercer el *ius connubii*, como hemos visto) se configuran como los núcleos del futuro decreto[55].

En la tercera y última revisión del mencionado capítulo del I Concilio Mexicano se propone un decreto con este título: «Que ninguno haga fuerza a otro para que se case o no se case»[56]. La norma contendría dos partes: a) copia a la letra del texto completo del «Papel de Hortigosa»; b) último párrafo del capítulo 72 del I Mexicano.

EL DECRETO FINAL DEL TERCER CONCILIO MEXICANO

Veamos ahora el resultado de estas sucesivas aproximaciones, considerando el decreto final del Tercer Concilio Mexicano (Lib. IV, tit. 1, § 8). Los textos para considerar son tres: las dos versiones manuscritas castellanas de 1585 y la versión latina final de 1622. En lo que se

54. *ManCarr* I, p. 637.

55. Señalamos una nota de Salcedo al comentar los decretos del Tercer Concilio Limense, en particular al ya visto capítulo 36 de la Actio 2ª, traída a colación en la primera revisión. Se lee: «Provéase para consulta. Ojo. Consultores.» Sin embargo, no hay más rastro en la documentación del uso de esta norma peruana.

56. *ManCarr* I, p. 734.

refiere al contenido, las dos versiones castellanas son idénticas[57], y el decreto latino final es una traducción literal. Citamos una de los versiones castellanas manuscritas:

> Queriendo el sancto concilio tridentino[58] que se conserve la libertad que rrequiere el contracto del matrimonio, manda, so pena de excomunión *ipso facto*, que no se haga violencia a persona alguna para que se case contra su voluntad, conforme a lo qual por aver en estas partes muchas personas que por sus interesses proprios, para servirse de los yndios o esclavos, les hazen fuerça en sus matrimonios; se ordena y manda que ningún hespañol haga fuerça a yndio o esclavo para que se casen, ni por violençia le impida casarse con quien quisiere, so pena de excomunión *latae sententiae*, y lo mismo se manda a los caziques de los yndios, so pena de treynta días de cárçel, y que serán castigados con gran rrigor[59].

Como se ve, el decreto se estructura en dos partes. Comienza asentando el principio general, ya recordado en Trento, de la iniquidad de atentar contra la libertad para contraer libremente matrimonio. La segunda parte se refiere a la realidad mexicana. Es un texto que, en su formulación literaria, no depende ni del «Papel de Hortigosa» ni de la constitución 72 del I Mexicano. La norma distingue claramente dos actores de violencia: a) los españoles, que coartan a indios y esclavos; b) los caciques, que limitan la libertad de los indios. Las cláusula penales son muy diversas: para los primeros excomunión *latae sententiae* (pena que aparece en la lista de excomuniones cuya absolución el concilio reserva al obispo)[60]; para los caciques «tan sólo» treinta días de cárcel, como ya disponía el I Concilio Mexicano. Por otra parte, el aparato de fuentes, tal y como aparece en la *editio princeps* de 1622, consiste en dos referencias: a) el decreto tridentino de reforma del matrimonio tantas veces aludido; b) y la también conocida constitución 72 del I Concilio de México.

57. Editadas respectivamente en *ManCarr* III, p. 202 y *ManCarr* IV, p. 158. Sobre la relación entre las versiones castellanas, *cf.* el estudio preliminar de mi edición de los *Decretos del Concilio tercero provincial mexicano*, 2009, pp. 564-565, nº 497, y *ManCarr* IV, pp. xi-xviii.

58. Sess. 24, c. 9.

59. MM 266, fol. 130/189.

60. *Cf.* Concilio III Mexicano, Lib. V, tit. 10, § 9.

¿Qué decir, concluyendo este apartado, sobre este decreto final? En primer lugar es muestra de la ya entonces multisecular tradición eclesiástica opuesta a la violencia contra la libertad para ejercer el *ius connubii*, aplicada al caso novohispano. Además, se trata de un texto redactado *ex novo*, que no sigue a la letra ninguna de las fuentes más citadas en las fases preparatorias: ni Trento, ni el «Papel de Hortigosa», ni el I Concilio Mexicano. Concretamente, si lo comparamos con el capítulo citado del «Papel de Hortigosa», el decreto final ha perdido, al menos aparentemente, lo que podríamos llamar «carga profética»; y, a la vez, no aparecen las referencias a abusos muy concretos que denunciaba el jesuita toledano.

Sin embargo, podemos también considerar que el decreto endurece notablemente las penas contra los españoles: excomunión *latae sententiae*, frente a las tres amonestaciones previas a la excomunión del «Papel de Hortigosa.» Además, su formulación más genérica, sin tantos particulares, puede concebirse como el deseo de crear una plataforma de defensa del *ius connubii* más amplia que las circunstancias específicas señaladas en el «Papel.» Desde el punto de vista de la técnica jurídica, probablemente este decreto sea más claro que el texto del jesuita, exponiendo brevemente el principio general, y los dos tipos de delincuentes que hay que perseguir.

Conclusiones

Podemos afirmar, sin ningún género de dudas, que en América, y en particular en México, existía el abuso de forzar la libertad de los indios (y esclavos negros) para contraer matrimonio, que conculcaba el derecho que se consideraba inherente a la naturaleza de la institución. Los sujetos más frecuentes de las violencias antes del Concilio Tercero Mexicano son los caciques, que tienen la última palabra para autorizar los enlaces, sea en el sentido de bloquear un matrimonio o de forzar las voluntades para elegir cónyuges no deseados. Siguiendo la estructura social, los destinatarios de la violencia son sobre todo los padres, principales protagonistas del negocio matrimonial.

Sin embargo, en el Tercer Mexicano se observa un diverso planteamiento. El objetivo prioritario es la defensa de los indígenas de los abusos de los españoles, más que de los caciques. El «Papel de Hortigosa» está dirigido muy probablemente sólo contra los españoles. Las menciones del Directorio son exclusivamente contra los españoles (cosa por otra parte obvia, pues es una instrucción para confesar españoles). El decreto final del concilio, texto principal en esta disertación, señala tanto los abusos de los hispánicos como de los caciques, aunque dedica más espacio a los primeros, y les amenaza con penas más duras, como hemos visto[61].

Algunas observaciones pueden hacerse sobre este relativo cambio de objetivo en la legislación:

a) En primer lugar, la progresiva disolución de las tradicionales estructuras indígenas, con la relación esencial caciques-macehuales, a favor del nuevo escenario social cada vez más lejano de los usos prehispánicos, que propició cierta decadencia en los espacios de poder de los caciques.

b) Otra explicación puede ser la victoria, al menos parcial, de la Iglesia contra los abusos de los caciques en esta cuestión.

c) Finalmente, es probable que la Iglesia mexicana de fines del Quinientos se preocupara más de la vida cristiana de los nuevos líderes españoles, hacendados, mineros, etc. Y combatiera la prepotencia contra los indígenas, en las modalidades nuevas de fines de siglo.

d) En cualquier caso, no parece que nuestro problema —la defensa de la libertad en indios (y negros) para contraer matrimonio— fuera una prioridad en la lucha por la justicia. En comparación con otros abusos ampliamente denunciados en el Tercer Mexicano (los repartimientos, por ejemplo), el capítulo sobre la libertad del matrimonio parece relativamente secundario.

e) Por último, se debe apuntar que, aunque los abusos cometidos en Nueva España puedan tener algunos rasgos particulares respecto de los padecidos en Europa, los instrumentos jurídico-pastorales empleados para sofocarlos no se diferencian esencialmente de los del otro lado del Atlántico. En esto, como en tantas cosas, el Océano es más un enlace que una barrera.

61. Además, otra nota del decreto y en general del concilio, es que no se habla en ningún momento de tensiones matrimoniales entre padres e hijos, como sí lo hará el IV mexicano de 1771. *Cf.* Concilio IV Mexicano, Lib. V, tit. 1, § 5: Zahino Peñafort, 1999, p. 254. El tema de esta norma es la prohibición de que los hijos contraigan matrimonio en descrédito de sus padres.

BIBLIOGRAFÍA

ACOSTA, José de, *De Procuranda Indorum Salute*, Madrid, Consejo Superior de Investigaciones Científicas (Corpus Hispanorum de Pace, 24), 1987.

ALCALÁ, Jerónimo de, *Relación de Michoacán*, intr. Le Clézio, Jean-Marie G., Zamora (Michoacán), El Colegio de Michoacán, 2008.

BOYER, R.; SPURLING, G. (eds.), *Colonial Lives: Documents on Latin American History, 1550-1850*, Oxford, Oxford University Press, 2000.

CONCILIO DE TRENTO. Original latino en Alberigo, Giuseppe *et alii* (ed.), *Conciliorum Oecumenicorum Decreta*, Bologna, Edizioni Dehoniane, 1991.

CONCILIO I MEXICANO, en *Concilios provinciales primero y segundo, celebrados en la muy noble y muy leal ciudad de México, presidiendo el illmo. y rmo. señor D. Fr. Alonso de Montúfar, en los años de 1555 y 1565. Dalos a la luz el ill.mo Sr. D. Francisco Antonio Lorenzana, arzobispo de esta santa metropolitana iglesia* [...] En México, en la imprenta de el Superior Gobierno, de el Br. D. Joseph Antonio de Hogal, 1769.

CONCILIO II LIMENSE [Constituciones para indios], const. 73, ed. Mateos, Francisco, *Missionalia Hispanica*, Madrid, v. 20, 1950, pp. 572-573.

CONCILIO III LIMENSE, Actio 2ª, en Lisi, Francesco Leonardo, *El tercer Concilio limense y la aculturación de los indigenas sudamericanos: estudio crítico con edición, traducción y comentario de las actas del Concilio provincial celebrado en Lima entre 1582 y 1583*, Salamanca, Ediciones Universidad de Salamanca (Acta Salmanticensia, 233), 1990.

CONCILIO III LIMENSE, *Confesionario para los curas de indios*, en Durán, Juan Guillermo (dir.), *Monumenta Catechetica Hispanoamericana*, vol. 2 (siglo XVI), Buenos Aires, Facultad de Teología de la Pontificia Universidad Católica Argentina, 1990.

Decretos del Concilio tercero provincial mexicano (1585), edición histórico-crítica y estudio preliminar por Martínez Ferrer, Luis, Zamora (Michoacán), El Colegio de Michoacán, Universidad Pontificia de la Santa Cruz, 2009.

DOSSETTI, Giuseppe, *La violenza nel matrimonio in diritto canonico*, nº 22, Milano, Società Editrice «Vita e Pensiero», Pubblicazioni dell'Universittà Cattolica del S. Cuore (Scienze Giuridiche, 67), 1943.

DURÁN, Diego, *Historia de las Indias de Nueva España e Islas de Tierra Firme*, t. 1, ed. de Garibay, Ángel M.ª, México, Porrúa (Biblioteca Porrúa, 36), 1984.

DURÁN, Juan Guillermo (dir.), *Monumenta Catechetica Hispanoamericana*, vol. 1 (siglos XVI-XVIII), Buenos Aires, Facultad de Teología de la Pontificia Universidad Católica Argentina, 1984.

ESCRIVÁ-IVARS, Javier y otros (eds.), *El matrimonio y su expresión canónica ante el III Milenio. X Congreso Internacional de Derecho Canónico*, Pamplona, EUNSA, 2000.

FRANCESCHI, Héctor, «Ius connubii y sistema matrimonial», en Escrivá-Ivars, Javier y otros, (eds.), *El matrimonio y su expresión canónica ante el III Milenio. X Congreso Internacional de Derecho Canónico*, Pamplona, EUNSA, 2000.

GALINDO BUSTOS, Jesús, *El estudio del aparato de fuentes del III Concilio de México (1585)*, Zamora (Michoacán), El Colegio de Michoacán, en prensa.

GARCÍA ICAZBALCETA, Joaquín, *Don Fray Juan de Zumárraga. Primer obispo y arzobispo de México*, ed. de Aguayo Spencer, Rafael y Antonio Castro Leal, México, Editorial Porrúa (Colección de escritores mexicanos, 44), 1947.

GAUDEMET, Jean, *Le mariage en Occident. Les mœurs et le droit*, Paris, Les Èditions du Cerf, 1987.

Manuscritos del Concilio Tercero Provincial Mexicano (1585) (Mexican Manuscripts 268-269-267-266, The Bancroft Library), edición, estudio introductorio, notas, versión paleográfica y traducción de textos latinos por Carrillo Cázares, Alberto, Zamora (Michoacán), El Colegio de Michoacán, Universidad Pontificia de México, 4 t., 6 v. 2006-2009.

MARTÍNEZ FERRER, Luis, *Directorio para confesores y penitentes. La pastoral de la Penitencia en el Tercer Concilio Mexicano (1585)*, Pamplona, Eunate, 1996.

— *La penitencia en la primera evangelización de México (1523-1585)*, México, Universidad Pontificia de México (Bibliotheca Mexicana, 10), 1998.

MARTÍNEZ LÓPEZ-CANO, María del Pilar (coord.), *Concilios Provinciales Mexicanos. Época colonial*, México, Universidad Nacional Autónoma de México, Instituto de Investigaciones Históricas (Serie Instrumentos de consulta, 4), 2004 (edición en CD).

MOLINA, Alonso de, *Confesionario mayor en la lengua mexicana y castellana* [México 1569], en Durán, Juan Guillermo (dir.), *Monumenta Catechetica Hispanoamericana*, v. 1 (siglos XVI-XVIII), Buenos Aires, Facultad de Teología de la Pontificia Universidad Católica Argentina, 1984.

ORTIZ, Miguel Ángel, «Il timore reverenziale», en Autores Varios, *La «vis vel metus» nel consenso matrimoniale canonico (can. 1103)*, Città del Vaticano, Libreria Editrice Vaticana (Annali di dottrina e giurisprudenza canonica, 34), 2006.

RÍPODAS ARDANAZ, Daisy, *El matrimonio en Indias. Realidad social y regulación jurídica*, Buenos Aires, Fundación para la Educación, la Ciencia y la Cultura, 1977.

SAHAGÚN, Bernardino de, *Historia general de las cosas de la Nueva España*, ed. Temprano, Juan Carlos, Madrid, Historia 16 (Crónicas de América, 55), 1990.

SCHWALLER, John Frederick, «Directorio para confesores: "Lords who hold temporal government over vassals" (Mexico, 1585)», en Boyer, R.; Spurling, G. (eds.), *Colonial Lives: Documents on Latin American History, 1550-1850*, Oxford, Oxford University Press, 2000.

VERACRUZ, Alonso de la, *Speculum coniugiorum*, 2ª pars, art. 2-3, Mediolani, ex officina typographica quon. Pacifici Pontij, 1599.

ZAHINO PEÑAFORT, Luisa (recopiladora), *El Cardenal Lorenzana y el IV Concilio Provincial Mexicano*, México, Universidad Nacional Autónoma de México, Instituto de Investigaciones Jurídicas, Miguel Ángel Porrúa, 1999.

VISITAS ECLESIÁSTICAS
Y EXTIRPACIÓN DE IDOLATRÍAS

Formación de una institución: las visitas de idolatrías

MACARENA CORDERO FERNÁNDEZ

Las visitas de idolatrías desarrolladas en la diócesis de Lima durante el siglo XVII constituyeron una institución del Derecho Canónico indiano. Entendemos que toda institución es una estructura social, que para que sea tal, debe tener un rol funcional, es decir, la institución debe ser pensada bajo la afirmación de que su existencia y presencia garantiza el bienestar de los individuos. En efecto, las visitas de idolatrías fueron creadas con la finalidad de extirpar idolatrías velando por la ortodoxia religiosa de los indígenas.

Por otra parte, podemos establecer que si bien las instituciones son debido a las sociedades, al mismo tiempo, y casi simultáneamente, son estas las que le dan forma y sentido a las sociedades. Pues las instituciones son el portento del universo simbólico de convicciones y creencias que sostienen a toda civilización o conglomerado colectivo que comparte una cierta visión cosmológica. Las instituciones, tienen por fin «la objetivación» del sentido general de la realidad, entendida ésta como construcción social. En un sentido similar Paolo Grossi afirma que las instituciones se van forjando por:

> medio de esfuerzos ni llamativos, ni ruidosos, ni vinculada a acontecimientos famosos de la historia oficial, ni fruto de un príncipe ilustrado, sino de una praxis, que silenciosa, pero tenaz, libre de condicionamiento demasiados angostos, conocedora al menos de su deber de erigir un edificio congenial a las cambiantes exigencias económicas y sociales, se hace eco atento de una compleja sedimentación consuetudinaria y la traduce en órdenes organizativos de la experiencia[1].

1. Grossi, 1996, p. 60.

Las visitas de extirpación de idolatrías, especialmente organizadas desde el siglo XVII por las autoridades eclesiásticas limeñas, con la anuencia de la potestad civil, fueron el resultado de un largo proceso que tuvo por objeto terminar con las conductas idolátricas de los indígenas mediante una organización que contribuyera a ello. En efecto, luego de la creación de la Inquisición para las Indias en la segunda mitad del siglo XVI, de cuya jurisdicción quedaban excluidos los nativos, lentamente se había iniciado la construcción de un sistema nuevo sobre la base de los modelos conocidos. Las instrucciones del virrey Toledo y de Cristóbal de Albornoz y la normativa de los concilios limenses preestablecían las bases de un sistema suficientemente eficiente para terminar con las idolatrías de los indígenas. Asimismo, la existencia de las normas inquisitoriales, como modelo a seguir, hacía más fácil aún la tarea que debían llevar adelante los guardadores de la fe.

Así pues, cuando Lobo Guerrero autoriza las visitas de extirpación en los primeros años del siglo XVII, el sistema se encontraba casi en su totalidad estructurado conforme a la praxis de la lucha contra la herejía que se remontaba a la Edad Media y a la Inquisición Española. En otras palabras, frente a la necesidad de conservar la paz y ortodoxia de las Indias, se había iniciado la construcción de un sistema nuevo y necesario para poner fin a las conductas idolátricas de los aborígenes. La institución se fue estructurando con soluciones aplicadas sobre la marcha de los acontecimientos, para finalmente darle forma definitiva. Posteriormente, dicha praxis quedó reglamentada o tipificada mediante el Sínodo de 1613 celebrado por el arzobispo Bartolomé Lobo Guerrero, factor necesario para que se concluyera el proceso de estructuración y tipificación de la institución.

En los hechos, la creación y estructuración de la institución no fue algo sencillo. Como señala Alfonso García Gallo, cada institución se va creando por razones distintas y a un ritmo diverso, incluso cuando los sistemas parecen consolidados[2].

En efecto, las instituciones son un resultado social[3], luego de que la élite ha debatido sobre lo que desean ordenar del comportamiento de determinados sujetos, normando y controlando dichas actividades.

2. García Gallo, 1972a, p. 662; 1972b, p. 65.

3. En nuestro caso, el resultado social corresponde a los valores que la élite ha discutido y definido como los que deben regir en la sociedad colonial. Por su parte, los

En nuestro caso, las visitas de idolatrías se establecieron no sólo por la influencia de Trento y por la defensa de la ortodoxia católica, sino además porque surgió la necesidad de crear tribunales con competencia exclusiva en materia de fe sobre los indígenas, a fin de descentralizar y establecer esferas de competencia en lo relativo a la pervivencia de las idolatrías. Asimismo, porque brotó la exigencia de un mayor control social en las zonas rurales[4], teniendo como base el sistema jurídico canónico europeo, pero adaptado a las circunstancias y exigencias particulares del Perú y de la población indígena.

Al término del proceso de creación y evolución de la visita de idolatría ésta, como institución se «reificó» (naturalizó), pues tomó forma y sentido para la élite de la época, debido a que tras su universo simbólico de creencias estaba la idea de ortodoxia.

Ahora bien, hemos establecido que las instituciones son estructuras sociales, pues es a partir de la compleja vida social —donde se cruzan y se entretejen los diversos aspectos de la realidad— nacen y se definen las instituciones. En efecto, García Gallo sostiene:

> En la vida... coexisten... lo religioso, lo cultural, lo político, lo social, lo económico. En ella se dan situaciones o relaciones de toda índole, que cuando son básicas o fundamentales se denominan instituciones[5].

A partir de la conceptualización del autor comentado, podemos establecer que toda institución jurídica está constituida por tres elementos: a) la situación de hecho; b) la valoración; c) la regulación. Siendo éste último elemento para García Gallo lo propiamente jurídico de la institución[6].

indígenas los adquieren por «simple familiarización, a fuerza de oír poemas» sin que los aprendices tengan jamás conciencia de adquirir, y por consiguiente, de manipular tal o cual fórmula o tal o cual conjunto de fórmulas. En buenas cuentas, los indígenas incorporan y dominan estos nuevos esquemas institucionales, mediante el mecanismo de la familiarización o bien a través de interacciones e intercambios con la élite.

4. Al respecto ver Acosta Rodríguez, 1987.

5. García Gallo, 1972b, p. 68. También, García Gallo, 1964, pp. 1 y ss. A juicio del historiador del Derecho Víctor Tau Anzoátegui, García Gallo es quien mejor ha estudiado el problema de la institución en conexión con el Derecho, Tau Anzoátegui, 1970, p. 51.

6. García Gallo, 1972b, p. 68.

Como lo que se postula es que las visitas de idolatrías fueron una institución de Derecho Canónico indiano, cabe preguntarnos qué es lo propiamente jurídico de la institución.

Pues bien, teniendo como base la existencia de un conflicto, en nuestro caso la pervivencia de las idolatrías que alteran el orden y paz social como la salvación de los indígenas, necesario es la existencia de normas jurídicas que resuelvan tal problema, en nuestro caso se trata de normas canónicas indianas creadas por el obispo, quien tenía el poder para ello, aunque debía negociar con las autoridades reales a fin de contar con las autorizaciones y legitimaciones necesarias, sin las cuales dichas normas no habrían tenido fuerza vinculante, ni menos aún habrían sido reconocidas como válidas en el virreinato. Lo anterior precisamente porque si bien es cierto que la Corona no tenía el monopolio del Derecho y la justicia, era esta corporación la que presentaba un carácter dominante y que le dio coherencia al ordenamiento jurídico y judicial del Imperio Español[7].

Por otra parte, estas normas jurídicas se calificarán de tales sólo si son suficientemente coactivas, es decir, que exista la posibilidad de aplicarlas por la fuerza por quien ejerce el poder. De no contar con el poder para imponerlas y aplicarlas en la sociedad, carecerían de eficacia jurídica. Incluso más, se podría dudar que se tratase de normas de carácter jurídico. Seguidamente, las normas jurídicas una vez que se han formulado cobran vida. Es decir, luego que han sido elaboradas, no se agotan en el acto, pues se ven enriquecidas debido a la interpretación y aplicación que de ellas se realiza[8].

Ahora bien, la aparición, formación y consolidación de las normas jurídicas obedecen a presupuestos previos, esto es, a la existencia de conflictos de intereses entre los sujetos y grupos de sujetos que conforman la sociedad. Las normas jurídicas precisamente regulan las relaciones sociales, las que muchas veces son conflictivas, y es el Derecho el que cumple la tarea de resolverlas imponiendo soluciones. De esto podemos deducir que una institución jurídica es aquella formada

7. La variedad jurídica e institucional existente en España como en las Indias fue lo que caracterizó al Imperio Español. No obstante, todas ellas debían obedecer a criterios universales y comunes, teniendo una lógica que las unía y daba coherencia precisamente materializado en la Corona. En el mismo sentido Trasloheros, 2006.

8. Tomás y Valiente, 2005, p. 25.

por un conjunto de relaciones sociales materialmente homogéneo y por el marco normativo que lo regula[9]. Así, la institución jurídica se entiende si se vinculan las relaciones sociales y sus conflictos con la normativa que las regula.

Es decir, una institución jurídica no se puede entender sólo sobre la base de las normas relacionadas a ella, sino que también debe estar integrado aquello que es ajeno al Derecho: los intereses y conflictos sociales que tales normas intentan regular. Es más, si solo estudiáramos y analizáramos la normativa relativa de una institución la vaciaríamos de contenido, restándole su razón de ser. De ahí la necesidad de observar las relaciones sociales, los conflictos de intereses, los bienes jurídicos protegidos, pues son estos aspectos los que flexibilizan y modifican un marco institucional[10].

En buenas cuentas, ya conceptualizado el término institución unido al elemento jurídico y establecidos, además, cuáles son los elementos básicos que deben existir para que podamos estar en presencia de una institución, lo que nos proponemos ahora es describir la evolución de las reglas y de las estructuras jurídicas en relación con el contexto social y político en el que se desarrollaron las visitas de idolatrías.

PROCESO DE CONFIGURACIÓN DE LAS VISITAS DE IDOLATRÍAS

En 1608 Francisco de Ávila, cura de la doctrina de San Damián, en Huarochirí, descubrió que la idolatría estaba aún viva entre los indios supuestamente convertidos al catolicismo, situación que era del todo grave[11]. Por lo anterior, comprendió que no bastaba con predicarles y enseñarles la doctrina católica pues estaba en evidencia que la conversión de los nativos era superficial. Era necesario tomar medidas drásticas, pues no se trataba simplemente de que los indios fueran idólatras. El asunto era de mayor peligro puesto que se estaba frente a apóstatas de la fe católica, situación inadmisible que podía conllevar la deformación del catolicismo en aquellos nativos que de buena fe se habían convertido y profesaban el cristianismo. Más aún, Ávila debió

9. *Ibid.*, p. 31.
10. En sentido similar Bourdieu, 2007, p. 94.
11. Ávila, «Prefación», 1648.

entender que el sistema de evangelización con todos sus mecanismos no había funcionado. Se hizo evidente que la enseñanza de la doctrina de los indios era insuficiente y que las visitas pastorales emprendidas en el arzobispado no habían logrado cumplir su cometido de reafirmar la fe entre los convertidos.

Por esta razón, el doctrinero decidió acometer más visitas por las doctrinas de indios, pero ahora dando forma, sobre la marcha, a un mecanismo que pusiese fin a las idolatrías de manera eficiente y ejemplificadora. Dicho sistema debía estar acompañado de solemnidades que impresionaran a los indígenas, de tal forma que se viesen intimidados y cargados de culpa por su accionar heterodoxo. En cierta manera, pretendió contar con una institución como el Santo Oficio, al que, como es bien sabido, se le temía y respetaba porque imponía a todos los fieles la obligación de contribuir a la conservación de la fe libre de deformaciones heréticas. Además, el doctrinero sabía que los actos de los nativos idólatras constituían a la vez pecado y delito, y que, por tanto, era posible someterlos a proceso.

Ahora bien, Francisco de Ávila no sólo fue cura doctrinero en los Andes rurales, también fue nombrado vicario de las provincias de Huarochirí, Chaclla y Mama[12], antecedente clave para explicar el origen y gestación de las visitas de idolatrías. En efecto, Ávila, en su calidad de doctrinero, tan sólo podía realizar labores tendientes a readoctrinar y enseñar a los indios, y destruir materialmente los ídolos. Frente a los indios apóstatas, tenía el deber de denunciarlos ante el obispo o al visitador pastoral para que se tomasen las medidas del caso. Sin embargo, según su parecer, tales mecanismos eran insuficientes para detener la pervivencia y avance del paganismo[13]. En su calidad de vicario, y aprovechando las facultades de que estaba investido, tomó la determinación de aplicar un remedio que fuese lo suficientemente firme y competente para poner fin a las desviaciones de la fe: las visitas de idolatrías.

Ahora bien, cabe preguntarnos qué clase de vicario era Ávila y qué importancia tuvo para el desarrollo de las visitas de extirpación de ido-

12. Hampe, 1996, p. 12.

13. Conforme al III Concilio de Lima, sesión cuarta, capítulo 8, estaba prohibido a los sacerdotes, religiosos y doctrineros, en general, castigar a los indígenas idólatras. Tal función corresponde al obispo y sus vicarios, Bartra, 1982, p. 115.

latrías. De las fuentes disponibles, podemos deducir que Francisco de Ávila fue vicario foráneo. Es decir, de aquellos creados por los obispos «...para que administren en determinados lugares de la diócesis una parte de la jurisdicción episcopal, que para ciertos negocios se les comete»[14]. Son llamados «foráneos» puesto que residen y ejercen su jurisdicción fuera de la ciudad episcopal[15].

En cuanto a las facultades de los vicarios foráneos, podemos señalar que son prácticamente las mismas que ostentan los vicarios generales, destacando aquella que corresponde a la jurisdicción voluntaria y contenciosa. Ávila debió tener jurisdicción contenciosa, puesto que inició procesos contra los indígenas apóstatas[16]. Cuestión que se condice por lo informado por el jesuita Juan Sebastián al señalar:

> Y como sabe muy su lengua y les predica con zelo por discurso de tiempo fue descubriendo entre ellos algunos rastros de idolatría los quales luego procuraua extirpar haciendo diligentemente inquisición...[17].

En otras palabras, Francisco de Ávila no sólo castigó y censuró a los idólatras, sino que sometió a procedimiento inquisitorial a los nativos para descubrir las idolatrías y ponerles fin. Con ello, se daba inicio al proceso de creación, frente al descubrimiento de las idolatrías, de un sistema nuevo. A diferencia de lo ocurrido durante el siglo XVI, Ávila sometió a proceso a los indios idólatras, innovando en la manera de enfrentar las desviaciones de la fe del estamento indígena. Todo esto fue posible precisamente por su calidad de vicario foráneo y por la competencia que tal dignidad ofrecía.

Las diligencias jurídicas emprendidas por el sacerdote consistieron en pregonar un edicto de fe en el que se exhortaba a los indígenas a que en el plazo de seis días confesaran o denunciaran el crimen de idolatría bajo la promesa de perdonarlos y reconciliarlos piadosamente. En

14. Donoso, 1858, Vol. I, p. 377.

15. *Ibid.*

16. «A este modo fueron procediendo en compañía del mesmo dotor Ávila por los demas, pueblos haziendo, el por su parte las diligencias juridicas, y los padres por la suya las Religiosas: el iniciava los processos y admitia declaraciones» (Barraza, *Historia de las fundaciones*, p. 31).

17. Carta anua de 31 de mayo de 1610 firmada por el jesuita Juan Sebastián, en Fondo Gesuitico, N° 1488, II, 9, publicada por Taylor, 1987, p. 89.

caso contrario los amenazaba con severos castigos[18]. El resultado de lo ejecutado fue extraordinario pues los indios llegaron desde diversos pueblos a denunciar a los idólatras y a entregar sus huacas y demás ídolos[19]. Al tener tales noticias,

> ...el Doctor con algunos indios a quienes el Señor auia mouido andaua por los Pueblos inquiriendo y descubriendo y desbaratando huacas y adoratorios[20].

A mediados de junio de 1609 Ávila debió comprender la magnitud de la misión que estaba emprendiendo. El sistema que se estaba originando contaba de dos partes diferenciadas que hacían necesario un mayor número de sacerdotes para su acometimiento: la vía judicial, donde se iniciaban procesos contenciosos o con forma de juicio contra los indios; y la vía pastoral, consistente en el readoctrinamiento en la fe.

Claramente, quien dirigía los procesos era el mismo Ávila en virtud de su calidad de vicario. La labor misionera la encomendó a la Compañía de Jesús solicitando al padre provincial, Esteban Páez, el envío de sacerdotes. El objetivo era que los jesuitas, mientras se realizaba la visita, predicaran y confesaran a los indios. El provincial se hizo eco del llamado y envió a estos pueblos a los padres Pedro de Castillo y Gaspar de Montalvo[21].

Las bases para las visitas de extirpación de idolatrías estaban dadas. A partir de ellas se procedería a su institucionalización. Esto fue factible porque el sistema ideado por Ávila se gestó en razón de las facultades que le correspondieron como vicario foráneo. De otro modo habría sido imposible someter a proceso a los indígenas por actos alejados de la ortodoxia. Más aún, tales actuaciones habrían carecido de legitimidad conllevando su posterior anulación.

La jurisdicción contenciosa que le confería la calidad de vicario fue la clave para el inicio y desarrollo de las visitas. Al utilizarla, Ávila introdujo el procedimiento inquisitorial para la pesquisa y castigo de

18. *Ibid.*

19. Barraza, *Historia*, p. 31.

20. Carta anua de 31 de mayo de 1610 firmada por el jesuita Juan Sebastián, en Taylor, 1987, p. 89.

21. Barraza, *Historia*, p. 31.

la idolatría. La publicación de un edicto llamando a denunciar las idolatrías bajo el apercibimiento de castigo en un determinado plazo, abrir expedientes por tales delitos, instaurar auxiliares de justicia entre los indios y hacerse acompañar de sacerdotes jesuitas para la confesión y predicación recorriendo diversos pueblos, tuvieron por objeto seguir de cerca la organización que tenía la Iglesia para estas situaciones desde el medioevo: la Inquisición. Aunque hábilmente ni él ni sus contemporáneos la llamaron así.

Las visitas de idolatrías que aplicó Ávila en las zonas rurales rindieron sus frutos. Muchísimos ídolos fueron descubiertos, al igual que indios hechiceros y dogmatizadores. A partir de tales pruebas le era factible, por tanto, presentar positivamente el sistema ideado ante las máximas autoridades civiles y eclesiásticas del Virreinato. Con dichos resultados y teniendo evidencias de la existencia de idolatrías en zonas supuestamente convertidas al cristianismo, Ávila tomó la determinación de concurrir a Lima y exponer, tanto el estado de la situación como el mecanismo utilizado, ante el virrey, marqués de Montesclaros, y el nuevo arzobispo de Lima, Bartolomé Lobo Guerrero.

En adelante, el éxito de la empresa desarrollada y la posibilidad de institucionalizarse dependía de la opinión y postura de las autoridades virreinales.

Bartolomé Lobo Guerrero y su acción en México y Santa Fe de Bogotá

Bartolomé Lobo Guerrero nació en Ronda, Andalucía, en 1546 y fue hijo del licenciado Francisco Guerrero, médico famoso, y de Catalina de Góngora. Obtuvo el grado bachiller en Derecho en la Universidad de Salamanca y luego ingresó al Colegio-Universidad Pontificia y Real de Santa María de Jesús en la ciudad de Sevilla. En 1576 recibió de dicho establecimiento el grado de doctor en teología y sagrados cánones, siendo luego profesor de tales cátedras y finalmente su rector[22]. En 1580, contando con treinta y seis años, fue nombrado fun-

22. Mantilla, 1996, p. 34; Egaña, 1965, p. 299; Vargas Ugarte, 1953-1962, tomo II, p. 301; Castañeda, 1976, p. 58.

cionario del Tribunal del Santo Oficio de Nueva España dando origen a su carrera en América. Transcurrida una década fue designado fiscal de la Inquisición de México, siendo promovido en 1593 a Inquisidor[23]. Desde dicho cargo, en 1596, fue electo para arzobispo de Santa Fe de Bogotá, tomando posesión de su diócesis en 1599 donde permaneció hasta la época de su promoción a Lima[24].

Bartolomé Lobo Guerrero era el candidato ideal para ocupar una silla arzobispal. Contaba con la experiencia relativa a asuntos de fe pues durante veinte años fue funcionario de la Inquisición en Nueva España, cuestión que conllevó que entre sus ideales estuviese la de conservar la fe libre de herejías. Más aún, estaba imbuido del ímpetu contrarreformista promovido por la Santa Sede y la Monarquía. Con ello se conciliaban los intereses de los dos grandes pilares de la administración indiana: los de la Iglesia y la Corona.

Asimismo, su estadía por tantos años en las Indias lo hacía un conocedor de las relaciones entre funcionarios reales y eclesiásticos, del modo de proceder y resolver conflictos entre ellos y del estado de la ortodoxia y conversión de las almas. La elección de Lobo Guerrero era, bajo tales perspectivas, afortunada.

Su mentalidad y la forma de solucionar los problemas que se presentaron durante su prelatura estuvieron condicionadas por su larga permanencia en la Inquisición. Así se lo expresaba al Rey

> Como inquisidor que fui de México a donde castigué gran suma de portugueses por la observancia y guarda de la ley muerta de Moyseen, puedo afirmar por lo que entonces entendí no estar esta tierra a donde hay muchos portugueses libre de esta enfermedad, que por ser contagiosa y en daño de nuestra fe católica y religión cristiana, convendrá curarla con el cauterio riguroso de la Inquisición porque no cunda como el cáncer...[25].

Por lo anterior, lo primero que solicitó a su llegada a Santa Fe de Bogotá fue la instalación de la Inquisición ya que

23. AGI, Santa Fe, 1.

24. AGI, Santa Fe de Bogotá, 1, Consulta al Consejo de Indias del 12 de noviembre de 1595 respecto del candidato a arzobispo Bartolomé Lobo Guerrero.

25. AGI, Santa Fe, 226, Carta del arzobispo Bartolomé Lobo Guerrero al Rey de 15 de mayo de 1602.

> ...me obliga a creer que en ella la fe está muy a punto de perderse, pues los pecados cuando son muchos y hay hábitos de cometerlos, depravan la voluntad e inducen a error en el entendimiento y pertinencia de que nacen las herejías... y estos inconvenientes cesarían si Vuestra Majestad se sirviese de mandar que en este Reino se plante el Santo Oficio[26].

La visión del arzobispo, por tanto, se tradujo en la intolerancia frente a las desviaciones de la fe, que debían castigarse con todo el rigor que el Derecho le permitía[27]. Claramente lo que movía al arzobispo era su celo a favor de la ortodoxia. Por ello, justificaba y solicitaba un castigo eficaz a quienes atentaran contra ella. No le bastaba la predicación, adoctrinamiento y reforzamiento de la fe. Ante la magnitud de las desviaciones, tanto en el plano de la doctrina católica como del estilo de vida llevado por los españoles y criollos en las Indias, era forzoso aplicar sanciones que tuviesen un sentido ejemplificador para toda la sociedad. Esa era su postura frente a la heterodoxia: la inflexión sólo podía ser corregida por medio de tribunales especialmente facultados para ello. No nos ha de extrañar su actitud pues seguía los ideales del sacerdote de su siglo y los que la Corona promovía desde la conquista de estos territorios.

Las peticiones reiteradas de Lobo Guerrero tuvieron eco. En 1610, mediante Real Cédula, se erigió el tercer Tribunal Inquisitorial en América con sede en Cartagena de Indias. Mientras pendía la fundación del Tribunal y atendido el exceso de trabajo que el Santo Oficio tenía en Lima, la Corona ordenó a Lobo Guerrero actuar a base de sus facultades ordinarias como inquisidor[28].

Lo anterior nos confirma que pese a la existencia del Santo Oficio los obispos conservaron sus facultades de inquirir en materias de fe. Asimismo, es posible deducir la confianza depositada por la Corona en Lobo Guerrero puesto que pese a estar asentada la Inquisición en Lima le permitió al arzobispo someter a proceso a quienes quebrantaran la ortodoxia. Con ello, a su vez, evitó los eventuales conflictos de

26. AGI, Santa Fe, 226, Carta del arzobispo Bartolomé Lobo Guerrero al Rey, 10 de mayo de 1599.

27. AGI, Santa Fe, 226, Carta del arzobispo Lobo Guerrero al Rey, 11 de septiembre de 1604.

28. AGI, Santa Fe de Bogotá, 226, Carta del arzobispo Bartolomé Lobo Guerrero al Rey, 20 de mayo de 1603.

jurisdicción entre lo obrado por el obispo como inquisidor ordinario y la institución inquisitorial.

Por otra parte, se puede considerar que tal aprobación hecha desde la metrópolis fue crucial para la empresa de la extirpación que se desarrolló en Perú, pues constituyó un precedente. Ello, precisamente porque Lobo Guerrero institucionalizó el sistema de visitas de extirpación de idolatrías sobre la base de las facultades que derivaban de su calidad de obispo, expresamente reconocidas por la Corona.

En relación al mundo indígena, la visión de Lobo Guerrero no fue menos desmoralizadora que la relativa a los españoles. Se quejó del estado de la evangelización de los indios señalando:

> al cabo de sesenta y cinco años que pasó el Evangelio a estas partes, tan faltos de fe y tan llenos de idolatría como al principio, cosa que a todos nos debería tener en harto escrúpulo y desconsuelo[29].

Y agregaba:

> no se ha desterrado la idolatría que acá tiene tan hondas raíces por medio de estos diabólicos ministros[30].

El obispo comprendió que pese a los esfuerzos realizados durante varias décadas por la Iglesia y la Corona los indígenas no mostraban su adhesión al catolicismo. Más aún, supo entender que ello era en gran parte consecuencia de la acción de los dogmatizadores, sacerdotes o ministros paganos que no habían abrazado el cristianismo. En otras palabras, mientras estuviese pendiente la conversión de aquellos, más difícil sería que los indios comunes aceptasen la doctrina cristiana. Mientras existieran los depositarios de la idolatría, que por lo demás contaban con autoridad frente a los suyos, todo esfuerzo tendiente a la evangelización sería vano.

Una de las primeras medidas tomadas para impedir que los sacerdotes paganos siguieran dogmatizando a los indígenas fue obligar a los

29. *Constituciones sinodales de 1606*, Santa fe de Bogota, cap. 2, en Mantilla, 1996, p. 269.

30. J. M. Pacheco, *Los jesuitas en Colombia*, tomo I, Bogotá, 1959, 43, citado por Mesa, 1973, p. 12.

caciques a señalar los santuarios de sus pueblos, con ello se pretendía destruir los lugares donde se rendía culto a los falsos dioses, y de paso, hacer más difícil a los falsos ministros o sacerdotes paganos la tarea de propagar la idolatría[31].

Alerta ante la existencia de idolatrías y movido por su celo a favor de la ortodoxia, Lobo Guerrero decidió emprender uno de las tantas visitas que hizo en su diócesis[32]. Su intención era conocer a sus fieles, constatar el estado de la evangelización y remediar el paganismo[33].

Constató que existían otras causas o motivos que hacían fracasar la evangelización. Entre ellas, estableció que los indios, cuyas naturales inclinaciones eran «eximirse del trabajo, estar ociosos y desocupados», buscaban los espacios para practicar y realizar ritos idolátricos[34]. Es decir, el Arzobispo supo comprender que la falta de ocupación entre los indios y sus borracheras impedían el asentamiento de la fe provocando además conductas alejadas de la moral cristiana, como amancebamientos, incestos y otras prácticas. Lobo Guerrero planteó, como paliativo, que los indios estuviesen ocupados en trabajos moderados[35].

A su vez, el arzobispo comprendió que tras los ritos católicos se ocultaban las idolatrías y que había una mezcla de ritos católicos con prácticas paganas[36].

Seguidamente, el desconocimiento de la lengua castellana por parte de los indios y de los doctrineros de las lenguas nativas, agravaba aún más la situación.

Detectados los motivos de la idolatría y consciente Lobo Guerrero de que su labor como arzobispo era cuidar que los nativos fuesen convertidos y adoctrinados en la religión católica[37], resolvió aislar a los sacerdotes paganos o jeques en un lugar especialmente habilitado

31. *Ibid.*, p. 12.

32. AGI, Santa Fe de Bogotá, 18.

33. AGI, Santa Fe de Bogotá, 226, Carta del arzobispo Bartolomé Lobo Guerrero, 25 de abril de 1600.

34. AGI, Santa Fe de Bogotá, 226, Carta del arzobispo Lobo Guerrero al Rey, 20 de mayo de 1603.

35. *Ibid.*

36. AGI, Santa Fe de Bogotá, 226, Carta del arzobispo Lobo Guerrero al Rey, 4 de Mayo de 1604.

37. AGI, Santa Fe de Bogotá, 226, Carta de Lobo Guerrero al Rey, 10 de junio de 1606.

para convertirlos al cristianismo[38]. Sin embargo, no fue posible aplicar tal castigo porque no existía un lugar apropiado en Santa Fe para instruirlos. Debieron quedar, mientras tanto, al cuidado del párroco en los mismos pueblos donde vivían con la esperanza que éstos los reformaran y convirtieran al credo católico.

Asimismo, consideró fundamental apoyar al establecimiento de la Compañía de Jesús en su diócesis para que esta adoctrinase a los indígenas[39]. La Corona, por su parte, autorizó a que se ejecutara el plan[40].

La tercera medida dispuesta por el arzobispo fue adoctrinar a los indios en su lengua, labor que se facilitaría por medio de traducciones que realizaban los jesuitas de la doctrina cristiana y catecismo en la lengua general de los indios.

Ello respondía, al igual que en otras partes de las Indias, al hecho que las doctrinas de indios estaban sumidas en una crisis causada por la falta de sacerdotes que supiesen las lenguas nativas; por las malas costumbres en que éstos estaban inmersos y la poca rigurosidad en la conversión de las almas[41].

Con la finalidad de reafirmar el plan de acción tendiente al readoctrinamiento y extirpación de idolatrías, el arzobispo convocó a la celebración de un Sínodo. En efecto, después de cuarenta y seis años sin que se reuniera un sínodo en dichas latitudes, a mediados de 1606 se celebró el Sínodo de Santa Fe de Bogotá, en el que se recibió el Concilio Provincial de Lima aprobado por la Santa Sede y la Corona. Entre sus constituciones canónicas es posible apreciar el celo evangelizador de Lobo Guerrero y su rigurosidad y severidad para poner fin a las idolatrías. En ellas se encuentran elevadas a rango de cánones sinodales las medidas que estaban en marcha para poner fin a la heterodoxia: la obligación de los caciques de denunciar a los hechiceros y santuarios idolátricos bajo la pena de perder su cacicazgo[42] y la potestad de

38. AGI, Santa Fe de Bogotá, 226, Carta de Lobo Guerrero al Rey, 17 de agosto de 1606.

39. *Ibid.*

40. La nota al margen de la carta dirigida a la Corona reza: «Que lo ejecuten como les parece y avisen de haberlo hecho», AGI, Santa Fe de Bogotá, 226, Carta del arzobispo Lobo Guerrero al Rey, 17 de agosto de 1606.

41. *Ibid.*

42. *Constituciones sinodales de 1606*, *De los caciques*, cap. 28, en Mantilla, 1996, p. 301.

encarcelar a los «jeques» y hechiceros[43]. Más aún, los caciques pasan a ocupar la calidad de garantes de los indios en cuanto quedaban obligados a no consentir «borracheras, amancebamientos, supersticiones y otros pecados». De no hacerlo, arriesgaba la pérdida de su cacicazgo[44].

Para complementar el ideario destinado a erradicar las prácticas alejadas del cristianismo se estableció un sistema de penas que fuese significativo para los nativos, como el trasquilado para indios comunes. Con él, el culpable se deshonraba frente a su comunidad. En cuanto a los principales, como éstos debían dar el ejemplo a su pueblo, se contempló que fuesen entregados a las justicias, seguramente con la finalidad de causar impacto a los demás miembros del pueblo, o bien destituirlos de su cargo provocando además la deshonra entre los suyos[45].

Es posible establecer que las estadías de Lobo Guerrero en Nueva España y Nueva Granada fueron determinantes para las medidas que aplicó en el Virreinato del Perú. En efecto, las dos décadas de experiencia en el Tribunal de la Inquisición lo hicieron conocedor de su funcionamiento y de las normas que regulaban su procedimiento y castigos. Cuestión que además convirtió a Lobo Guerrero en un experimentado defensor de la ortodoxia religiosa resistiéndose a todo aquello que tuviese indicios de heterodoxia. Su especial misión fue la de conservar intacta la fe católica, libre de conductas que la pervirtieran. Desde su investidura tomó todos los recaudos que consideró legítimos y pertinentes para conservar la fe, base del orden social, político y espiritual de entonces.

Por otra parte, la experiencia arzobispal en Nueva Granada convirtió a Lobo Guerrero en un conocedor del mundo nativo. Las variadas visitas que realizó en las zonas anexas a Bogotá le permitieron tomar contacto con los nativos y comprender que pese a los esfuerzos de más de cincuenta años, los indios seguían siendo idólatras. Supo detectar cuáles eran los motivos por los que la situación idolátrica se mantenía. Frente a ello reaccionó enérgicamente tomando medidas tendientes a finalizar con las idolatrías en pos de la ortodoxia católica,

43. *Constituciones sinodales de 1606*, *De los xeques e idolatría*, cap. 2, en Mantilla, 1996, p. 302.

44. *Constituciones sinodales de 1606*, *De los caciques*, cap. 28, en Mantilla, 1996, p. 301.

45. *Constituciones sinodales de 1606*, *De los españoles y los indios*, cap. 15, en Mantilla, 1996, p. 287.

las que, como se verá, fueron antecedente de las soluciones que adoptó la diócesis de Lima y reproducidas en el Sínodo provincial de 1613.

Sin embargo, Lobo Guerrero debió saber que ello no era suficiente y que era forzoso ser más radical, en el sentido de terminar con ellas de una buena vez mediante un sistema que tuviese una doble dirección: eficaz en la erradicación de idolatrías y reevangelizador. Seguramente en ello estaba cuando en 1608 se le informó que era designado arzobispo de Lima.

APROBACIÓN DE LAS VISITAS DE IDOLATRÍAS

En agosto de 1608 Bartolomé Lobo Guerrero recibía las bulas y el palio de su arzobispado en Lima. Dejó la ciudad de Santa Fe el 8 de enero de 1609 y emprendió viaje a su nueva diócesis en una travesía que duró alrededor de nueve meses. Ingresó a la ciudad de los Reyes el 4 de octubre de 1609[46].

Asentado en su nuevo arzobispado, Lobo Guerrero inició la tarea de informarse del estado de su diócesis. Paralelamente, el doctrinero Francisco de Ávila emprendió viaje a la capital del virreinato con el objetivo de dar a conocer al arzobispo el descubrimiento que había hecho: la pervivencia de la idolatría entre los indios supuestamente convertidos y bautizados, y las medidas que había aplicado para remediarlo.

A fines de 1609, Ávila se presentó en Lima ante el arzobispo Lobo Guerrero, el virrey Marqués de Montesclaros, fray Pedro Ramírez y el padre Juan Sebastián, provincial de la Compañía de Jesús[47], llevando más de seiscientos ídolos[48]. Junto al cargamento de huacas e ídolos, traía consigo a varios dogmatizadores[49], entre ellos al indio hechicero y dogmatizador Hernán Paucar, gran maestro de la idolatría que «hablaba con el demonio»[50].

46. AGI, Lima, 35, Libro III, Fol, 101r, Carta del virrey Montesclaros al Rey, 28 de marzo de 1610.

47. Ávila, «Prefación», p. 75.

48. Arriaga, [1621] 1999, p. 14.

49. Barraza, *Historia*, p. 35.

50. Arriaga, [1621] 1999, p. 15.

La reacción de los oyentes de los hechos descritos por Ávila fue en un principio de estupor y perplejidad. Con todo, los argumentos y pruebas aportadas por Ávila hicieron que las autoridades reales y eclesiásticas empezaran a sopesar los antecedentes que tenían. Por ello, el virrey y el arzobispo secretamente solicitaron informes al corregidor de indios y a los sacerdotes de la Compañía de Jesús que habían acompañado a Ávila en la primera visita de extirpación respecto de la veracidad de sus declaraciones. En dicho informe se estableció que:

> ...fue nuestro señor servido que el de su parte la hiciese y que los mesmos yndios viendo como los de la Compañía eran parte para que el Vissitador si se declaravan de su voluntad, los perdonase y se huviese misericordiosamente con ellos, guardando el rigor para los duros y reveldes se fuesen declarando, y manifestando de manera que los mesmos curas, viendo claramente la verdad de las ydolatrias y que no era y como avian penssado ymaginasiones voluntarias...[51]

Por su parte, el jesuita Pablo José de Arriaga indica que frente a la dudas respecto de la existencia de idolatrías entre los indios fueron enviados

> ...seis Padres de la Compañía de los más antiguos y prácticos en las cosas de los indios por diversas partes y a diversos tiempos y ocasiones... Todos vinieron diciendo *sicut audiuimus sic vidimus*, y que era más el mal y daño de lo que se decía y de suerte que pedía conveniente y eficaz remedio[52].

Con las noticias que avalaban los dichos de Ávila y contando con las pruebas entregadas y dadas a conocer por éste, el virrey se convenció de la real magnitud del problema[53]. Asimismo, miembros importantes de la burocracia española dieron crédito a la existencia de indios apóstatas, como el oidor Alberto de Acuña, el corregidor de indios Jerónimo de Avellaneda y el alcalde ordinario de Lima Fernando de Córdoba que hicieron eco de las denuncias[54].

51. Barraza, *Historia*, p. 35.
52. Arriaga, [1621] 1999, p. 16.
53. *Ibid.*, p. 15.
54. *Ibid.*, pp. 15 y 19.

Por su parte, el arzobispo escribió a uno de los sacerdotes jesuitas que había participado de la visita de idolatría lo siguiente:

> Mucho gusté de leer la carta que resivi de V.P. y de entender la relacion que en ella me da del fruto que se va haciendo entre esos bárbaros... de traerlos a su verdadero conocimiento mediante estas tan asertadas y necessarias missiones de la Compañía que con tan discreto acuerdo quiere continuar el padre provincial, de que quede gustosissimo; y con grandes animo de favorecerles como debe esto hizo tan de veras su sal, que en los años siguientes entable para todo el distrito de su Arçobipado, las missiones contra la ydolatria, dando para ello de su hazienda todo lo necesario para ellas con mucha liberalidad, de que se siguieron los buenos efectos que se yran diciendo[55].

El arzobispo no sólo dio crédito a los informes de Ávila y de los jesuitas, sino que además aprobó las visitas de idolatrías y las alentó a proseguir por todo el arzobispado, agregando, que su financiamiento sería de su cargo. Tal resolución de parte de Lobo Guerrero no fue antojadiza. Muy por el contrario, contando con la vasta experiencia adquirida como arzobispo en Santa Fe de Bogotá y como inquisidor en México, debió considerar que las visitas de idolatrías eran definitivamente el mejor remedio para luchar y vencer la heterodoxia de los indios.

Las visitas de idolatrías suplían el vacío legal que existía frente a las conductas alejadas de la ortodoxia de parte de los aborígenes. Más aún, dicho sistema se ajustaba a la mentalidad inquisitorial de Lobo Guerrero forjada por tantos años en Nueva España. Además, las visitas de idolatría solucionaban otro asunto conflictivo al interior de la Iglesia indiana: la vigilancia de los curas doctrineros regulares o seculares[56].

Así pues, luego de comprobar la veracidad de las pruebas e informes de Ávila, el 20 de diciembre de 1609, por orden de Lobo Guerrero, se procedió a la celebración de un auto de fe en la Plaza Mayor de Lima. Se quemaron las huacas e ídolos encontrados y se leyó la sentencia que condenó a azotes y deportación a Chile a Hernán Paucar

55. Barraza, *Historia*, p. 35.

56. Antonio Acosta Rodríguez (1987) considera que las visitas de idolatrías solucionaban dicho problema.

por hechicero y dogmatizador. La medida, de carácter espectacular, logró su cometido: miles de indios asistieron y asustados —luego del sermón predicado por Ávila en castellano y quechua— fueron hasta los padres de la Compañía a denunciar sus pecados[57].

Entre la concurrencia se hallaban representadas las esferas civiles y eclesiásticas, las que de paso legitimaban el accionar de la nueva política que estaba inaugurando Lobo Guerrero. En efecto,

> estando el señor virrey asomado en la ventana, de donde se veía y oía todo, se publicó la sentencia, y azotaron al dicho indio y se pegó fuego a la leña donde estaban los ídolos[58].

La presencia del virrey desde su balcón legitimaba el accionar del arzobispo de Lima. Se daba inicio de manera oficial, así, a las visitas de extirpación de idolatrías.

HACIA LA INSTITUCIONALIZACIÓN DE LAS VISITAS DE IDOLATRÍAS

Luego de los hechos acontecidos a finales de 1609, por orden del virrey, marqués de Montesclaros, y del arzobispo Lobo Guerrero, se determinó *desarraigar las idolatrías*[59] nombrándose a Francisco de Ávila como visitador de idolatrías en los primeros días de 1610[60].

De consuno, el virrey y el arzobispo dieron instrucciones y poderes necesarios a Ávila para que visitara la provincia de Huarochirí en compañía de un notario, un procurador y sacerdotes jesuitas, debiendo los últimos catequizar, predicar y confesar a los indígenas[61]. En pocas palabras, la tarea encomendada consistió en continuar con la destrucción de las idolatrías:

57. Barraza, *Historia*, p. 35.
58. Arriaga, [1621] 1999, p. 15.
59. *Ibid.*, p. 16.
60. Ávila, «Prefación», p. 76.
61. Arriaga, [1621] 1999, p. 16.

> ...usando del modo que antes se avia tenido de que el Dr. Francisco De Ávila a quien se avia cometido la visita General dellas en los demas curatos, fuese como Juez y nros. Padres como Missioneros[62].

Se constituía así la primera visita de idolatría autorizada por las autoridades de Lima, acontecimiento de gran relevancia porque la feliz coincidencia de criterios y expectativas entre el virrey y el arzobispo hizo posible que se fuese organizando una nueva institución en el Derecho Canónico indiano. Lo anterior, porque el problema de la pervivencia de las idolatrías no sólo incumbía a la Iglesia, sino también a la Corona, la que, como ya se ha señalado, tenía por especial mandato la evangelización en territorios americanos.

La visita de idolatría, a su vez, venía a suplir un gran vacío legal e institucional. Es decir, por medio de ella se hacía posible tomar medidas enérgicas contra los nativos apóstatas. A su vez, con ellas se resolvía una serie de problemas al interior de las doctrinas relativos al control de la población indígena y de los curas doctrineros. De cierta manera se daba inicio a un nuevo orden eclesiástico colonial, provocando el ocaso definitivo de las tendencias lascasianas que en la centuria anterior habían predominado en los Andes.

Con todo, el título de visitador de idolatrías se otorgó de manera oficial a Francisco de Ávila por el arzobispo a mediados de 1610; y por el virrey, a finales del mismo año[63]. Desconocemos los motivos que existieron para retardar el nombramiento de visitador de idolatrías de manera oficial. No obstante, podemos suponer que en dichos meses las autoridades del virreinato estudiaron la forma en que configurarían la nueva institución, con la finalidad de presentar un plan bien elaborado a la Corona y al Consejo de Indias. Lo anterior, precisamente porque todo nuevo sistema que se pusiese en ejecución en estos territorios debía contar con el beneplácito de la autoridades metropolitanas.

Asimismo, creemos que el retardo del nombramiento oficial se debió en buena parte a que las autoridades virreinales quisieron antes comprobar la eficacia del sistema. Se debía contar con indicios suficientes que establecieran la necesidad de aplicarlo y su efectividad para que la Corona y el Consejo de Indias lo aprobaran.

62. Barraza, *Historia*, p. 34.

63. AGI, Lima, 326, Título de visitador de idolatrías a Francisco de Ávila, 2 de agosto de 1610, Carta credencial del virrey a Francisco de Ávila, 10 de diciembre de 1610.

Los resultados de esta primera visita fueron satisfactorios. Junto a los sacerdotes de la Compañía, Fabián de Ayala, Felipe Zapia, Luis Cañaveral y Cristóbal de Olmedo, Ávila recorrió nuevamente la provincia de Huarochirí, en donde encontró muchísimas huacas y mallquies, como también indios hechiceros. Durante la visita, Ávila procedió a castigar a los indios idólatras, a destruir las huacas y a instalar una Cruz en los santuarios paganos[64].

Los jesuitas que predicaron en esta primera misión certificaron que en un solo mes habían hallado doscientos ídolos[65], destruyendo, además, Cocallibia, uno de los principales santuarios de la región.

La institución que estaba operando en las zonas rurales de la diócesis de Los Reyes estaba dejando en evidencia que era forzoso proseguir con las visitas de idolatrías para poner fin a las prácticas y ritos alejados del cristianismo. La acreditación de la existencia material de ídolos y que estos eran objeto de culto constituían prueba suficiente para establecer otros tribunales itinerantes en los Andes. Más aún, los jesuitas certificaban que el sistema estaba rindiendo los resultados esperados. Los indios entregaban sus huacas luego de la prédica y confesión. En buenas cuentas, las visitas de idolatrías rendían sus frutos de manera bastante rápida. Se descubrían los focos heterodoxos y se destruían.

Desde esta perspectiva, el programa estaba siendo eficaz. Así lo creía uno de sus principales promotores y gestor del sistema, Francisco de Ávila[66], quien además confiaba en que esta nueva institución podía vencer y desterrar las idolatrías, de ahí que solicitase al virrey y al arzobispo la organización de otros séquitos extirpadores para desbaratar las idolatrías en la diócesis[67].

Lobo Guerrero, por su parte, al saber los resultados del plan, como lo hemos señalado, procedió a nombrar de manera oficial, el 2 de agosto de 1610, al cura doctrinero Francisco de Ávila como visitador de idolatrías. Nombramiento que fue refrendado por el virrey, marqués de Montesclaros, con fecha 10 de diciembre de 1610[68]. En dicho nombramiento se otorgaba a Ávila la calidad de juez visitador[69].

64. Barraza, *Historia*, p. 35.
65. *Ibid.*
66. *Ibid.*, p. 36.
67. Ávila, «Prefación», p. 77.
68. AGI, Lima, 326.
69. Ávila, «Prefación», p. 76.

Las visitas de extirpación, por tanto, se iniciaban de manera legal gracias al apoyo decisivo del brazo civil y de su prelado Bartolomé Lobo Guerrero quien había hecho efectivo el nombramiento en derecho de Ávila[70].

Acto seguido se organizó «el cuerpo de visitadores generales de la idolatría» que se repartió por las diversas provincias de la diócesis. Asimismo, se ponía en ejecución el «edicto de gracia» etapa decisiva del procedimiento. Poco a poco cobraba forma el sistema de extirpación de idolatrías.

La labor emprendida por los visitadores de idolatría fue todo un éxito. Descubrieron santuarios de importantes divinidades paganas, como el de Pariacaca, destruido con colaboración de los indios y donde se puso en su lugar una cruz[71]. Asimismo, se descubrieron y quemaron en una gran hoguera huacas y «más de doscientos cuerpos muertos»[72]. Los indios concurrían a confesarse en masa ante los sacerdotes jesuitas. El éxito se extendió a otras cuatro misiones que recorrieron en 1611 las zonas rurales y que confesaron alrededor de cuatro mil nativos[73].

Lobo Guerrero debió estar del todo satisfecho pues las visitas habían logrado importantes objetivos. De este modo, estaban dadas las condiciones para comunicar a la metrópoli el estado en que se encontraba la conversión de los indígenas, el sistema para remediarlo y los resultados del mismo. A su vez, y con la finalidad de reafirmar lo que estaba informando, remitió al Rey la *Relación* de Ávila y el *Informe* del jesuita Fabián de Ayala. Comenzaba su misiva diciendo:

> Lo que ahora se ofrece de nuevo de que dar a V. M noticia es que todos los indios de mi arzobispado y los de los otros obispados están el día de hoy tan infieles y idólatras como cuando se conquistaron...

Agregaba:

70. Córdoba y Salinas, *Teatro de la Iglesia Metropolitana de los Reyes*, p. 57.
71. Barraza, *Historia*, p. 37.
72. *Ibid.*
73. *Ibid.*, p. 36.

> ...adoran y tienen por dioses montes, cerros, palos, animales, pellejos dellos, piedras, plumas y otros ídolos que ellos hacen de barro, palo y piedra y proceden de la misma manera que los indios del nuevo reino de Granada y tienen sacerdotes entre ellos que les predican y enseñan y doctrinan...[74]

La información enviada a la Corona era alarmante. Tras varias décadas de establecimiento y misión en el Perú no se habían logrado erradicar las prácticas, ídolos y ritos entre los nativos. Más aún, advierte a la Corona que el mal estaba extendido en varias regiones de las Indias. Por ello comunica las medidas que se habían tomado en su diócesis para enfrentar el problema. El objetivo era que fuesen aprobadas por la Corona.

Así pues, señalaba que se habían iniciado visitas de idolatrías a cargo del cura doctrinero Francisco de Ávila, quien en compañía de sacerdotes jesuitas había recorrido diversas zonas publicando edictos de gracia a quienes voluntariamente manifestaren sus huacas e idolatrías. Fueron muchos los que concurrieron a confesarse y entregar los falsos dioses. A su vez, se hacía saber que los nativos entendían que habían estado engañados por no haber sido adoctrinados[75].

Agregaba la necesidad de construir una cárcel para los dogmatizadores y hechiceros con el fin de sacarlos de sus pueblos y adoctrinarlos en la fe católica. Asimismo, informaba que una de las posibles causas de la pervivencia de las idolatrías era la falta de dedicación de los doctrineros y su desconocimiento de la lengua indígena. La solución era que las doctrinas de indios fuesen dadas a sacerdotes capaces y conocedores del quechua.

Para reafirmar que los indígenas aún estaban sumidos en el paganismo, Lobo Guerrero adjuntó a la carta el *Informe* del jesuita Fabián de Ayala, quien había acompañado a Ávila en las visitas de idolatrías. En su informe, el jesuita pedía y recomendaba la labor iniciada por el doctrinero y, de paso, lo elogiaba[76].

Por su parte, en la *Relación* de Ávila, se hacía una descripción detallada de las creencias indígenas estableciendo que

74. AGI, Lima, 301, Carta del arzobispo Lobo Guerreo al Rey, 20 de Abril de 1611.
75. *Ibid.*
76. AGI, Lima, 301, Ayala, Fabián de, Carta al arzobispo de Lima 12 de abril de 1611 adjunta a la carta de Lobo Guerrero del 22 de abril de 1611.

> ...cinco doctrinas tienen de confesión mas de siete mil indios sin los niños, habranse sacado de ellas mas de cinco mil idolos de manera que si procedieron de un indio ocho o diez personas estos tienen un ídolo...

Más aún, en ella Ávila hacia notar que las idolatrías se producían, incluso, entre indios ladinos y entendidos que sabían leer y escribir, criados entre españoles y sacerdotes[77].

La carta enviada por Lobo Guerrero causó el impacto esperado, pues se dio por acreditada la existencia de la idolatría entre los indios supuestamente convertidos. La *Relación* de Ávila ponía de manifiesto el verdadero estado de la evangelización indicando cuáles eran las divinidades adoradas y denotando el creciente sincretismo que se estaba produciendo entre la religión andina y el catolicismo.

Por su parte, el *Informe* del jesuita Ayala era inequívoco en establecer que la forma de solucionar el problema que se presentaba en las zonas rurales de la diócesis de Lima era utilizando el método empleado por Ávila: las visitas de idolatrías. Creemos que este informe debió ser crucial para efectos de aprobar el sistema que ya se estaba aplicando en Lima: provenía de un sacerdote de la Compañía que no sólo era testigo de los acontecimientos sino que protagonista del mismo. A su vez, este informe emanado de un jesuita hacía suponer que la orden apoyaba el sistema.

La apuesta de Lobo Guerrero porque se autorizase por la Corona las visitas de idolatría era arriesgada. No obstante, fue hábil en presentar los antecedentes. En efecto, demostró la pervivencia de las idolatrías y la necesidad de tomar medidas radicales para ponerles fin. A su vez, describió las visitas como un remedio que ya estaba surtiendo efectos. En buenas cuentas, informó el mal estado de la conversión y el programa para solucionarlo.

Además, hacía expresa mención del apoyo que tenía del virrey y de la Compañía de Jesús, aunque solicitaba que se le ordenase al virrey auxiliarlo. También pedía que se agradeciere a los jesuitas por su ayuda y se les estimulara a continuar con ella[78].

77. AGI, Lima, 301, *Relación de idolatría* de Francisco de Ávila.

78. AGI, Lima, 301, Carta del arzobispo Bartolomé Lobo Guerrero al Rey, 20 de abril de 1611.

Frente a los argumentos de peso, fundados y sustentables en sí mismos que presentó Lobo Guerrero, la Corona procedió a aprobar el plan de acción para combatir las idolatrías mediante Real Cédula de 1 de junio de 1612[79]. A su vez, le imponía al virrey el deber de apoyo a las visitas de idolatrías[80]. En otras palabras, el arzobispo contaba desde ese momento con el auxilio del brazo civil autorizado o visado por la Corona.

Así, las visitas de idolatría empezaban su proceso de configuración con la anuencia del poder civil y eclesiástico, no como un simple método pasajero, «sino como una institución diocesana permanente»[81], propia del Derecho Canónico indiano, con legitimación regia.

Consciente de lo anterior, Lobo Guerrero utilizó los canales que la misma institucionalidad indiana le ofrecía para establecer el sistema de visitas de idolatrías. De manera inteligente estaba logrando su objetivo. En adelante, sólo quedaba conformar de manera sistemática y organizada las llamadas visitas de idolatrías.

En vías de la consolidación

Luego que la Corona aprobara el plan elaborado en Lima para enfrentar las idolatrías y la apostasía, en «el año de 1612 siguiente se continuaron como los demás estas misiones»[82]. Algunos extirpadores recorrieron los pueblos aledaños a la capital virreinal, tales como Mama, Chaclla, Carampoma y Huarochiri. En todos ellos, los séquitos lograron descubrir y desterrar una infinidad de ídolos en poder de los indios supuestamente cristianos. A su vez, constataban mediante las confesiones que la conversión de los nativos era superficial[83].

La situación seguía siendo grave, por lo que se hacía necesario y forzoso el recorrido de visitadores contra la idolatría en las zonas rurales, pues allí los indios estaban en completa ignorancia de la doc-

79. AGI, Lima, 571, Lib, XVII, fols, 109, Real cédula de 1de junio de 1612.

80. AGI, Lima, 571, Lib, XVIII, fols, 110, Real cédula al marqués Monteclaros, 1 de junio de 1612.

81. Armas Medina, 1966-1968, p. 24.

82. Barraza, *Historia*, p. 38.

83. AGI, Lima, 143, Carta de Francisco de Ávila al Rey, 12 de mayo de 1613, transcrita en Pease, 1967-1968, p. 74.

trina cristiana. Asimismo, había muchos que no estaban bautizados, y los que lo estaban desconocían el nombre de Jesucristo[84].

Parecía que la tarea era interminable, ya que en muchos lugares había focos heterodoxos. Con todo, Francisco de Ávila señalaba al Rey que en aquellos lugares libres de idolatría se habían logrado grandes frutos, pues se había sacado a los nativos de sus errores religiosos, reformándose sus vidas[85].

Así también lo creía el padre jesuita Antonio Pardo, quien junto a un compañero, había recorrido varios lugares que antes habían sido visitados por séquitos extirpadores, entre ellos, Chachapoyas donde:

> ...hallo en el primer lugar para consuelo suyo que durava el fruto de las missiones pasadas...[86]

Quienes informan sobre los hechos consideraban que el plan estaba operando perfectamente. En las zonas ya visitadas, los indios se habían convertido plenamente al cristianismo. En aquellas donde se procedía por primera vez con las visitas se encontraba un deplorable estado de la conversión y una arraigada pervivencia de la idolatría. No obstante, luego de aplicar el remedio, los indios comprendían cuál era el verdadero Dios.

La atmósfera en torno de las visitas era por tanto de esperanza; es decir, de logro de los objetivos propuestos. Así, salían los visitadores con pleno apoyo de los jesuitas. Por su parte, el virrey Montesclaros otorgaba todo su respaldo al arzobispo, pues se trataba de la salvación del alma de los nativos[87].

En resumen, desde la perspectiva de sus promotores, el sistema de las visitas de idolatrías había demostrado su efectividad, contando para ello con el respaldo de las más altas autoridades virreinales y la autorización de la Corona. Entonces, ya era hora de plasmar de manera sistematizada y orgánica el sistema que se encontraba funcionando desde hacía algún tiempo.

84. Barraza, *Historia*, p. 38.

85. AGI, Lima, 143, Carta de Francisco de Ávila al Rey, 12 de mayo de 1613, transcrita en Pease, 1967-1968, p. 75.

86. Barraza, *Historia*, p. 38.

87. *Ibid.*

EL SÍNODO DE 1613

El sínodo de 1613 significó un reconocimiento oficial de las autoridades virreinales de la existencia y funcionamiento de una nueva institución propia del Derecho indiano: las visitas de idolatría. En adelante, las empresas que se organicen para poner fin a las idolatrías mediante tribunales se encontrarán ya reguladas jurídicamente. A partir de ese momento se contará con un texto oficial que las sanciona y da fuerza[88].

Cabe preguntarnos ahora qué importancia tuvo para el fenómeno de las visitas de idolatría su reconocimiento y regulación oficial.

Importante es tener presente que la relevancia no sólo está dada por el acto de sancionar oficialmente, sino también por el funcionamiento práctico. Ello, porque no basta con que se plasme en la legislación canónica o real una institución si ésta no tiene asidero en la praxis y fuerte raigambre en la visión y mentalidad de sus destinatarios. En efecto, la institución en cuestión se fue forjando paulatinamente en el tiempo, como resultado del debate social que hubo en torno a la pervivencia de las idolatrías y al fracaso de la evangelización, materializándose en una regulación normativa y una práctica que recogió la necesidad religiosa, social y jurídica de readoctrinar a los nativos y extirpar las idolatrías entre los apóstatas, originando un nuevo orden eclesiástico.

Los gestores de la institución recurrieron al Derecho Canónico y real —a sus precedentes medievales e indianos, como la Inquisición Española— conciliándolos con la realidad jurídica y práctica indiana para dar forma legal a las visitas, de manera tal que se supliera con ello la carencia y vacío que existía para combatir las idolatrías. Más aún, tuvieron el buen cuidado de no llamarla Inquisición para evitar conflictos de jurisdicción con el Santo Oficio.

Ahora bien, los contemporáneos y protagonistas de las visitas de idolatría consideraron que el sistema era eficiente y producía los efectos deseados por sus autores. Esto es, poner fin al paganismo y conductas heréticas por medio de procedimientos judiciales y de adoctri-

88. En efecto, el virrey Montesclaros informaba en su «Relación» que en 1613 se había realizado un sínodo en Lima, el que había sido publicado con licencia y autorización del mismo virrey (Hanke, 1978, tomo II, p. 101).

namiento que permitían reestablecer el cristianismo en las zonas rurales de la diócesis de Lima alejadas de los centros urbanos. Por su parte, los nativos entendieron en que consistía el sistema y se adecuaron a su funcionamiento, evento que se tradujo en las defensas interpuestas y el conocimiento y aplicación que hicieron del sistema procesal con la finalidad de ser absueltos de las acusaciones de que eran objeto.

Es de manifiesto, entonces, que la institución que se reguló en el Sínodo de 1613 fue resultado de un consenso social, en el que las autoridades virreinales y eclesiásticas supieron encausar y solucionar el conflicto existente en las zonas rurales de la diócesis de Lima relativo a la pervivencia de la idolatría.

En cuanto a los nativos —sus principales destinatarios—, no les quedaba más que aceptar el funcionamiento de un sistema que debían incorporar a sus categorías mentales. Dicho de otro modo, estaban obligados a integrar una cultura, un sistema de pensamiento y unas creencias que les eran ajenas, propias de los hispanos. No obstante, el procedimiento judicial de extirpación que se estaba imponiendo a los indígenas, mediante las visitas, no les era del todo desconocido. Recordemos que la primera visita de idolatría, iniciada por Francisco de Ávila surgió a propósito de una querella de capítulos interpuesta por los indígenas en contra del sacerdote. Ello nos reafirma que entendían lo que era un tribunal y cuáles eran sus objetivos. Es decir, paulatinamente los nativos andinos se estaban adecuando o adaptando al sistema judicial hispano.

Por otra parte, la sanción oficial de las visitas de idolatría significó que se podría recurrir a la institución cada vez que se tuviese noticias de la existencia de un foco heterodoxo. Es decir, a partir de la institucionalización que se realizó de las visitas de idolatrías en el Sínodo de 1613, se contó con una sistematización y organización para combatir a los nativos apóstatas.

Así pues, al reconocer por vía sinodal la existencia de una institución operativa en las zonas rurales de la arquidiócesis de Lima, se la estaba incorporando a la estructura judicial del Derecho Canónico indiano. Podía, en adelante, recurrirse a ella cada vez que se considerara necesaria su utilización sin tener que solicitar autorizaciones de las autoridades civiles ni tener que conciliarla con las normas protectoras de los indios, pues ello se encontraba en el espíritu y principios que informaban su regulación. Es decir, al estar sancionada la institución en el mentado sínodo se sobreentendía que se encontraba armonizada con la legislación especial para Indias y que se podía aplicar cada vez que se estimara pertinente[89].

Lo anterior conllevó, a su vez, seguridad y certeza jurídica para todos los funcionarios involucrados y para todos sus destinatarios: los indígenas.

Asimismo, ello nos permite argumentar que las visitas de idolatría fueron una institución del Derecho Canónico indiano con características especiales y propias que la distinguieron de las demás. Esto es, fue una institución de Derecho puesto que la pervivencia de la idolatría fue considerada por la élite colonial como una situación grave que podía eventualmente poner en jaque la unidad de la cristiandad. Por ello, y como resultado de un profundo debate, se determinó que se les debía poner fin mediante la institucionalización de las visitas de idolatrías, las que tuvieron carácter de jurídico canónico, puesto que se regularon en el Sínodo de 1613. Seguidamente, sus principales destinatarios, los indígenas, se adaptaron a la nueva institución, pero resignificándola y otorgándole un sentido e interpretación originales.

Pero además, esta institución contó con particularidades que la diferenciaron de otras instituciones coloniales religiosas-jurídicas. Entre ellas, su carácter latente e intermitente, porque —como ya se ha señalado— se utilizó cada vez que se estimó necesario. En efecto, se recurrió a las visitas con bastante frecuencia, lo que se reflejó en la organización de séquitos extirpadores en diversas localidades y épocas y con gran espectacularidad bajo los arzobispados de Bartolomé Lobo Guerrero y Pedro de Villagómez. Sin embargo, bajo otros gobiernos eclesiásticos se aplicó de manera aislada.

Este planteamiento tiene cierta significación pues un sector de la historiografía sostiene que las visitas de idolatría no serían una institución, por observar una actividad interrumpida[90]. Nicholas Griffiths

89. Dicho de otro modo, el sínodo debió regularse conforme al estatuto jurídico protector indígena (como la realización de procedimientos breves y sumarios; aplicación de penas rebajadas en uno o dos grados, entre otros), a la normativa real, la indiana, Derecho Canónico hispano e indiano.

90. Al respecto, Griffiths, 1998, p. 58. La opinión de Kenneth Mills difiere de la nuestra pues siguiendo a Pierre Duviols, considera que las visitas de idolatrías son la inquisición clásica dirigida a los indios, Mills, 1997. Por su parte, Pierre Duviols postula que las visitas de idolatrías son una institución, pero las califica como la hija bastarda

postula en su obra *La Cruz y la Serpiente* que si bien las visitas de idolatrías constituyeron un movimiento con rasgos distintivos, no es menos cierto que por su naturaleza de empresa intermitente, esto es, no observada de manera continua en el tiempo, sino que a merced de los obispos o virreyes que creyeran necesaria la extirpación, no se convirtió en una institución. Es más, señala:

> Sin embargo, por mucho que la Extirpación modelara sus métodos y procedimientos conforme a los del Santo Oficio y por mucho que su ideología derivara del ejemplo del Tribunal Inquisitorial, la hija bastarda no consiguió reproducir el logro más importante de la Inquisición: fracasó en institucionalizarse a si misma.

A su vez, asevera que no es una institución, ya que al estar siempre bajo la jurisdicción de los obispos

> Fracasó en desarrollar un cuerpo de profesionales de carrera comprometidos que le hubiera otorgado una existencia independiente. Carecía de un consejo permanente comparable a la Suprema de la Inquisición. No tenía organismos locales que la representaran en las provincias. No tenía plantilla permanente de oficiales. Y sobre todo, no tenía ninguna base financiera. Los visitadores generales siguieron dependiendo de los recursos que el arzobispo les dejara disponibles... Si la Extirpación jamás se convirtió en una institución de la vida colonial, fue porque su existencia dependía demasiado de la voluntad de individuos poderosos...[91]

En buenas cuentas, Griffiths sostiene que las visitas de idolatrías se vieron marcadas por la actitud unilateral de los diversos arzobispos, quienes podían iniciar la extirpación, según los acontecimientos y circunstancias que se suscitaran en sus gobiernos, pero sin que esa actitud las institucionalizara.

Más aún, considera que el sistema de la «Extirpación» habría fallado por el lento pero sostenido proceso de profesionalización de las defensas de los indios. Esto es, conforme se formularon las visitas de

del Santo Oficio, pues sería una réplica de este tribunal, pero dirigido a los nativos. Sin embargo no profundiza el análisis, pues no es el objeto de su tesis (Duviols, 1971, pp. 387 y 388). En el mismo sentido Gareis, 1989.

91. Griffiths, 1998, p. 58.

idolatrías, era un miembro del séquito extirpador el llamado a asumir la defensa de los indígenas. Sin embargo, a mediados del siglo XVII los juicios contra los apóstatas empezaron a centralizarse en Lima debido a que los juristas de la Audiencia de la capital virreinal consideraron que, conforme al Estatuto Protector, eran ellos quienes debían tutelar y amparar a los indígenas acusados de idólatras. A juicio de Griffiths, este cambio y progreso en las defensas contribuyó a impedir que las visitas de idolatrías pudiesen institucionalizarse.

Asimismo, Griffiths estima que el hecho de que los indios acusados pudiesen tachar y conocer la identidad de los testigos, incluso con posterioridad al testimonio, provocó el derrumbe definitivo de las visitas y su imposibilidad de institucionalizarse al modo del Santo Oficio.

Por otra parte, Nicholas Griffiths postula que las visitas de idolatrías a lo largo del siglo XVII y comienzos del siguiente habrían sido ineficaces debido a las inconsecuencias ideológicas que tenía la «Extirpación», puesto que los delitos de hechicería, superstición y brujería habrían sido constantemente confundidos por los visitadores y fiscales, cuestión que habría conllevado la desvirtuación y contradicción en la calificación de las conductas posiblemente punibles, careciendo así de la certeza para determinar que acto era o no idólatra.

A su vez, el sistema habría fracasado pues los misioneros que acompañaban al séquito extirpador no habrían sido capaces de provocar en los indígenas un desencantamiento del mundo religioso nativo, lo que se habría manifestado en la pervivencia de dogmatizadores, quienes continuaron manteniendo vivas las idolatrías.

En otras palabras, para Nicholas Griffiths las visitas de idolatrías no se pueden estimar como una institución colonial autónoma, por los motivos ya vistos.

No compartimos esa posición, ya que no consideramos que una institución se defina y determine a sí misma por su desarrollo ininterrumpido en el tiempo. Por el contrario, creemos que una institución cobra vida cuando se encuentra fundada en principios y valores que la comunidad considera relevantes en su época. Es decir, cuando se forman instituciones, también se forja la mentalidad jurídica la que conlleva una civilización jurídica, valores duraderos garantes y testimonios de su tipicidad[92].

En otras palabras, lo que hizo el sínodo de 1613 fue recoger y organizar de manera sistemática y armonizada con la legislación de Indias una institución que ya tenía vida y que respondía a los valores imperantes de la élite colonial, a la que se echaría mano cada vez que las circunstancias lo ameritasen. Es decir, cuando los bienes jurídicos protegidos fundamentales de la sociedad se viesen afectados y se pusiese en peligro la dinámica social.

En efecto, y tal como enunciamos al comienzo de este trabajo, una institución no se define en función de la constancia de sus actividades o de una aplicación permanente o interrumpida de la misma. Tampoco se define en razón de contar con un consejo o una plana «permanente» en el tiempo de funcionarios nombrados para ejercer un cargo, o del hecho de tener un establecimiento u organismos locales que la representen. Una institución se determina porque es una estructura social que se da en la realidad o la vida cotidiana, y que se origina a partir de las diversas relaciones entre las situaciones sociales, religiosas y políticas, entre otras. Seguidamente, los elementos que conforman una institución jurídica, según Alfonso García Gallo, son a) la situación de hecho, en nuestro caso la pervivencia de la idolatría; b) la valoración, que como se desprende de nuestra investigación, la pervivencia de las idolatrías fue calificada como grave y alarmante; y c) su regulación, mediante el mentado sínodo de 1613, que en definitiva le dio el carácter de jurídico a las visitas de idolatrías.

De ahí que no sea forzoso que ininterrumpidamente se estén organizando tribunales itinerantes hacia las zonas rurales. Las visitas, que están reguladas jurídicamente, sólo se justifican cuando se constata la presencia de focos heterodoxos y eventos calificados como peligrosos por las autoridades para la conservación de la Fe y el orden religioso y social de la comunidad.

92. Grossi, 1996, p. 60. Fernando Armas (1966-1968, p. 23) difiere de la postura de Griffiths, Mills y Duviols, aseverando que las visitas de idolatrías son una institución nueva destinada a extirpar idolatrías en el Perú.

Tampoco es necesario contar con una planilla permanente de funcionarios, lo que no quiere decir que no los haya habido en las visitas de idolatrías. Lo que sucede es que quienes cumplieron el rol de visitadores eran nombrados cuando existía la necesidad de someter a proceso a los indígenas apóstatas. Si no se tenía conocimiento de estas situaciones anómalas, no se nombraban ni organizaban séquitos extirpadores.

Más aún, para poder penetrar y entender las visitas de idolatrías como institución propia del Derecho Canónico indiano, necesario es entender el desarrollo de las instituciones jurídicas de la Colonia con una perspectiva diversa a la actual, dominada por el racionalismo y reforzada por corrientes legalistas y dogmáticas, las que en buena medida nos explican por qué un sector de la historiografía no considera como una institución a las visitas[93]. En efecto, la mentalidad del jurista del siglo XVII era muy distinta al del observador actual. Más aún, su aproximación al Derecho, su idea de Justicia y valores a proteger se distancian de lo que hoy consideramos Derecho. Incluso los criterios de elaboración de las instituciones y de las normas, así como su aplicación, eran diametralmente diversos.

Así, se debe tener muy presente que lo que caracterizaba al Derecho Indiano era la concepción casuista[94], lo que implicaba que el legislador y creador de instituciones debía ser muy creativo y no mecánico en la solución de los problemas que se le planteaba. Lo anterior, respondía al cambio o mutabilidad de las cosas a un ritmo bastante acelerado que se producía en las Indias, donde soluciones uniformes para toda la sociedad no servían, pues había que atender a los espacios geográficos, tiempos y población para poder establecer un remedio o solución al problema presentado[95]. Por ende las instituciones y normas eran entendidas a

93. Al respecto Jorge Traslosheros considera que «...nuestro acendrado positivismo jurídico nos impide la comprensión de ordenamientos institucionales diversos al nuestro, en particular de aquellos en los cuales el Estado —o cualquier institución que pretendiera ejercer funciones análogas— no poseía el monopolio del derecho y la justicia...» (Trasloheros, 2006, p. 1109).

94. En efecto, lo que caracterizó al Derecho Indiano fue la concepción casuista y progresista, no existiendo una uniformidad. Por ello podemos encontrarnos al interior de la legislación de Indias con casuismo y contradicciones para resolver un mismo asunto, Para más detalles ver: Tau Anzoátegui, 1992; García Gallo, 1972b, 1972c; Levene, 1924.

95. Sin perjuicio de que ya a partir del siglo XVI el casuismo empieza a ceder lenta pero progresivamente por la aparición de ordenanzas de diverso tipo o bien con la labor

base del casuismo, que era subyacente a la sociedad, pues ello tenía un grado de estimación colectiva. Dicho de otro modo, «atenerse a la ocasión —en el sentido— de modo fugaz y sin estructura racional aparente de presentarse ante nosotros la realidad[96]».

Incluso más, no compartimos el argumento que sostiene que las visitas de idolatrías no serían una institución debido a la profesionalización de las defensas o a la posibilidad que tenían los indígenas de conocer la identidad de los testigos para poder tacharlos. Por el contrario, creemos que éstos son rasgos propios de la institución que precisamente la diferencia de la Inquisición y la determina como nueva y diversa. Si bien es cierto, el modelo para estructurar las visitas de idolatrías fue la Inquisición, no lo es menos que debió conciliarse con la realidad americana y el estatuto que protegía a los indígenas, cuestión que supuso la necesidad de dar a conocer la identidad de los testigos, para así evitar abusos contra esta población. A su vez, el que las defensas se profesionalizaran no lo interpretamos como un rasgo que sepultó la posibilidad de institucionalizar las visitas, sino que lo entendemos como parte de la influencia que ejerció el estatuto protector indígena a la hora de regular la institución, que implicó establecer un sistema más benigno y constituirse en precursores de la modernidad, en el sentido de tender a una debida defensa.

Dicho de otro modo, es posible argumentar que, al tiempo de institucionalizarse las visitas de idolatrías, una transición se abrió en los Andes coloniales, puesto que una tensión se manifestó entre el discurso hegemónico y la permeabilidad que tenía éste al introducirse elementos y categorías americanas y protomodernas, muy distintas a las constitutivas de las matrices preexistentes y del lenguaje que daban sentido y visión a la élite colonial hasta entonces conocida.

Ahora bien, la regulación sinodal establece parámetros generales para la extirpación de idolatrías mediante séquitos visitadores especialmente facultados. En rigor, el sínodo otorgó un marco general en el que se debían desarrollar las visitas, cuestión capital, toda vez que las instituciones, así como su regulación no son estáticas. Por el con-

de Juan de Ovando donde se fijan, a veces, la superación del casuismo inicial y aun la aparición del elemento sistemático (ver García Gallo, 1972c, p. 123-145; 1987, p. 133, Asimismo, la *Recopilación de Leyes de Indias de 1680*, es un serio intento hacia la uniformidad legal del mundo indiano).

96. Maravall, 1975, p. 388.

trario, van cambiando y adaptándose a los tiempos y valores imperantes de la sociedad. En efecto, la manera de llevar adelante las visitas de idolatrías se fue modificando con el correr de los años para responder así a las nuevas necesidades que se presentaban en las regiones rurales, pero sin que por ello se desvirtuara la institución.

Interesante es constatar, por tanto, la continuidad y estabilidad en el tiempo y en el espacio del marco jurídico instituido en el sínodo de 1613. Pese a que sufrió reformas, éstas no afectaron sus bases, sino que más bien trataron de adaptarlo y perfeccionarlo para hacerlo más efectivo y eficiente[97]. Más aún, nuestros argumentos cobran mayor fuerza si tomamos en consideración lo que señala el jesuita Joseph de Acosta al comentar que:

> ... las cosas de las Indias no duran mucho tiempo en un mismo ser, y cada día cambian de estado, de donde resulta que con frecuencia hay que reprobar en un punto el nocivo derecho que poco antes era admitido como conveniente ... Por lo cual es asunto arduo, y poco menos imposible establecer en esta materia normas fijas y durables; porque como es uno en el vestido que conviene a la niñez, y el otro el que requiere a la juventud, así no es maravilla que, variando tanto la república de los indios en instituciones, religión y variedad de gentes, los predicadores del evangelio apliquen muy diversos modos procedimiento de enseñar y convertir[98].

De ahí que el sínodo legitima el sistema nuevo estableciendo un marco general donde deben moverse los diversos actores. No proporciona un catálogo específico de cada materia, sino que más bien delega la aplicación de la legislación antiidolátrica a la práctica de los visitadores. Es decir, conforme a las nuevas realidades que se les presentan y a las necesidades que han de cubrir, éstos van creando, modificando o aplicando la legislación canónica inquisitorial de manera supletoria en lo relativo a procedimiento, tipos penales, castigos, etcétera.

Así, se desplazaron varios séquitos por la arquidiócesis de Lima en diversas direcciones y tiempos. Sobre la marcha, éstos fueron estableciendo el mejor modo de llevar adelante los procesos contra los após-

97. Al respecto Jorge Traslosheros (2006, p. 1106) considera que lo propio de un foro de justicia es precisamente su estabilidad en el tiempo y en el espacio, como la constancia en la forma de llevar a cabo sus procesos, pues de ello depende su eficacia.

98. Acosta, Joseph, «Proemio» a *De procuranda indorum salute*, 1984, tomo I, p. 54.

tatas, contando no sólo con los precedentes histórico jurídicos de la Iglesia, sino además con un marco general que estableció un campo de acción lo suficientemente flexible para que en su desarrollo se reorientaran los principios del procedimiento, sus funcionarios y facultades y los posibles recursos judiciales para impugnar un decreto o sentencia. Antecedentes que en definitiva fueron dando su fisonomía a las visitas de idolatrías, contribuyendo a consolidar el discurso hegemónico tendiente a la ortodoxia religiosa.

CONSIDERACIONES FINALES

Las visitas de idolatrías que se regularon mediante el Sínodo de 1613, se vieron ampliadas y perfeccionadas durante el gobierno del virrey Príncipe de Esquilache quien elaboró un programa tendiente a complementar lo organizado por el arzobispo Lobo Guerrero.

En efecto, durante su gestión el virrey hacía saber a las autoridades metropolitanas que los indios se encontraban tan idólatras como al tiempo de la conquista. Señalaba, además, que se realizarían todos los esfuerzos tendientes a lograr el remedio para estas almas. Así se prestaría:

> ...un gran servicio a Dios y al rey... y la segura defensa que se puede prevenir así para su conservación como para las invasiones que de enemigos tuviéramos[99].

Asimismo, proponía un plan de acción que venía a complementar las ya consolidadas visitas de idolatrías.

Prontamente, la Corona aprobó el plan mediante la real cédula del 3 de septiembre de 1616[100]. En ella, encargaba al Virrey disponer los medios necesarios para lograr la extirpación de las idolatrías y se refrendaba el sistema de las visitas de idolatrías. Recogía además, las iniciativas de cárcel para dogmatizadores y de colegios para hijos de caciques. Asimismo, sugería para el buen éxito de lo planeado, que se sometiera todo el proyecto a un consejo integrado por el arzobispo, miembros de la Audiencia, el virrey y otras personalidades del virreinato.

99. AGI, Lima, 37, doc, 15, Carta del virrey al Rey, 10 de mayo de 1616.
100. AGI, Lima, 571, Lib. XVII, fol. 227.

Fue así que el virrey organizó una junta orientada a estudiar y resolver el tema de las idolatrías entre los indios[101], la que acordó que las visitas extirpadoras debían continuarse —puesto que habían demostrado su efectividad—, nombrándose para tal efecto nuevos séquitos que se repartieron por la diócesis[102]. Al mismo tiempo, sus asistentes aprobaron el plan elaborado por el virrey.

El plan general de acción propuesto por Esquilache tenía por objeto complementar, corregir e intensificar el método que ya se encontraba en funcionamiento. De esta manera había ciertos aspectos que continuarían en la senda trazada por el arzobispo Lobo Guerrero y respaldada por el virrey Montesclaros. Entre ellos, el modo de realizar las visitas, los procedimientos y los requisitos de los visitadores, entre otros. A lo sumo, se subsanarían y enmendarían aspectos que la praxis había demostrado necesario cambiar.

No obstante, el sistema que se encontraba operativo desde hacia algunos años tenía defectos que le restaban efectividad, como la ausencia de una prisión especial destinada a los dogmatizadores y hechiceros. Esa carencia hacía difícil suprimir las actividades de estos y erradicar las supersticiones y ritos prehispánicos. Asimismo, un aspecto que aún no se encontraba del todo definido era el financiamiento de las visitas de idolatrías, factor no menos importante si recordamos que ellas eran integradas por un séquito compuesto por varias personas llamadas a trasladarse por las zonas rurales y que debían mantenerse y remunerarse. A su vez, las autoridades eclesiásticas y civiles estaban de acuerdo con la necesidad de fundar un colegio para hijos de caciques o principales, pues sostenían que adoctrinados los principales de los pueblos, los demás indígenas seguirían su ejemplo y dejarían atrás las idolatrías. Medida crucial que todavía no era una realidad.

Si bien muchas de las medidas propuestas por Esquilache para complementar el sistema de extirpación no eran nuevas, lo cierto es que bajo su gobierno se pusieron finalmente en marcha: se fundó la prisión de Santa Cruz y el colegio para hijos de caciques. Tal como señalaba el virrey en su memoria de gobierno, al decir:

101. Arriaga, [1621] 1999, p. 19.
102. *Ibid.*, pp. 19 y 20.

> Y así habiendo cumplido con lo que S. M me manda y servido de aprobar lo hecho, dejo fundados en Santiago del Cercado de esta ciudad un seminario para hijos de caciques de este arzobispado, a cargo de los padres de la Compañía de Jesús y asimismo una casa de reclusión para los dogmatizadores y ministros de sus idolatrías y errores, y a vuelta de estos se traen algunos hechiceros, siendo estos pecados en que estos miserables caen muy de ordinario[103].

En otras palabras, en tiempos del príncipe de Esquilache, se elaboró y organizó un plan general tendiente a restablecer la ortodoxia en el que no bastaban las visitas de los tribunales itinerantes para procesar y juzgar a los indios apóstatas. Era necesario además asentar la doctrina cristiana de manera duradera, cuestión que sólo se lograría —a ojos de sus autores— con medidas especiales que bregaran por ello. Más aún, como las visitas de idolatrías eran una institución, ésta no podía ser estática en el tiempo. Por el contrario, se fue modificando, perfeccionando y complementado conforme la observación y resultados que se obtuvieron de la praxis. En sí mismas las instituciones necesariamente son dinámicas pues tras ellas está el espíritu de una sociedad, espíritu que en definitiva les va dando forma, adaptándolas, implementándolas o corrigiéndolas en aquello que se considera forzoso adecuar, y, en este caso, dando lugar a un nuevo orden eclesiástico colonial.

En este clima tan favorable para la extirpación de las idolatrías, respaldado por el poder civil, el arzobispo Lobo Guerrero redacta el 30 de agosto de 1617 un auto dictado, más conocido como *Carta edicto* o *Edicto de gracia*, que se leería mensualmente a los indios en las Iglesias. Dirigido especialmente al pueblo y autoridades locales, es decir, corregidores y curacas, les imponía la obligación de denunciar en un plazo de dos días a aquellos indígenas que persistían en la idolatría. La obligación se establecía bajo apercibimiento de tenerlos como encubridores, arriesgando a ser penalizado con prisión en la cárcel de Santa Cruz. Asimismo, se determinaban los castigos para los dogmatizadores o maestros de la idolatría, consistentes en la cárcel perpetua, su destitución y trasquilado. A sus cómplices y encubridores se les amenazaba con la privación de sus oficios, trasquilado e imposibilidad de ejercer oficios públicos en sus pueblos (alcaldes, fiscales o alguaciles).

103. Virrey Príncipe de Esquilache, en Hanke, 1978, tomo II, p. 193.

Por el contrario, a aquellos que delataran a los idólatras se les premiaría con la exención de tributos por dos años[104].

El edicto del arzobispo fue un complemento del Sínodo de 1613. En él se fijaban de manera concluyente y enérgica las penas a que se arriesgaban los idólatras y sus encubridores. Asimismo, daba a conocer que era un deber de todos los fieles el denunciar las conductas heterodoxas pues amenazaban la paz y seguridad de toda la comunidad. Por otra parte, se ordenaba a todos los eclesiásticos cumplir tanto con la lectura del edicto como con la de denuncia de las idolatrías, y en caso de necesidad, iniciar el sumario o investigación del proceso debiendo remitir dicha investigación al visitador de idolatrías.

La publicación del edicto del arzobispo nos revela la atmósfera que se vivía en aquellos días en la diócesis de Lima. Lo anterior, porque es posible colegir que sus gestores estaban convencidos de la efectividad del sistema; de lo contrario, Lobo Guerrero no se habría molestado en perfeccionar lo concerniente a la extirpación. También es posible deducir que paulatinamente se fueron endureciendo las políticas hacia las prácticas y ritos prehispánicos emergiendo el espíritu contrarreformista de sus protagonistas. En efecto, el edicto en cuestión no dejó margen para errores en materia religiosa, pues mediante él se intentó corregir y castigar a todos aquellos indígenas que no tuvieran un comportamiento conforme con la doctrina católica. Incluso se estableció un mandamiento de la vigilancia, que colectivamente debían realizar todos los miembros de la comunidad, lo que se tradujo en la denuncia de prácticas idolátricas.

Por medio del *Edicto*, el arzobispo complementó y perfeccionó el sistema de las visitas de idolatrías. Ellas fueron absolutamente respaldadas por el virrey, quien a los pocos días y para el mejor cumplimiento de las disposiciones arzobispales, dictó la Provisión Real del 2 de septiembre de 1617. En ella se señala que las visitas de extirpación eran:

> ...el medio... eficaz, e importante para desarraigar las idolatrías, y sus supersticiones...[105]

104. Lobo Guerrero, «Edicto de gracia», pp. 73 y ss.

105. Borja, Francisco de, Príncipe de Esquilache, «Provisión real de 2 de septiembre de 1617», p. 71.

Esto significó un nuevo reconocimiento oficial por parte de las autoridades que representaban a la Corona de que el sistema implementado para poner fin a la apostasía y a las idolatrías era adecuado.

La provisión real mandaba obedecer y ejecutar el *Edicto General* de Lobo Guerrero. Estaba especialmente dirigido a los corregidores de naturales y a cualquier otra justicia con la finalidad de

> ...dar auxilio que se os pidiere constando de la culpa que se averiguare, contra los que hubieren delinquido en el dicho crimen de idolatría...[106]

Las justicias civiles de las zonas rurales debían en adelante cumplir con el deber de auxiliar a quienes estaban especialmente facultados para extirpar las idolatrías

La institución canónica indiana de las visitas de idolatrías quedaba definitivamente consolidada, contando para ello con todos los elementos necesarios para funcionar y lograr la ortodoxia en las zonas rurales de la diócesis de Lima.

En adelante, se recurriría a ella cada vez que se tuviese noticias de la existencia de un foco heterodoxo que hiciese forzosa su extirpación mediante el sometimiento a proceso de los presuntos culpables.

106. *Ibid.*, pp. 70 y ss.

BIBLIOGRAFÍA

ACOSTA RODRÍGUEZ, Antonio, «La extirpación de las idolatrías en el Perú. Origen y desarrollo de las campañas. A propósito de *Cultura andina y represión* de Pierre Duviols», *Revista Andina* 5, 1, Cuzco, 1987, pp. 171-195.

ACOSTA, Joseph, *De procuranda indorum salute*, Madrid, Consejo Superior de Investigaciones Científicas, 1984, 2 tomos.

ARMAS MEDINA, Fernando, «La pervivencia de la idolatría y las visitas para extirparla», *Boletín del Instituto Riva-Agüero* 7, Lima, Pontificia Universidad Católica del Perú, 1966-1968, pp. 7-28

ARRIAGA, Pablo de, *Extirpación de la idolatría en el Perú*, estudio preliminar y notas de Henrique Urbano, Cuzco, Centro de Estudios Regionales Andinos «Bartolomé de las Casas», 1999.

ÁVILA, Francisco de, *«Prefación» al libro de los sermones o homilías en la lengua castellana y la yndica general quechua*, Urteaga, H. H. y Romero, C. A. (eds.), en *Colección de Libros y Documentos Referentes a la Historia del Perú*, Lima, t. IX, 1918, pp. 57-98.

BARRAZA, Jacinto, *Historia de las fundaciones de la Compañía de Jesús en el Perú*, Copia dalictografíada, s/d., Biblioteca Nacional del Perú.

BARTRA, Enrique, *III Concilio Provincial Lima 1582-1583. IV Centenario 1982-1983*, Lima, Facultad Pontificia y Civil de Teología de Lima, 1982.

BORJA, Francisco de, Príncipe de Esquilache, «Provisión real de 2 de septiembre de 1617», *Revista Inca*, vol. 1, Nº 4, Lima, 1923.

BOURDIEU, Pierre, *El sentido práctico*, Buenos Aires, Siglo Veintiuno, 2007.

CASTAÑEDA DELGADO, Paulino, «Don Bartolomé Lobo Guerrero, tercer arzobispo de Lima», *Anuario de Estudios Americanos*, 33, 1976, pp. 57-103.

CÓRDOBA Y SALINAS, Fray Diego de, *Teatro de la Iglesia Metropolitana de los Reyes*, Lima, 1650.

DONOSO, Justo, *Instituciones del Derecho Canónico americano*, Paris, Librería de Rosa y Bouret, 1858, 3 tomos.

DUVIOLS, Pierre, *La lutte contra les religions autochtones dans le Perou colonial «L'extirpation de l' idolatrie» entre 1532 et 1660*, Paris, Ed. Ophrys, 1971.

EGAÑA, Antonio, *Historia de la Iglesia en América*, Madrid, Biblioteca de Autores Cristianos, 1965-1966.

GARCÍA GALLO, Alfonso, *Manual de historia del derecho español*, Madrid, s.e., 1964

— «Los principios rectores de la organización territorial de las Indias en el siglo XVI, en *Estudios de Historia del Derecho Indiano*, Madrid, Instituto Nacional de Estudios Jurídicos, 1972a, pp. 313-348.

— «Problemas metodológicos de la historia del Derecho Indiano», en *Estudios de Historia del Derecho Indiano*, Madrid, Instituto Nacional de Estudios Jurídicos, 1972b, pp. 13-64.

— «Génesis y desarrollo del derecho indiano», en *Estudios de Historia del Derecho Indiano*, Madrid, Instituto Nacional de Estudios Jurídicos, 1972c, pp. 123-145.

— *Los orígenes españoles de las instituciones americanas. Estudios de Derecho Indiano*, Madrid, Real Academia de Jurisprudencia y Legislación, 1987.

GAREIS, Iris, «*Extirpación de idolatrías e Inquisición en el Virreinato del Perú*», *Boletín del Instituto Riva-Agüero*, 16, Lima, Pontificia Universidad Católica del Perú, 1989, pp. 55-74.

GRIFFITHS, Nicolas, *La Cruz y la serpiente*, Lima, Pontificia Universidad Católica de Perú, 1998.

GROSSI, Paolo, *El orden jurídico medieval*, Madrid, Marcial Pons, 1996.

HAMPE, Teodoro, *Cultura Barroca y Extirpación de idolatrías. La biblioteca de Francisco de Ávila*, Cuzco, Centro de Estudios Regionales Andinos «Bartolomé de las Casas», 1996.

HANKE, Lewis, *Los virreyes españoles en América durante el gobierno de la casa de Austria, Perú*, Madrid, Biblioteca de Autores Españoles, 1978.

LEVENE, Ricardo, «Introducción a la historia del derecho Indiano», *Historia*, I, Buenos Aires, 1924.

LOBO GUERRERO, Bartolomé, «Edicto de gracia», *Revista Inca*, Vol. 1, Nº 4, Lima, 1923.

MANTILLA, Luis Carlos, *Don Bartolomé Lobo Guerrero, Inquisidor y tercer arzobispo de Santa Fe de Bogotá*, Bogotá, Academia Colombiana de la Historia, 1996.

MARAVALL, José Antonio, *La cultura barroca. Análisis de una estructura histórica*, Barcelona, Ariel, 1975.

MESA, Carlos, *La idolatría y su extirpación en el Nuevo Reino de Granada, Separata de Missionalia Hispánica*, 89, Madrid, 1973, pp. 5-32.

MILLS, Kenneth, *Idolatry an Its Enemies. Colonial andean religion and extirpation*, 1640-1750, Princeton, Princeton University Press, 1997.

PEASE, Franklin, «La religión andina en Francisco de Ávila», *Revista del Museo Nacional*, t. XXXV, Lima, 1967-1968.

TAU ANZOÁTEGUI, Víctor, «Instituciones Indianas y Derecho Indiano, Pauta para la enseñanza de la Historia del derecho Indiano», *Revista Chilena de Historia del Derecho*, 6, Santiago, Editorial Jurídica, 1970, pp. 49-62.

— *Casuismo y sistema: una indagación histórica sobre el espíritu del derecho indiano*, Buenos Aires, Instituto de Investigaciones de Historia del Derecho, 1992.

TAYLOR, Gerald, «Cultos y fiestas de la comunidad de San Damián (Huarochirí) según la carta annua de 1609», *Boletín del Instituto Francés de Estudios Andinos*, 3-4, tomo XVI, Lima, 1987, pp. 85-96.

TOMÁS Y VALIENTE, Francisco, *Manual de Historia del Derecho español*, Barcelona, Ariel, 2005.

TRASLOSHEROS, Jorge, «Orden judicial y herencia medieval en la Nueva España», *Historia Mexicana*, V, 55, 2006, pp. 1105-1138.

VARGAS UGARTE, Rubén, *Historia de la Iglesia en el Perú*, Burgos, Aldecoa, 1953-1962.

*El juicio contra Francisco de Ávila y el inicio de la extirpación de la idolatría en el Perú**

JUAN CARLOS GARCÍA

En la historiografía referente al Perú, la expresión «extirpación de la idolatría» suele tener dos acepciones. En primer lugar, «extirpación de la idolatría» designa al principio general de la evangelización según el cual era necesario erradicar los cultos paganos como paso previo a la difusión de la doctrina cristiana. Se trata de un principio básico, universal, que el país comparte con otras experiencias evangelizadoras. Aparece reflejado claramente en la normativa eclesiástica; los padres de los concilios y sínodos reflexionaron y escribieron sobre el particular[1]. El conjunto de normas y leyes que este principio generó estará en la base de una variedad de actuaciones judiciales contra idólatras y hechiceros. Al tratarse de un principio universal, los procesos de idolatrías también fueron bastante comunes en el ámbito del virreinato peruano y en los otros virreinatos americanos.

* Este artículo forma parte del proyecto de investigación y publicación integral de los documentos de idolatrías y hechicerías de los fondos del Arzobispado de Lima, auspiciado por la Universidad San Martín de Porres de Lima.

1. Sirva de ejemplo el texto del proemio del *Confessionario para los cvras de indios* elaborado por el III Concilio Limense: «Para assentar la doctrina del Euangelio en qualquiera nacion donde se predica de nueuo, del todo es necessario quitar los errores contrarios que los infieles tienen. Por que no ay gente tan barbara que no tenga algun genero de superstición, y sus opiniones cerca de las cosas de Dios y de las animas humanas y de la otra vida. Y en estas prouincias del Piru es cosa de admiracion ver la muchedumbre y variedad de supersticiones y cerimonias y ritos y agueros y sacrificios y fiestas que tenian todos estos Indios, y quan persuadidos y assentados les tenia el Demonio sus disparates y errores» (*Confessionario*, f. 2).

Pero en el Perú, y particularmente en la extensa zona abarcada por el antiguo arzobispado limeño, sede del poder civil y eclesiástico, «extirpación de la idolatría» significa además un período histórico durante el cual la lucha contra el paganismo o sus remanentes se convirtió en la principal política evangelizadora de algunos arzobispos. Este período coincide, con algunas intermitencias, con el gobierno de tres prelados, Bartolomé Lobo Guerrero (1609-1622), Gonzalo de Campo (1625-1626) y Pedro de Villagómez (1641-1671).

De los tres momentos de la extirpación en el siglo XVII el más importante es el primero, pues durante él se sentaron las bases jurídicas, políticas e ideológicas del movimiento. A fecha de hoy existen bastantes estudios sobre el problema, pero ciertos aspectos aún no han sido debidamente aclarados. Me referiré a dos de ellos: primeramente, las conflictivas circunstancias del primer descubrimiento o denuncia de la idolatría en el arzobispado de Lima y, segundo, las razones por las cuales la extirpación se convirtió en la principal preocupación del gobierno del arzobispo Lobo Guerrero.

ÁVILA, JUICIO Y CIRCUNSTANCIAS

En la documentación de inicios del siglo XVII existen numerosas referencias al descubrimiento de la idolatría en el arzobispado de Lima. Esas versiones difieren ligeramente unas de otras, pero todas señalan unánimemente al sacerdote cuzqueño Francisco de Ávila (1573-1647) como el personaje clave en dicho descubrimiento. No me voy a detener en la vida de Francisco de Ávila, su aporte a la cultura quechua y a la literatura e historia peruanas es innegable, y existen además tres estudios biográficos modernos. Bien es verdad que su vida y su obra merecerían una nueva y mejor biografía que tuviese en cuenta los documentos que conocemos recientemente y, sobre todo, que se acercase al hombre de una manera lo más libre de prejuicios[2].

2. Ávila fue bastante conocido en su tiempo y sobre él se trata en numerosas obras de la época virreinal. La primera biografía moderna es la de José Toribio Polo, de 1906. Dos de las traducciones castellanas del manuscrito quechua incluyeron sendos estudios biográficos del religioso cuzqueño: Duviols, en 1966, acompañó a su estudio con una noticia bibliográfica bastante útil. La biografía de Antonio Acosta, de 1987, se detiene mayormente en el juicio que pusieron los indios al doctrinero acentuando el aspecto represivo y económico: se

Entre las versiones sobre el inicio de la extirpación, la del propio Ávila ocupa un lugar destacado. El religioso escribió una narración apretada de los sucesos en la «Prefación» de su obra principal, el *Tratado de los Evangelios* (impresa en 1648)[3]. Se trata de un libro de sermones en quechua y castellano. Que el *Tratado de los Evangelios* esté escrito según los cánones del género literario-didáctico del sermón explica el tratamiento que el autor da a los sucesos históricos. En su exposición, lo que importa no es tanto la exactitud de fechas y lugares cuanto la veracidad esencial de los hechos, que son tratados como *ejemplos*. Esto ha conducido a cierta confusión en la lectura de la «Prefación» porque se ha tratado de reconstruir la historia únicamente sobre la base del texto, sin la debida confrontación con otras fuentes.

Me detendré brevemente en este punto.

Antonio Acosta ha dedicado algunas páginas a señalar que Ávila habría falsificado en la «Prefación» la fecha de los eventos, presuntamente con el fin de ocultar que su descubrimiento de la idolatría era posterior a un juicio que le pusieron los indios de su doctrina; en realidad ese «descubrimiento» de la idolatría no sería otra cosa que una venganza por el juicio. Recientemente, Duviols ha tratado de discutir con Acosta esta interpretación[4]. El intercambio de opiniones entre estos dos estudiosos, desde luego, sólo enriquecería las investigaciones. Empero, esta discusión planteada por el maestro francés es un poco absurda pues fue él mismo quien sugirió por primera vez que Ávila mentía[5]. Acosta no hizo otra

trata de una biografía que ha influido bastante en los estudios posteriores. Puig Tarrats (1990, p. 988), ha señalado la necesidad de superar la simplificación que supone un tratamiento meramente económico de un personaje como Ávila, presentándolo como una persona empeñada en erradicar con la mera violencia las costumbres paganas, desligando su actuación del contexto socio-religioso de la época. Añadiría yo, además, centrando exclusivamente el análisis en la actividad extirpadora de Ávila y olvidando las otras facetas de su labor religiosa e intelectual, esta última de un valor todavía no ponderado.

3. Ver los datos completos en la bibliografía. La obra de Ávila constituye actualmente una rareza bibliográfica. La «Prefación» del *Tratado* fue publicada de manera independiente en 1918 en la Colección de Libros y Documentos Referentes a la Historia del Perú. En la edición de 1648 los folios de la «Prefación» no están numerados, por comodidad para el lector citaré la edición de 1918.

4. Ver Acosta, 1979, pp. 5 y ss.; Acosta, 1987b, pp. 585 y ss.; Duviols, 2003, pp. 60 y ss.

5. «Aunque pretende que los indios de su parroquia iniciaron un proceso contra él como venganza por haber denunciado sus idolatrías, el examen de los datos parece probar que el orden de los acontecimientos fue inverso» (Duviols, 1977, p. 211; también antes en Duviols, 1966, p. 235).

cosa que seguir las indicaciones de Duviols, quien aún no se ha enterado que es el padre de todo este embrollo.

Cuando Duviols escribió su tesis, hacia 1971, nadie había estudiado aún los materiales del juicio de los indios, aunque, ciertamente, Toribio Polo pudo ver los papeles e informar de su existencia. Como Duviols no tenía otra fuente de que echar mano para explicar el origen de las campañas de Ávila recurrió al texto de la «Prefación». Pero trató este texto como trataría un historiador una declaración judicial o un texto histórico sin advertir el hecho de que se hallaba ante una pieza literaria. Duviols tomó cierto párrafo de la «Prefación» en el que Ávila presentaba un ejemplo de cómo los indios eran capaces de ocultar sus ritos fingiendo indignación y lo relacionó con otra frase en la que el doctrinero mencionaba que «hasta el año de 1608» siempre había predicado contra la idolatría, aunque *in abstracto*. Duviols supuso que 1608 era el término *a quo* y que la anécdota de los indios indignados era inmediatamente posterior, y por lo tanto anterior a la fiesta de la Asunción que se menciona en el texto. Restando o sumando meses dedujo que el sermón de Ávila en Huarochirí había tenido lugar en agosto de 1608. Por lo tanto, Ávila habría desplazado todos los hechos un año exacto, pues se sabía que el proceso de los indios tuvo su inicio en 1607.

Lo cierto es que la fecha de 1608, señalada por Ávila, efectivamente es un término *a quo*, indica el momento en el cual el sacerdote ya no tenía duda ninguna respecto de la idolatría, el doctrinero la señalará en infinidad de lugares; sin embargo, tal fecha está relacionada no con la anécdota de los indios indignados, sino con la denuncia de la idolatría ante el visitador Baltasar de Padilla (mayo de 1608), producto ya de varios meses de investigaciones etnográficas en la doctrina. Pero este hecho es imposible de deducir únicamente de la «Prefación». Ávila no tenía ninguna necesidad de fechar rigurosamente los hechos ya que le bastaba una exposición muy general y verosímil para que su historia fuese persuasiva, el juicio no tenía para él mucha importancia, excepto porque a partir de él dio inicio a las investigaciones y era necesario indicar el hito. Más aún, el religioso nunca ocultó que el juicio había sido primero y la investigación después. La confusión de las fechas no es una confusión de Ávila, sino de sus intérpretes modernos y de ellos es el problema del orden de los sucesos. El texto de la «Prefación» está construido como un sermón y como tal debe leerse; en él interesa el mensaje a transmitir, no los detalles precisos, por eso ese texto no resiste un análisis histórico riguroso.

Es posible mencionar varios ejemplos de este «descuido por los hechos» de Ávila, pondré aquí un par de ellos. Ávila sostiene en la «Prefación» que el principal capitulante y cacique del pueblo de Tuna era Cristóbal Llacsahuarinca, quien se arrepintió de sus acusaciones al ser curado de una enfermedad por el sacerdote[6]: esto es falso, Llacsahuarinca era uno de los promotores de los capítulos pero no era el cacique de Tuna, ni estuvo enfermo, ni se retractó ante el visitador. Ávila confunde a este personaje con don Martín Puiporocsi, señor de Tuna, efectivamente esencial en el desarrollo del juicio. Pero aunque el personaje esté equivocado, la esencia de los sucesos históricos no lo está, pues efectivamente don Martín Puiporocsi era uno de los principales capitulantes, y a raíz de una enfermedad se retractó de todos los cargos.

Otro ejemplo curioso es el que cuenta Ávila, con su acostumbrada mordacidad, de que los indios lo habían acusado de deberles «vn millon, y docientos mill pesos de buen oro». El predicador quería señalar con este ejemplo lo desorbitado de todo el proceso. El problema está en que en los papeles del juicio esa acusación con ese monto no existe... ¿mintió Ávila? Pues no. En el juicio figura un capítulo de los indios de Guamasica, quienes afirmaban que Ávila les debía «un millon i onze mil y trecientos pegerreies» que le habían llevado religiosamente todos los viernes, vigilias y cuaresmas al padrecito, sin que éste les pagase ni un real. Los pejerreyes se convirtieron así en pesos de oro merced a la prestidigitación de la retórica, pues ya que de pescado iba el tema, resultaba, en vez de desorbitado, estrafalario el mencionar tan pedestre materia, y no era la «Prefación» una obra burlesca[7].

Así pues, el texto de la «Prefación» por sí sólo no es suficiente para reconstruir los hechos o las fechas, justamente por su carácter literario. Hecha esta salvedad, hay que decir que el texto de la «Prefación» es de gran utilidad si se usa en conjunción con otros documentos. Por mi parte, he tenido la ocasión de relacionar los hechos tal como los narra Ávila con algunos otros documentos de la época, en especial con los papeles del juicio y la conclusión a la que llegué es que en sus puntos esenciales esta narración es correcta.

6. Ávila, «Prefación», p. 65.

7. Ávila, «Prefación», p. 67; AAL, «Causa de capítulos contra Francisco de Ávila», ff. 96 y 109.

Según Ávila, el descubrimiento de la idolatría de los indios de su doctrina tuvo lugar hacia mediados del año 1607[8]. Por esa época él era cura de la parroquia de San Damián, en la sierra de Lima. La parroquia o doctrina estaba constituida por cinco pueblos[9]. La zona había sido inicialmente adoctrinada por los jesuitas durante un corto período (hacia 1577), pero luego los pueblos pasaron a disposición del clero secular.

En el mes de agosto de ese año de 1607, en el vecino pueblo de Huarochirí se celebraba la fiesta católica de la Asunción. Era ésta una fiesta de obligado cumplimiento para los indios, según la legislación de los concilios y sínodos. Por lo tanto, en el lugar se había reunido una gran cantidad de feligreses de los pueblos de alrededor y las autoridades de la zona, incluidos los caciques principales y el corregidor. Ávila cuenta en su texto que, camino a Huarochirí, se le acercó un indio de su parroquia y le reveló que la gran mayoría de la gente allá reunida aunque fingía celebrar la fiesta católica, en realidad aprovechaba para realizar ceremonias en honor de sus dos divinidades paganas más importantes: Pariacaca y Chaupiñamoca. Este indio, llamado don Cristóbal Choquecasa, era hijo del anterior cacique de San Damián, el pueblo cabeza de la doctrina. Choquecasa pidió al sacerdote cautela, porque corría peligro de que los indios lo matasen si se enteraban de su soplo.

El caso es que al día siguiente, en el sermón que antecedía a la fiesta, Ávila aprovechó para insertar un párrafo donde advertía a los feligreses que estaba al tanto de todo. El sermón del cura disgustó pro-

8. Mi interpretación de las fechas y datos de la «Prefación», como señalé, difiere de la realizada por Duviols. La diferencia esencial es que yo relaciono el año de 1608, mencionado por Ávila en la «Prefación» y en otros documentos, con la fecha histórica de la primera denuncia de la idolatría ante el visitador Padilla (mayo de 1608), no con la anécdota de los indios indignados que está expuesta en la narración en un tiempo impreciso («Prefación», p. 62: «los quales se juntaron *vn dia*...»). Esto significa que la fiesta de la Asunción mencionada por Ávila es la de 1607, y la anécdota de los indios indignados, si acaso tuvo lugar, de fines de 1606. Un análisis más detallado de estos problemas será publicado en breve junto con los documentos de idolatrías de la zona de Yauyos y Huarochirí, y allí se incluirán los materiales completos del juicio contra Ávila (García, Juan Carlos, *Extirpación de idolatrías en Huarochirí y Yauyos, siglos XVII-XVIII*, Lima, Universidad San Martín de Porres, en preparación).

9. Cosme Bueno, en su *Descripción de las provincias*, menciona cuatro anexos para la doctrina de San Cosme y San Damián: San Francisco de Sunicancha, San Andrés de Tupicocha, Santiago de Tuna y Soquiacancha. En el juicio se menciona insistentemente los poblados de Santa Ana de Chaucarima y San Juan.

fundamente a los indios. Al finalizar la fiesta, la principal sacerdotisa de los ídolos, reunida con los caciques, exigió que se echase de la doctrina al sacerdote. Un mes después, ya de regreso en su parroquia, Ávila recibió una carta del provisor del Arzobispado: los indios de su doctrina habían bajado a Lima a meterle un juicio por abusos económicos, faltas en su labor de sacerdote y delitos contra la moral. «Dióme cuydado ésto, escribe Ávila, porque totalmente no entendí, ni imaginé que era facción y conspiración»[10], hasta que un indio del pueblo le dijo que las acusaciones tenían como motivo el sermón.

La singularidad de este proceso, frente a otros muchos de la época, es la cabezonería con que reaccionó Ávila a las acusaciones: como los indios lo capitulaban por atacar a los cultos paganos, pues decidió todavía con más ganas juntar toda la información que pudiese sobre las divinidades y creencias de la zona. Con un grupo de indios adictos a él formó un equipo de investigación que empezó a inquirir sobre las tradiciones locales. Con la guía que le brindaba esta información logró reunir una gran cantidad de objetos e ídolos que probaban que en la parroquia se seguían practicando ritos gentílicos.

Unos meses después, en mayo de 1608, a la doctrina llegó el visitador juez comisionado, el racionero Baltasar de Padilla[11], para investigar las quejas de los indios. Para ese entonces la defección de algunos de los capitulantes había ocasionado una cadena de retractaciones y poco quedaba de qué acusar al sacerdote, quien fue absuelto de los cargos. El visitador además recibió de Ávila las pruebas de la existencia de idolatrías en su doctrina. Históricamente, dado que el visitador era un representante del Cabildo eclesiástico, fue ésta la primera denuncia oficial de idolatrías del siglo XVII de que tengamos constancia. En los meses posteriores Ávila continuó con sus pesquisas en la doctrina, hasta que el número de los hallazgos fue de tal magnitud que se hacía imposible seguir la labor solo: acudió entonces a los padres de

10. Ávila, «Prefación», p. 65.

11. En otro de sus «despistes» Ávila menciona al visitador Baltasar de Padilla como «canónigo penitenciario», siendo así que hacia 1608 Padilla aún no había siquiera optado a esa canongía, cuyos edictos de vacancia no se pondrían sino tres años después de iniciado el juicio. El tema de la canongía de penitenciaria dio inicio a un largo contencioso que no se resolvería hasta 1617 y que enfrentó a Padilla y Ávila por ese puesto («Carta de Lobo Guerrero al Rey, 10 de marzo de 1610», AGI, Lima, 301; Bermúdez, *Anales*, p. 33).

la Compañía de Jesús. Ávila había sido alumno jesuita, por lo tanto contaba con que los padres acudirían a su llamado. Y así fue. Unos meses después llegó a Lima el nuevo arzobispo, Bartolomé Lobo Guerrero. Ávila fue a Lima con varias carretas llenas de pruebas y un hechicero dispuesto a confesar. En una junta especial de autoridades, que se formó para analizar estas pruebas, se llegó a la conclusión de que el doctrinero decía la verdad y se hacía necesario seguir investigando si acontecía lo mismo también en otros lugares: se dio a Ávila el título especial de visitador para las idolatrías. Hasta aquí en líneas esenciales la versión del propio Ávila.

Es necesario señalar que ya en la época de Ávila se expresaron dudas respecto de lo que el sacerdote decía haber hallado. La carta anua de 1610 informa que algunos curas de la zona de Huarochirí escribieron al virrey y arzobispo quejándose de que no existían tales idolatrías ni supersticiones[12]. Por su parte, el provisor del Arzobispado, don Pedro Muñiz Molina, sostenía que él y muchos creían que bien podía ser que alguna idolatría habría, pero desde luego no era tanta como se estaba diciendo. Además, antes de la llegada del nuevo arzobispo, Ávila se había dirigido al Cabildo eclesiástico —que en esa época estaba en Sede Vacante— solicitando permiso para investigar las idolatrías de los pueblos vecinos de su parroquia. En el Cabildo se discutió la petición pero se rechazó, pues algunos prebendados sospechaban que la denuncia de la idolatría tenía como finalidad acallar las quejas de los indios y vengarse[13].

12. «[...] se añadio otra no menor difficultad en su conversion de parte de sus curas [...] ellos mismos dieron parte a los señores Virrey, y Arçobispo de esto, diciendo que era levantar ruydo sin fundamento. Y que no avia tales supersticiones: y añadian muchas quexas sintiendose de la inquisicion, que el dotor Avila hacia, con que se entiviaron mucho los señores Virrey y Arçobispo» (Carta anua de 1610, AHSJ). No sería la única denuncia de este tipo en los años siguientes, logrando el visitador salir airoso en todas las ocasiones.

13. Así, en 1613, Muñiz sostenía que: «ha entendido este testigo de los suso dichos [*los visitadores Ávila y Ramírez*] y de padres de la Compañía de Jesus que les han ayudado que no hallan fee en los yndios generalmente de las prouinçias que han uissitado con grandes exssageraçiones / que todos en general son idolatras y les han hallado los hadoratorios e ydolos a quien beneraban e grande cantidad de yndios dogmatiçadores saçerdotes dedicados para el culto de los dichos ydolos, que esto es lo que ha entendido este testigo, pero que si es tan general la ydolatria en los dichos yndios o no que jamas se a podido rresoluer» («Información de los seruiçios y partes del doctor Francisco de Auila, 9 de nov. 1613», AGI, Lima, 326). Aunque en su declaración Muñiz se

Las dudas sobre el proceder de Ávila han encontrado eco hasta nuestros días y son la causa de una gran confusión respecto del personaje en los estudios contemporáneos[14]. Al estudioso de Ávila, Antonio Acosta, debemos la publicación de los memoriales de acusaciones o capítulos que los indios presentaron, además de la ya aludida biografía del religioso publicada en 1987, que en su mayor parte está dedicada al análisis del juicio de los indios contra el sacerdote. Como señalé arriba, Acosta consideró que Ávila había mentido al presentar su descubrimiento de la idolatría como anterior a la acusación de los indios. El cura pretendía con ello distraer la atención de los delitos que le imputaban. Según Acosta, estos delitos quedan probados. Es más, el juicio mismo fue una farsa, ya que los indios habían sido presionados para retractarse de sus cargos ante la vista gorda del juez visitador, que no hizo otra cosa que favorecer al sacerdote. En realidad, el juicio dejó al descubierto la confabulación de los eclesiásticos, quienes actuaban con espíritu corporativo defendiendo a los suyos en detrimento de los indios. La denuncia de la idolatría de Ávila no podía calificarse de descubrimiento pues no era secreto para nadie que los indios seguían practicando sus ritos, más aún, los propios sacerdotes católicos favorecían la idolatría a cambio de que los indios les permitiesen libremente practicar sus negocios y granjerías. La paradójica conclusión de todo esto es que la Iglesia católica fomentaba la idolatría con la única finalidad de encubrir sus manejos económicos[15].

expresa con exquisito cuidado, es posible ver detrás de sus ironías una postura crítica con la extirpación: fue quizás él quien estuvo detrás de la negativa del Cabildo eclesiástico a autorizar las visitas de idolatrías, y la mano que movió en 1609 la reanudación del juicio contra el doctrinero, cuya ambición parecía resultarle insoportable.

14. El asunto ha llegado a tal punto, que se puede decir que existe una verdadera leyenda negra sobre Ávila. En un estudio del año 2000, Gerald Taylor pinta con colores sombríos la actividad del sacerdote: «no debemos olvidar los efectos de la campaña contra la idolatría realizada por Ávila, el clima de delación que suscitó, las enfermedades 'milagrosas' y generalmente mortales que afligieron a los que resistían a su celo... agudizado tal vez por su deseo de venganza...» (Taylor, 2000, p. 73). Taylor no duda en insinuar que Ávila mataba o envenenaba a las personas para obtener delaciones o sacar provecho (*ibid.*, p. 72). Esta manera grotesca de tratar las fuentes es algo ciertamente necesario de desterrar de la práctica histórica y constituye un pésimo ejemplo de parte de uno de los grandes maestros de los estudios andinos.

15. Ver Acosta, 1979, 1982, 1987a, 1987b. En todos estos trabajos Acosta comete una serie de errores de bulto que sería largo tratar aquí, como afirmar que los indios no se retractaron en su totalidad sino «a medias», cuando es evidente lo contrario a la luz de

El caso es que Acosta no parece haber leído con cuidado los papeles del juicio de los indios contra el sacerdote. Es preciso señalar que de esos materiales se desprende claramente que desde el punto de vista procesal los distintos jueces, incluido el visitador y el fiscal actuaron correctamente y no hubo favoritismo alguno con el sacerdote, más bien lo contrario. Durante el juicio, Ávila fue rigurosamente examinado. De otro lado, los papeles demuestran que los indios habían falsificado varias de las acusaciones, suplantando a testigos y acusadores, falsificando firmas y memoriales, presionando y coaccionando para obtener declaraciones[16]. Ni siquiera puede decirse que haya sido el común de los feligreses el que se quejaba del cura; en realidad, las acusaciones habían sido negocio de los caciques de una de las parcialidades de la doctrina, los de la guaranga de los Chaucarima, quienes habían presionado a los demás principales a querellarse: a pesar de la enorme cantidad de acusaciones, con dificultad se hallaron testigos dispuestos a declarar. Cuando uno de los principales querellantes, el cacique de Santiago de Tuna, en su lecho de muerte, declaró haber puesto testimonio a Ávila todas las demás acusaciones se habían derrumbado ya como piezas de dominó[17]. Contrariamente a la tesis de que las retracta-

los papeles del juicio; que el juez Padilla fue nombrado a petición de Ávila quizás por ciertas simpatías; que fue parcial; que por tratarse de una visita eclesiástica no podía ser vista la causa en la doctrina; que el fiscal actuó negligentemente; que la jerarquía sabía de los desmanes de Ávila pero lo callaba, etc., etc. Muchas de estas aseveraciones nacen de la ignorancia de Acosta de las normas procesales. En el caso del juez Padilla, al haber una denuncia ante el juzgado eclesiástico, el provisor estaba obligado a nombrar un juez de comisión que fuese a recibir los testimonios en el lugar; lo que hizo Ávila fue solicitar que ese juez fuese Padilla, aprovechando que como visitador ya se encontraba en la zona: la razón para ello no es la supuesta amistad, sino el costo adicional que significaba para el doctrinero pagar la estancia y el viaje de otro juez de comisión.

16. Se había suplantado a Juan Carhualluncu, fiscal del pueblo de Santa Ana: los indios le presentaron al defensor de naturales, Francisco de Avendaño, un indio por otro; la firma de don Martín Llacsarocsi o Chequiarocsi, principal del ayllu Guamasica, había sido falsificada y siete ítems de acusaciones fueron presentados sin la aprobación de los principales de esa comunidad. Existen otras firmas con el aspecto de haber sido falsificadas. Algunos testigos declararon haber ido por la doctrina recabando informaciones, otros reconocieron haber sido coaccionados por los principales para presentar acusaciones (AAL, «Causa de capítulos contra Francisco de Ávila», *passim*).

17. Resulta difícil desdeñar la importancia de una confesión realizada en el lecho de muerte por un enfermo, en este caso la del cacique de Tuna. Se ven distintas las cosas ante la certeza de la muerte. Por otra parte, el confesor debía instar al enfermo o moribundo a declarar los agravios o calumnias que hubiese hecho a otras personas

ciones de los indios fueron amañadas y parciales, el proceso demuestra que se desdijeron de sus acusaciones la totalidad de las autoridades comunales y prácticamente todos los testigos. Más importante aún: no sólo se apartaron sino que confesaron haber calumniado al sacerdote. Ninguna de las supuestas actividades económicas ilegales del doctrinero pudo ser probada[18].

Esto no significa, desde luego, que esa actividad económica ilegal de Ávila no fuese posible. Pero significa que no podemos demostrarla partiendo sólo de los materiales del juicio. Parece además bastante improbable, dada la situación de la parroquia de Ávila, sometida a constantes inspecciones: durante el período de 1597 a 1608 la doctrina fue visitada en siete ocasiones, tres de ellas por el propio arzobispo Toribio de Mogrovejo. Ávila, por otra parte, era un hombre conocido, con una carrera prometedora, se movía en los círculos universitarios y contaba con simpatías entre las altas autoridades eclesiásticas y civiles: aunque ciudad de Corte, Lima era en muchos aspectos una aldea pequeña y chismosa, como para poder esconder mucho tiempo una actividad de este tipo[19]. Y por contra, todos los informes contemporáneos hablan

recordándole los tormentos del infierno, tal como se recomendaba en el *Confessionario para los cvras de indios* del III Concilio Limense. Durante la confesión el sacerdote podía incluir preguntas precisas como: «Has murmurado del Padre o del Cacique o de otros diziendo mal de sus cossas? [...] Has levantado o hecho que levanten algun testimonio a algun padre para hecharle de la doctrina? Y que daño rescibio por tu causa?» (*Confessionario*, ff. 14, 17).

18. El fiscal eclesiástico, Francisco de los Ríos, trató desde el 9 de septiembre de 1609 de reavivar el proceso contra Ávila a pesar de que los indios habían desistido, autoinculpándose de calumnia. No está totalmente clara la razón de este empeño. Quizás como sugería Acosta por presiones de enemigos de Ávila que buscaban detenerlo (1987b, p. 586) o bien porque estaba obligado por su cargo. Cabe señalar que Francisco de los Ríos era un fiscal experimentado y el provisor en ese momento era nada menos que Feliciano de Vega, el ilustre jurista criollo, condiscípulo de Ávila en la Universidad. El juicio se reanudó. Sin embargo, el tesón del fiscal no sirvió de mucho. No pudo encontrar ni un sólo testigo nuevo que formulase acusaciones, ni en la doctrina, ni en Lima, en donde pudo entrevistar personalmente a tres de los principales instigadores del pleito, quienes ante él negaron las acusaciones y confesaron la calumnia (declaraciones de Cristoval Llacxaguaringa, don Diego Sacxayauri y Hernando Apomaita Ynga en AAL, «Causa de capítulos contra Francisco de Ávila», ff. 136-137).

19. Fray Diego de Ocaña, quien estuvo en la ciudad en 1599, señala que no obstante la nobleza y riqueza de la gente, los conventos, los colegios, las iglesias y las letras de Lima «en sólo esto parece Corte esta ciudad, que en lo demás es como una aldea, en lo que es saberse cosas muy menudas que pasan en una calle, dentro de una hora se sabe por toda la ciudad» (Fray Diego de Ocaña, *Viaje por el Nuevo Mundo*, p. 150).

favorablemente del doctrinero en las relaciones oficiales que se enviaban al Consejo de Indias y en las cuales los dichos de los testigos quedaban fijados ante notario. Es de suponer que pocas personas se animarían a declarar a su favor en caso de que se dudase de su limpieza.

En realidad, lo único que demuestra el juicio de manera fehaciente es que una facción de la doctrina quería a cualquier precio echar a Ávila de San Damián, y que esa facción estaba capitaneada por los indios de uno de los pueblos en concreto, entre cuyos caciques se encontraban los principales capitulantes y testigos. Esto parece contradecir la versión de un Ávila corrupto que intenta ocultar sus crímenes con el recurso a la idolatría; pues lo que muestra el juicio es justamente lo contrario: a un sacerdote que es calumniado y perseguido por una parte de su feligresía. Bien considerado el asunto, no parece tan inverosímil acaso la versión que Ávila presentó en la «Prefación» de que los indios le habían metido el pleito molestos por sus prédicas. Entre otras cosas porque no fue Ávila el único quien sostenía esto en la época. Es sintomática la versión de los jesuitas, quienes estuvieron en San Damián poco tiempo después de los sucesos relatados. Según la versión de los padres, expresada en la carta anua de 1609, por lo tanto un documento oficial de la Compañía, las cosas habían transcurrido más o menos como las narraba Ávila: es decir, los indios empezaron a perseguir al sacerdote como represalia por sus actividades contra la idolatría[20].

Una cuestión importante relacionada con estos temas es la actuación del indio Cristóbal Choquecasa, el delator de los ritos durante la fiesta de la Asunción mencionada arriba. Choquecasa es, efectivamente, un personaje histórico: hijo del cacique de San Damián, a la fecha del proceso se desempeñaba como escribano, lo cual le daba probablemente acceso a las cajas de comunidad y lo ponía en una situación expectante respecto de los movimientos políticos y económicos de la zona[21]. De otro lado, Choquecasa era un converso, parece haber sido educado en la escuela rural a cargo de los sacerdotes de San Damián desde su

20. «Y como sabe muy su lengua, y les predica con zelo por discurso de xp.o / fue descubriendo entre ellos algunos rastros de idolatria, los quales luego procuraua extirpar haciendo dilig.te / enquisiccion, y aunq. por esto los indios le començaron a perseguir, y leuantar testimonios como suelen perseuero» (Carta anua de 1609 en Polia Meconi, 1999, p. 267).

21. El personaje y su actuación en los eventos han sido objeto de la atención de varios investigadores: Acosta, 1987b; Salomon, 1990; Estenssoro, 2003, pp. 316 y ss.;

niñez; pero esa niñez aparece marcada por la idolatría de su padre; él mismo confesó haber participado en los cultos gentílicos del pueblo, para luego arrepentirse. Es un personaje que aparece como principal protagonista de dos capítulos del manuscrito quechua de Huarochirí, en donde sostiene una lucha onírica con una divinidad local a la cual teme, pero logra conjurar con oraciones aprendidas del catecismo.

A mi ver, lo que el manuscrito de Huarochirí narra acerca de este personaje es en realidad la historia de una *crisis espiritual*. La solución de la crisis le permite al indio no sólo aclarar sus conceptos respecto de Dios y las divinidades locales, sino que además le sirve como punto de partida para su acción proselitista. Choquecasa actúa también como catalizador de un conflicto religioso, y quizás social, latente dentro de las comunidades.

El manuscrito quechua de Huarochirí relata dos episodios de esta crisis espiritual. En el primero, que transcurre en la vida real y vigilia, Choquecasa es perseguido por el huaca al principio en forma de un resplandor, y después como una sombra siniestra y un temblor de tierra. Las circunstancias en que esto sucede nos aclaran muchas cosas: el indio parece estar en amores con la hija del sacerdote del huaca y, voluntariamente, entra a profanar lo que había sido el adoratorio (entra *a orinar* a la caseta en que estaba el adoratorio, ya abandonado). La cancha o patio en que transcurren los hechos es el mismo lugar en que se halló por vez primera a Llocllayhuancupa, es decir, el sitio participa de su sacralidad[22]. El manuscrito sugiere que Choquecasa mismo, en algún momento de su mocedad, habría servido al ídolo. El indio quiere renegar, pues, de su antigua creencia profanándola, *ensuciándola*: la figura parece expresada de manera clara. Pero el poder de la divinidad pagana se manifiesta para castigarlo. Desesperado, Choquecasa recurre

León Llerena, 2007; Durston, 2007. La interpretación que presento aquí se aparta de las consideraciones que sobre el personaje y el significado de sus sueños han realizado Estenssoro y Salomon. Urbano (en prensa), ha tratado también el problema en su estudio sobre Arriaga, señala el estudioso una prometedora vertiente sicoanalítica del personaje que habrá que explorar en el futuro.

22. Según el manuscrito quechua el huaca Llocllayhuancupa fue hallado casualmente por una mujer en una cancha o descampado; luego de consultar con los adivinos se determinó que el huaca era hijo del dios Pachacamac y había llegado a San Damián para proteger a sus habitantes. Ávila sostiene que el huaca era una piel de oso (Taylor, 1987, pp. 293-295; Ávila, «Prefación», p. 67).

a su nueva fe cristiana, reza, recita todo el catecismo, *llorando y sudando* implora a gritos en latín a la Virgen y sólo entonces Llocllayhuancupa convertido en lechuza sale huyendo. Los hechos son dramáticos. Las palabras escogidas sintomáticas de una crisis de fe. El indio interpreta esto como una victoria. Sus creencias cristianas han conjurado el peligro y las oraciones a su vez demostrado el poder superior de Cristo. La victoria, sin embargo, no es completa: el episodio le ha ayudado a entender que el poder de Dios es superior al del huaca, pero no le aclara por qué ha sentido miedo. En el fondo Choquecasa sabe que su cristianismo no es perfecto, pues cree aún en el poder del ídolo, pero ignora en qué consiste exactamente o qué abarca este poder.

La experiencia onírica viene a solucionar este conflicto y estas interrogantes. El punto central del sueño del indio es su enfrentamiento directo con el huaca: su diálogo —o mejor decir monólogo— con la divinidad. Cuando se ve ante él, Choquecasa no lo conjura con oraciones o cruces, ni reza, ni dice plegarias: se dirige a la divinidad y la interpela sin más preámbulos con la duda que lo atormenta: «Dime tú ahora, 'Él [*Cristo*] no es Dios; soy yo quien hace todo', así podré entonces venerarte»[23] Pero el huaca calla. Su silencio es un reconocimiento de la inferioridad de su poder ante Cristo. Llocllayhuancupa no es un Dios creador equiparable a Cristo, es sencillamente *un demonio*, un ser maligno, compañero a su vez de otros demonios como él, creados todos por Dios y supeditados a él. Llocllayhuancupa no merece por lo tanto ser adorado: «¿Mira, no eres tú el demonio? ¿Serías tú capaz de vencer a mi señor Jesucristo en quien yo creo?»[24]. Choquecasa ha logrado así por fin poner en armonía sus creencias con sus miedos. Se puede temer al demonio o los demonios, pero esto ya es parte de un auténtico cristianismo. Llocllayhuancupa y los huacas, entonces, no son dioses, son sólo demonios malignos. La coexistencia de los dioses ha terminado. En esto consiste su victoria ante Llocllayhuancupa. Y también ante el resto de las divinidades locales; en lo sucesivo irá venciendo del mismo modo, «demonizando» y satanizando a los ídolos.

Estas victorias le permiten hacer proselitismo: el indio va contando sus experiencias; una parte de la comunidad lo sigue, otros dudan. A

23. Taylor, 1987, p. 323.
24. *Loc. cit.*

los que dudan los amenaza con denunciarlos, «con decírselo al padre»[25]. El manuscrito quechua atestigua la gran actividad que debe haber llevado a cabo, al punto que el texto coloca su lucha contra los huacas en el mismo grado de importancia que la actividad extirpadora de Ávila, ya que si Choquecasa «no hubiese vuelto a Dios con un corazón sincero diciéndoles que este [*Llocllayhuancupa*] era el demonio, es posible que hubieran seguido con sus costumbres»[26].

La actividad de Choquecasa debe haber creado una violenta fractura en la comunidad, que se traduce en el hecho de que al hacer sus denuncias el indio decía temer por su vida[27]. Es decir, que el enfrentamiento no era pacífico ni mucho menos y debe haber trastocado los intereses de grupos locales.

Así pues, Choquecasa encabezaba una facción de indios conversos que se dedicaba a hacer proselitismo cristiano en distintos pueblos de la parroquia, espiando a aquellos que realizaban ritos tradicionales, hostigándolos y amenazando con delatarlos[28]. Es de suponer que al celo católico se uniesen intereses económicos, políticos o étnicos. La delación de Choquecasa, en vísperas de la fiesta de la Asunción de Huarochirí, habría tenido entonces la finalidad de involucrar a Ávila en su lucha particular. Si esto es así, entonces significa que la idolatría de los indios del arzobispado de Lima fue denunciada y expuesta por los propios indios. Ávila fue sólo el vehículo. Y la extirpación de la idolatría fue solicitada y anhelada por un grupo de indios que buscaba prevalecer sobre otros. Esto, por lo demás, no es una rareza en el contexto de los juicios del siglo XVII; en lo sucesivo, en muchas ocasiones, el argumento idolátrico fue utilizado por unos caciques contra otros[29].

25. Taylor, 1987, p. 311.

26. Taylor, 1987, p. 303.

27. Ávila, «Prefación», p. 63. Es muy ilustrativo este pasaje del manuscrito quechua: «Algunos quizás estaban de acuerdo [*con lo que decía Choquecasa*], los demás que seguían venerando a ese demonio quedaron mudos» (Taylor, 1987, p. 313).

28. «Desde esa época hasta hoy [Don Cristóbal] continuó venciendo a los demás huacas, de la misma manera, en sus sueños... Y la gente lo seguía diciendo que estos eran demonios» (Taylor, 1987, p. 325).

29. Existen múltiples ejemplos en los papeles del Archivo Arzobispal de Lima, entre los documentos publicados ver el pleito de don Cristóbal Yacopoma, gobernador del pueblo de Cochas, corregimiento de Cajatambo, contra don Rodrigo Flores Caxamalqui (en García Cabrera, 1994, pp. 171-347).

LOBO GUERRERO, REFORMA Y EXTIRPACIÓN

Los hallazgos y denuncias de Ávila y la situación de su doctrina tienen su importancia en la génesis de la política extirpadora por cuanto evidencian la existencia de un problema, pero la solución a ese problema y la implementación de aquella política sólo podían corresponder a las altas autoridades eclesiásticas y civiles, en particular al prelado. La nueva política evangelizadora del Arzobispado fue gestada y dirigida por el nuevo arzobispo, quien justamente tomó posesión de su gobierno por esta época. Los hechos de San Damián se resuelven cuando Bartolomé Lobo Guerrero estaba ya de camino a su nueva sede arzobispal, los actores involucrados lo sabían y esto fue determinante para el futuro de la extirpación.

En una de las varias probanzas de méritos que Ávila presentó ante el Consejo de Indias por estos años existe un documento que prueba que en agosto de 1609 el doctrinero recibió su primera autorización para investigar los cultos idolátricos en la zona de su vicaría. La fecha es importante, porque el nuevo arzobispo *aún no había llegado a la capital*, es decir, la primera autorización para las investigaciones idolátricas la dio el arzobispo sin haber visto siquiera las pruebas que el doctrinero poseía. Esto demuestra que Lobo Guerrero ya venía bastante predispuesto a creer que la idolatría existía y que las demostraciones que el doctrinero le hizo en los meses siguientes solamente fueron una confirmación de algo que él ya se podía temer. Las pruebas presentadas por Ávila a las autoridades a fines de 1609 y el famoso Auto de Fe en la Plaza de Armas de Lima, en realidad, iban dirigidos a los otros sectores de la Iglesia y el estado virreinal, no al prelado[30].

30. Título de visitador para causas de idolatría del 19 de agosto de 1609, AGI, Lima, 326. Este título demuestra que la primera comisión oficial que Ávila recibió para visitar las idolatrías de su vicaría no fue de marzo de 1610, como se ha venido sosteniendo, sino anterior; la fecha de marzo se debe a otra de las acostumbradas «inexactitudes» del visitador (*Cf.* «Prefación», p. 76). Indudablemente la comisión de agosto de 1609 tenía como finalidad apuntalar las pruebas para que el prelado pudiese presentarlas al virrey y las autoridades en Lima. El, o mejor decir, los posteriores títulos de 1610, sólo dan carácter oficial y político a la comisión de 1609. El título de agosto de 1609 autorizaba a Ávila para visitar la idolatría en «Guarocheri, Chaclla y Mama» y fue otorgado por Mateo González de Paz, gobernador del arzobispado en nombre de Lobo Guerrero. Se deja constancia de que Ávila ya había presentado en Lima, ante González de Paz «grande suma de ydolos y escritos autenticos». ¿Esos escritos «auténticos» serían, acaso, papeles en quechua o castellano sobre los mitos, borradores del manuscrito quechua?

Tradicionalmente hemos analizado la actuación del arzobispo Lobo Guerrero a partir de su experiencia peruana. Pero la verdad es que no se puede entender su gobierno en Lima sin tener en consideración las medidas que adoptó en el arzobispado de Santa Fe, en Colombia[31]. La concepción que subyace tras su comportamiento es esencial: Lobo Guerrero es un arzobispo absolutamente fiel a las disposiciones tridentinas, o como decía Paulino Castañeda, un arzobispo dispuesto a reformar todo lo reformable[32]: bajo esta luz es necesario entender sus ataques a las órdenes religiosas por el control de las parroquias de indios, su absoluta fe en los jesuitas, el afán por el control de la fe y las normas de la vida cristiana, el control del clero, su confianza en la predicación y la enseñanza. La extirpación de la idolatría no es más que un aspecto importante de esta política, nacida de la constatación de que existía un problema de evangelización y que el núcleo de ese problema era la falta de doctrina en las parroquias de indios.

Del período del gobierno de Lobo Guerrero en Colombia es importante señalar algunos aspectos:

Primero, Lobo Guerrero realizó actividades contra la idolatría en Santa Fe: a los pocos meses de llegado a la ciudad, en 1599, partió en una visita pastoral una de cuyas finalidades era averiguar si existía la idolatría en los pueblos aledaños y constatar el estado de la evangelización. La visita pastoral se convirtió en visita de idolatrías: en pocos meses fueron hallados más de 13.000 ídolos. La cifra sólo es equiparable a los momentos más duros de la represión idolátrica en Lima.

Segundo, por medio de los jesuitas hizo llegar un informe al Consejo de Indias en donde señalaba que la falta de doctrina tenía como causa la baja calidad del clero, sobre todo de los frailes y el desconocimiento absoluto de las lenguas indígenas. Este informe tuvo como resultado una cédula real en 1604 que autorizaba al prelado a examinar

31. Duviols, en su último libro sobre Cajatambo, acuñó la acertada expresión «Nueva Granada, campo de pruebas de la Nueva Extirpación», basándose fundamentalmente en la obra de Egaña, *La historia de la iglesia en la América española* (Duviols, 2003, p. 70). Es evidente la necesidad de estudiar con mayor profundidad la actuación de Lobo Guerrero en Colombia, desde la óptica de la historia peruana. Pueden quizás servir de inicio las obras del padre Pacheco 1955, 1959, la correspondencia del arzobispo con el Rey publicada por Mantilla (1996) y el trabajo de Castañeda Delgado (1976). También son bastante interesantes Mercado (1957) y Zamora (1930).

32. Castañeda Delgado, 1976, p. 59.

en el conocimiento de la lengua a todos los doctrineros del arzobispado; aquellos que no la supiesen debían ser removidos de sus cargos. El arzobispo sometió a examen preferentemente a los frailes y quitó veinte parroquias de indios a dominicos y franciscanos[33].

Tercero, en el sínodo diocesano de 1606 de Bogotá se estipularon medidas concretas contra la idolatría: en particular, se conminaba a los caciques a que declarasen los ídolos de sus pueblos bajo la amenaza de perder el cacicazgo, y se señalaba la necesidad de crear una cárcel para hechiceros en Santa Fe[34].

Y finalmente, Lobo Guerrero manifestó desde el primer momento su absoluta cercanía y confianza en los jesuitas. En 1606, en compañía de Juan de Borja, presidente de la Audiencia, envió una carta al Rey proponiendo como solución a los problemas pastorales de Nueva Granada el envío de la mayor cantidad posible de jesuitas, un mínimo de treinta: los padres debían hacerse cargo de quince doctrinas de indios, organizarlas, aprender las lenguas y, cuando las parroquias estuviesen preparadas, devolverlas a sus propietarios, regulares o seculares. Hecho lo cual debían tomar otras y así sucesivamente hasta reorganizar completamente el arzobispado. Los sacerdotes que se hiciesen cargo de las doctrinas reorganizadas —o reformadas— debían ser preferentemente egresados del seminario de San Bartolomé, institución entregada a la dirección de la Compañía. Se proponía también la creación de un colegio para los hijos de caciques, que estaría a cargo de los jesuitas[35]. En pocas palabras, el proyecto del arzobispo Lobo Guerrero significaba entregar a la Compañía de Jesús la supervisión y reorganización del sistema evangelizador novogranadino en su integridad, como la medida

33. Es interesante la crónica de Alonso de Zamora, quien expresa el sentir de los dominicos novogranadinos ante las embestidas de Lobo Guerrero: para el dominico, el arzobispo, apoyado por el presidente Juan de Borja, sólo deseaba «algun resquicio para acomodar á sus clerigos», por ello nombró lenguaraces para examinadores, pero no quiso incluir entre estos a los que tenían en sus conventos los dominicos y franciscanos «con varios pretextos». El arzobispo quitó a los franciscanos y dominicos, según Zamora, dieciocho pueblos en las jurisdicciones de Santa Fe, Tunja y Pamplona (Zamora, *Historia de la provincia del Nuevo Reino*, p. 340).

34. Ver *Constituciones sinodales* del Sínodo de 1606, Santafé.

35. «Carta conjunta de Lobo Guerrero, el Presidente Juan de Borja y el visitador Villavicencio al Rey», Santafé, 7 de agosto de 1606. La carta está en AGI, Santa Fe, 226 y ha sido publicada en Mantilla, 1996, pp. 206-209. El contenido ya había sido comentado por el padre Pacheco, 1959, p. 308.

más eficaz para la lucha contra las idolatrías y los defectos de la evangelización. El proyecto no prosperó, sobre todo por la oposición del Consejo de Indias, que no aprobó que se pasase por encima de los derechos de los doctrineros. Sea como fuere, tanto en 1605 como en 1608, Lobo entregó a los jesuitas las dos importantes parroquias de indios de Fontibón y Cajicá.

He mencionado estos puntos porque la mayor parte de ellos serán desarrollados y ampliados en el Perú. En realidad la extirpación de la idolatría en el Perú sólo incluirá dos puntos novedosos respecto de las medidas adoptadas por Lobo en Nueva Granada: el primero es la figura jurídica del visitador de la idolatría. Su creación tiene que ver tanto con la envergadura del proyecto en el Perú, como con la imposibilidad del arzobispo de salir de Lima por sus achaques. El segundo es la misión jesuita que debía acompañar a los visitadores de la idolatría. A la luz de lo que el prelado propuso en Nueva Granada quedaba claro que no era posible entregar doctrinas a los jesuitas sin encontrar resistencia de ambos cleros y el propio Consejo de Indias: la generalización de la misión jesuita es entonces la variante peruana del proyecto de entregar a la Compañía la supervisión de la evangelización, bien es cierto que bajo la batuta del prelado.

Volviendo a la denuncia de la idolatría de Ávila arriba expuesta, lo irónico del asunto está en que al ser promovido al arzobispado de Lima Lobo Guerrero estaba convencido de que este tipo de problemas, tan común en Nueva Granada, en el Perú había sido ya resuelto. Así lo declaraba en 1606. En el Perú, creía el prelado, existía un amplio sistema de doctrinas, las normas del III Concilio Limense se cumplían y el catecismo traducido a las principales lenguas indias garantizaba una correcta enseñanza de la doctrina. Como resultado, las idolatrías se habían extinguido[36]. Otra sería la realidad que encontraría nada más pisar la costa peruana.

36. Respecto del III Concilio Limense Lobo anotaba que «con el dho concilio se han reformado aquel arçobispado y sus sufragáneos y se goviernan felicíssimamente, con gran fructo de españoles e yndios [...] los hechizeros en el Pirú no han sido tan perjudiciales como acá los xeques, mandó el concilio del año de ochenta y tres de Lima, que todos estos ministros del demonio se recogiessen en alguna cárcel pepetua [...] y ya no hay casi memoria de los tales, y se ha desterrado la ydolatría que acá tiene tan hondas raízes» (*Constituciones sinodales* del Sínodo de 1606, pp. 191-192).

En las páginas anteriores he querido esbozar las complejas circunstancias en las cuales surgió la primera denuncia de la idolatría del siglo XVII y las razones por las cuales el clamor de un humilde cura de indios se convirtió en un movimiento sociopolítico, religioso e ideológico de notable envergadura. Las respuestas a esto no siempre son sencillas, dado el estado de la documentación, lo ambiguo de algunas fuentes o su simple ausencia, y la carga sentimental que poseen ciertos problemas de la historia peruana. Creo que la figura de Ávila aún dará mucho de qué tratar a historiadores, lingüistas y literatos. Y que la importancia del arzobispo Lobo Guerrero en los procesos del siglo XVII inspirará muchos estudios en el futuro próximo.

MANUSCRITOS

Archivo General de Indias, Sevilla

Correspondencia diversa de Bartolomé Lobo Guerrero al Rey, 1600-1608, Santa Fe, 226.

«Carta del arzobispo Lobo Guerrero al Rey, 10 de marzo de 1610», Lima, 301.

«Información de las letras, partes y méritos del doctor Francisco de Ávila», fechada en 1617: contiene traslado de la probanza de 1607 ante la Real Audiencia y la «Información de los seruiçios y partes del doctor Françisco de Auila. 9 de nov. 1613», Lima, 326.

Archivo Arzobispal de Lima

«Causa de capítulos contra Francisco de Ávila», Sección Capítulos, Leg. 1, exp. 9, San Damián, 1607-1609.

Archivo Histórico de la Compañía de Jesús, Roma (AHSJ)

Carta anua de 1610.

BIBLIOGRAFÍA

ACOSTA RODRÍGUEZ, Antonio, «El pleito de los indios de San Damián (Huarochirí) contra Francisco de Ávila, 1607», *Historiografía y Bibliografía Americanistas*, XXIII, Sevilla, 1979, pp. 1-31.

— «Los doctrineros y la extirpación de la religión indígena en el arzobispado de Lima, 1600-1620», *Jahrbuch für Geschichte von Staat, Wirtschaft und Gesellschaft Lateinamerikas*, vol. 19, Köln, 1982, S. 69-109.

— «La extirpación de las idolatrías en el Perú. Origen y desarrollo de las campañas. A propósito de *Cultura andina y represión* de Pierre Duviols», *Revista Andina* 5(1), Cuzco, 1987a, pp. 171-195.

— «Francisco de Ávila. Cusco 1573 (?)-Lima 1647», en Taylor, Gerald, *Ritos y tradiciones de Huarochirí*, 1987b, pp. 551-616.

ARRIAGA, Pablo Joseph de, *Extirpación de la idolatría del Pirú, dirigido al Rey Nuestro Señor en su Real Consejo de Indias por —*, Lima, Geronymo de Contreras, 1621.

— *Extirpación de la idolatría en el Pirú*, ed. H. Urbano, Lima, Universidad de San Martín de Porres, [1621] (en prensa).

ÁVILA, Francisco de, *Tratado de los Evangelios, que Nuestra Madre la Iglesia propone en todo el año desde la primera dominica de Adviento, hasta la ultima Missa de Difuntos, Santos de España, y añadidos en el nuevo rezado. Explicase el Evangelio, y se pone un sermon en cada uno en las lenguas Castellana, y General de los Indios deste Reyno del Perù, y en ellos donde dà lugar la materia, se refutan los errores de la Gentilidad de dichos Indios. Dedicado al Santissimo Predicador de las Gentes, y Apostol Pablo, y al Illustrissimo Señor Doctor Don Pedro de Villagomez, Arçobispo desta Ciudad, y a todos los Señores Obispos del Dicho Reyno. Por el Doctor D. Francisco Davila, natural de la ciudad del Cuzco, Canonigo, y Massescuela de la Metropolitana de la Plata, y aora Canonigo desta de los Reyes*, [Lima]: [Florián Sarmiento Rendón], [1648]. El título del segundo volumen es: «Segundo tomo de los sermones de todo el año, en Lengua Indica, y Castellana, para la enseñanza de los Indios, y extirpacion de sus Idolatrias. Obra postuma del Doctor Don Francisco Davila Canonigo de la Santa Iglesia Metropolitana de los Reyes. Sacada a luz por el Licenciado Florian Sarmiento Rendon Capellan Mayor del Monasterio de Santa Clara, intimo amigo, y albacea testamentario del Autor. Dedicale al Señor Doctor Don Francisco Sarmiento de Mendoza, del Consejo de su Magestad, y su Oidor en la Real Audiencia de los Reyes, Auditor General de la Guerra, por el govierno del Reyno, y Consultor del Santo oficio en Lima, &c.»

— *«Prefación» al libro de los sermones o homilías en la lengua castellana y la yndica general quechua*, eds. H. H. Urteaga y C. A. Romero, en Colección de Libros y Documentos Referentes a la Historia del Perú, Lima, t. IX, 1918, pp. 57-98.

BERMÚDEZ, José Manuel, *Anales de la Catedral de Lima 1534 a 1824*, Lima, Imprenta del Estado, 1905.

BUENO, Cosme, *Descripción de las provincias de los Obispados y Arzobispados del Virreinato del Perú*, Lima, impreso en la Oficina de la Calle de la Coca, etc. se vende en la librería de la de Palacio, etc., 1764-1778.

CASTAÑEDA DELGADO, Paulino, «Don Bartolomé Lobo Guerrero, tercer arzobispo de Lima», *Anuario de Estudios Americanos*, 33, 1976, pp. 57-103.

Confessionario para los cvras de indios, con la instrvcion contra svs ritos y exhortacion para ayudar a bien morir y summa de sus priuilegios y forma de impedimentos del matrimonio. Compuesto y traduzido en las lenguas quichua y aymara por autoridad del Concilio Prouincial de Lima del año de 1583, Impresso con licencia de la Real Audiencia en la Ciudad de los Reyes por Antonio Ricardo, 1585.

Constituciones sinodales del Sínodo de 1606 [Santafé, Nueva Granada], celebrado por don Bartolomé Lobo Guerrero, en *Ecclesiastica Xaveriana*, V, (1955), pp. 153-201.

DURSTON, Alan, «Notes on the Authorship of the Huarochirí Manuscript», *Colonial Latin American Review*, Volume 16, Issue 2 December 2007, pp. 227-241.

DUVIOLS, Pierre, «Estudio biobibliográfico de Francisco de Ávila. Documentos», en Arguedas, J. M. (ed. y trad.), *Dioses y hombres de Huarochirí*, Lima, Museo Nacional de Historia, Instituto de Estudios Peruanos, 1966, pp. 218-266.

— *La destrucción de las religiones andinas (durante la Conquista y la Colonia)*, México, Universidad Nacional Autónoma de México, Serie Historia General Nº 9, 1977.

— *Procesos y visitas de idolatrías. Cajatambo, siglo XVII*, Lima, Pontificia Universidad Católica del Perú, Instituto Francés de Estudios Andinos, 2003.

ESTENSSORO FUCHS, Juan Carlos, *Del paganismo a la santidad. La incorporación de los indios del Perú al catolicismo 1532-1750*, Lima, Pontificia Universidad Católica de Perú-Instituto Riva-Agüero, Instituto Francés de Estudios Andinos, 2003.

GARCÍA CABRERA, Juan Carlos, *Ofensas a Dios, pleitos e injurias. Causas de idolatrías y hechicerías, Cajatambo, siglos XVII-XIX*, Cuzco, Centro de Estudios Regionales Andinos «Bartolomé de las Casas», 1994.

LEÓN LLERENA, Laura, «Historia, lenguaje y narración en el manuscrito de Huarochirí», en *Perspectivas Latinoamericanas*, Takahiro Kato (ed.), Nagoya, Nanzan University, The Center for Latin-American Studies, 4, 2007, pp. 54-64.

MANTILLA RUIZ, Luis Carlos, *Don Bartolomé Lobo Guerrero, inquisidor y tercer arzobispo de Santafé de Bogotá, 1599-1609*, Bogotá, Academia Colombiana de la Historia, 1996.

MERCADO, P. Pedro de, S. J., *Historia de la Provincia del Nuevo Reino y Quito, de la Compañía de Jesús*, Bogotá, Biblioteca de la Presidencia de Colombia, 1957, vol. I.

OCAÑA, Fray Diego de, *Viaje por el Nuevo Mundo: de Guadalupe a Potosí, 1599-1605*, ed. de B. López de Mariscal y A. Madroñal, Madrid, Iberoamericana, Universidad de Navarra *et al.*, 2010.

PACHECO, Juan Manuel, S. J., «Don Bartolomé Lobo Guerrero, arzobispo de Santafé de Bogotá», *Ecclesiastica Xaveriana*, V, 1955, pp. 123-152.

— *Los jesuitas en Colombia*, tomo I: (1567-1654), Bogotá, Editorial San Juan Eudes, 1959.

POLIA MECONI, Mario, *La cosmovisión religiosa andina en los documentos inéditos del Archivo Romano de la Compañía de Jesús (1581-1752)*, Lima, Pontificia Universidad Católica del Perú, 1999.

POLO, José Toribio, «Un quechuista», *Revista Histórica*, t. 1, Lima, 1906, pp. 24-38 y 269-270, reproducido en la Colección de Libros y Documentos Referentes a la Historia del Perú, t. XI, 1918, pp. XV-XXI.

PUIG TARRATS, Esteban, «El sermonario peruano titulado: 'Tratado de los Evangelios...' de Francisco de Ávila (1573?-1647)», en *Evangelización y teología en América (siglo XVI). X Simposio Internacional de Teología*, Pamplona, 1990, vol. II, pp. 985-1012.

SALOMON, Frank, *Nightmare victory: the meanings of conversion among Peruvian Indians (Huarochirí, 1608?)*, College Park, MD: Dpt. of Spanish and Portuguese, University of Maryland at College Park. Lecture series working papers; no. 7, 1990.

TAYLOR, Gerald, *Ritos y tradiciones de Huarochirí del siglo XVII. Versión paleográfica, interpretación fonológica y traducción al castellano. Estudio biográfico sobre Francisco de Ávila de Antonio Acosta*, Lima, Instituto de Estudios Peruanos, Instituto Francés de Estudios Andinos, 1987.

— *Camac, camay y camasca y otros ensayos sobre Huarochirí y Yauyos*, Cuzco, Centro de Estudios Regionales Andinos «Bartolomé de las Casas», 2000.

URBANO, Henrique, *ver* Arriaga.

ZAMORA, Alonso de, *Historia de la Provincia de San Antonino del Nuevo Reino de Granada de la Orden de Predicadores*, Caracas, Editorial Sur América, 1930.

Visitas eclesiásticas y extirpación de la idolatría en la diócesis de Lima en la segunda mitad del siglo XVII*

PEDRO M. GUIBOVICH PÉREZ

Montado en una mula, el 27 de agosto de 1659, el bachiller Juan Sarmiento de Vivero, nombrado visitador general, juez eclesiástico y de la idolatría, por Pedro de Villagómez, arzobispo de Lima, llegó al pueblo de Santiago de Carampoma. En la puerta de su iglesia, como lo establecían las instrucciones dictadas por el III Concilio de Lima, fue recibido por el licenciado Francisco Doria y Aguilar, cura del pueblo, y otras autoridades indígenas. Ingresó a la iglesia entonando los versos del recibimiento de visitador y avanzó hasta la capilla mayor, en la cual se hallaba extendida una alfombra y puesto un cojín, en tanto que el cura subió al altar mayor, desde donde cantó la oración *Deus humilium visitator*. Acabada esta, el visitador entró a la sacristía para despojarse de los ornamentos, y luego dirigirse a la casa que le había sido preparada para su alojamiento. Ese mismo día, por la tarde, se anunció en la plaza principal de Carampoma que el edicto general de la visita habría de publicarse el domingo 31, acto al cual toda la población debía asistir, y se señaló un plazo de cuatro días para que los mayordomos de las iglesias, cofradías, hermandades y hospitales, así como los albaceas exhibiesen sus libros de cuentas al visitador[1].

* Agradezco a Laura Gutiérrez Arbulú, jefa del Archivo Arzobispal de Lima por las facilidades brindadas para la realización de esta investigación, y a Roberto Niada Astudillo por la revisión y lectura de este texto.

1. Causa seguida por el visitador Juan Sarmiento de Vivero contra el cura Francisco Doria y Aguilar sobre la administración de su oficio, Santiago de Carampoma, 1659, Archivo Arzobispal de Lima [en adelante: AAL], Visitas, Leg. 9, exp. XXVI.

Llegado el día, Sarmiento de Vivero se vistió de blanco para celebrar la misa del Espíritu Santo. Acabado el evangelio, el notario desde el púlpito leyó el edicto general de la visita. Luego el cura predicó un sermón en «la lengua general del ynga», en el que explicó el evangelio y la finalidad de la visita, «de lo qual dixeron los intérpretes que era mui buen lenguarás». Terminada la misa, el visitador inspeccionó el sagrario, la pila bautismal, el arca que guardaba los santos óleos y los altares laterales, encontrando todo en orden. Acto seguido ingresó a la sacristía para quitarse las vestiduras y volver a la iglesia. Allí, desde el presbiterio, dirigió a la gente una plática en la que expresó «cómo venía más a usar de la misericordia que del rigor del castigo, y que los que tuviesen pecados de hechiceros, ydolatrías y otros pecados en que tuvieren grabadas sus conciencias, viniesen sin temor y bergüenza a pedir misericordia, manifestando sus hechizos, ydolos y guacas, para el bien de sus almas, que a todos los reseberían benignamente, y usaría con ellos de misericordia, con apercibimiento que pasado el término que se les avía dado se procedería contra los rebeles como pertinaces y obstinados»[2].

No es difícil imaginar cuánto debían impresionar a los humildes feligreses que habitaban los Andes los ritos que daban inicio a la visita eclesiástica. La llegada de un juez eclesiástico siempre creaba expectativas, como también temores, y la doctrina de Carampoma tenía experiencia en ello. No era la primera vez en ser visitada y tampoco sería la última. La inspección de Sarmiento de Vivero en 1659 constituyó —como se puede colegir de los títulos que ostentaba y de las acciones que llevó a cabo— una visita general ordinaria, en la cual debía supervisar la conducta del clero doctrinero y de los feligreses, así como el estado de las rentas de la doctrina. En el marco de la visita general ordinaria, la extirpación de la idolatría fue tan solo una tarea más a realizar. Esto, que parece tan obvio, no ha sido entendido por quienes han estudiado las campañas de destrucción de los cultos nativos que se realizaron en el siglo XVII en el arzobispado de Lima.

La malainterpetación puede ser atribuida al hecho de que se han leído los numerosos expedientes producidos por los visitadores fuera de su contexto documental e histórico. Tal es el caso, por ejemplo, de

2. *Ibid.*

las causas contra los indios idólatras, la mayoría de las cuales se conserva en el Archivo Arzobispal de Lima. Forman un conjunto documental muy valioso para la reconstrucción de los cultos religiosos nativos, su transformación durante el régimen colonial, pero también para entender la administración de la justicia eclesiástica. Sin embargo, constituyen una serie fáctica, es decir un corpus documental inventado, creado a partir del desmembramiento de otras series documentales. Prueba de ello es que su actual ordenamiento responde a criterios modernos: los expedientes están agrupados de acuerdo a la demarcación política provincial de los departamentos de la costa norte y central del Perú. Así hallamos idolatrías de Canta, Cañete, Lima, Ica, etc. Este sin duda no era el ordenamiento en los siglos coloniales. Entonces, numerosos papeles de idolatrías, con toda seguridad, estaban junto con otros producidos por las visitas generales ordinarias, tales como causas de amancebamiento, pesquisas secretas contra el cura, estadísticas, capítulos, etc., formando todos ellos un conjunto de textos por cada inspección. La actual organización o, mejor dicho, desorganización ha tenido, entre otras consecuencias, la mala interpretación de los hechos, su descontextualización. Se ha visto, en muchos casos, a la parte (la extirpación) como el todo (la visita eclesiástica). Muestra de lo que venimos diciendo es el clásico estudio de Pierre Duviols, por citar tan solo un ejemplo, quizás el más relevante.

La lutte contre les religions autochtones dans le Pérou colonial. «L'extirpation de l'idolâtrie» entre 1532 et 1660, del mencionado autor, fue publicado en 1971[3]. En mi opinión ha sido —y sigue siendo— el libro más influyente en los estudios del período colonial. Su aparición marcó un antes y un después no solo en la manera de entender la historia de la extirpación de la idolatría, sino también la historia eclesiástica colonial. Hasta 1971 solo existían breves estudios monográficos sobre la extirpación y gran cantidad de fuentes primarias, manuscritas e impresas, relacionadas con dicho proceso publicadas en libros y revistas académicas[4]. La obra de Duviols ofreció por primera vez, en sus casi trescientas páginas, un estudio acabado sobre los fundamentos jurídi-

3. La traducción castellana lleva por título *La destrucción de las religiones andinas (durante la conquista y la colonia)*, trad. de Albor Maruenda, México, Universidad Nacional Autónoma de México, 1977.

4. Al respecto, véase la bibliografía del libro de Mills, 1997.

cos, teológicos y políticos de la extirpación; su historia entre 1532 y 1660; sus métodos y técnicas; y sus móviles económicos. Como todo buen libro estaba llamado a estimular el trabajo de numerosos investigadores, pero, en mi opinión, la lectura de las acciones de los extirpadores, como hechos autónomos de la visita general se deriva, de un lado, de la atención dada preferentemente a un solo tipo documental y, de otro, al insuficiente conocimiento de la historia eclesiástica colonial.

Desde inicios de la década de 1970, la extirpación de la idolatría, gracias al trabajo de Duviols, adquirió plena carta de ciudadanía en los estudios coloniales. En el contexto de aquellos años, cuando la lógica del dominio colonial era vista de una manera muy simple, básicamente en términos de explotación, la extirpación pasó a ser interpretada como una forma de resistencia del colonizado al colonizador. Seducidos por esta imagen, numerosos investigadores se volvieron auténticos extirpadores, ya que empezaron a exhumar procesos de idolatrías en los archivos y a rastrear idólatras aquí y allá. Esto llevó a la desafortunada publicación, no pocas veces segmentada, de los expedientes en diversas antologías. En esta suerte de delirio idolátrico del siglo XX, no faltaron quienes ensayaron la explicación de diversos procesos sociales y económicos sucedidos en el virreinato a partir de las campañas de idolatrías ocurridas en el arzobispado de Lima. En este contexto, Alberto Flores Galindo fue una excepción. En un sugerente y lúcido ensayo sobre la dinámica social de dichas campañas de extirpación, llamó la atención sobre una dimensión de las mismas que no debía olvidarse: su carácter local[5]. Ni la necesidad de contextualizar la documentación, ni la opinión de Flores Galindo han sido tomados en cuenta por los investigadores, ya que persisten las antologías documentales y los errores de interpretación en tiempos recientes. Como es comprensible, del *boom* de los estudios sobre la idolatría no ha quedado bien librada la Iglesia. Persiste la imagen de una institución represora por excelencia durante el siglo XVII, muy diferente de la del siglo XVI, cuando habría primado el espíritu evangélico.

En este texto, sin ánimo de desmerecer el trabajo de Duviols y de otros investigadores, sobre cuyos pasos es inevitable dejar de caminar, me ocupo de la actuación del visitador Juan Sarmiento de Vivero, acti-

5. Flores Galindo, 1987, pp. 85-106.

vo en la segunda mitad del siglo XVII en el arzobispado de Lima. Mi intención es servirme de su caso para llamar la atención acerca de la necesidad de volver a leer con atención las fuentes manuscritas y de entenderlas dentro del contexto histórico e institucional que les dio origen. La reconstrucción de la trayectoria del visitador es un buen ejercicio para volver a armar el rompecabezas documental que mencioné antes y restituir la importancia que tuvo la visita general ordinaria, en especial durante la segunda mitad del siglo XVII. Como en toda buena historia, hay que empezar en orden. Por ello, me ocuparé en primer lugar de las circunstancias y el contexto de su actuación, esto es, la visita como institución eclesiástica y la administración del arzobispo Pedro de Villagómez. Esta última es central en mi argumento, ya que fue durante ella que Sarmiento de Vivero adquirió notoriedad al interior del cuerpo eclesiástico.

VISITA GENERAL Y VISITA DE IDOLATRÍAS

La visita fue una de las piedras angulares de la organización de la Iglesia postridentina. Basta leer las disposiciones del Concilio de Trento como las de las asambleas eclesiásticas celebradas en la América colonial, para comprender la importancia asignada a la visita. El mencionado Concilio recomendó su realización con la finalidad de reunir información sobre la conducta del clero, la moral y las costumbres de los laicos y la propiedad eclesiástica[6]. El II Concilio Limense, celebrado en 1567, recogió las disposiciones de Trento y, por ello, instruyó a los obispos a inspeccionar en persona o por medio de sus representantes las diócesis bajo su responsabilidad, empezando por los cabildos de las catedrales. Especial atención se debía tener en indagar acerca de diversos aspectos de la vida del cura, tales como, la predicación y enseñanza de la doctrina, la administración de los sacramentos, la conservación de los ornamentos litúrgicos, el cumplimiento de las órdenes episcopales y la no ocupación del tiempo libre en juegos y «cosas indecentes». También era tarea del visitador conocer si la inmunidad eclesiástica era respetada, y si los bienes de la iglesia estaban usurpados por

6. Po-Chia Hsia, 1998, p. 108.

alguna persona. La acción del visitador como juez se extendía sobre la feligresía: adúlteros, «heréticos», simoníacos, usureros, «sortílegos», adivinos y supersticiosos, y otros cuyas prácticas tenían «resabio de heregía». Los clérigos cultores de la magia debían ser suspendidos[7]. En lo que toca a los indios, el II Concilio encargaba al visitador inquirir acerca de quienes «siembra[n] errores, y los que tal hizieren sean apartados de los demás; y si todavía pasaren adelante, sean rigurosamente castigados por los diocesanos»[8].

Posteriormente, el III Concilio Provincial Limense, realizado entre 1582 y 1583, precisó que el objetivo de la visita era «conservar el buen orden y disciplina eclesiástica» y delineó las tareas y responsabilidades del visitador. Este había de actuar con «modestia y templanza», es decir, evitar los gastos superfluos y recibir cualquier tipo de dádivas. Por tal razón, se reglamentó su salario y la duración de la visita. Preocupación esencial de los padres conciliares fue la supervisión de la labor de los curas, de allí que la mayoría de las normas está relacionada con el modo de proceder en las causas de capítulos. Así, se estipuló que el cura no debía estar presente durante la pesquisa, a fin de permitir que los indios tuviesen mayor libertad para expresar sus quejas y agravios; que se tuviera cuidado en recibir las testificaciones de los indios; y que la prosecución de la causa era competencia del visitador y la sentencia, del obispo[9].

Complementarios de los acuerdos sinodales son la *Instrucción para visitadores* y el *Edicto general*, ambos elaborados en el seno del III Concilio, que especifican con bastante detalle los objetivos y alcances de las inspecciones. El primero de los documentos es bastante extenso: consta de 29 apartados. Detalla el ritual de inicio de la visita y desarrolla básicamente lo acordado por el III Concilio. Una vez más, precisa que la meta primordial de la visita es la supervisión del clero a cargo de las parroquias de españoles e indios. Las disposiciones acerca de estas últimas son pocas y tan solo una de ellas, la número 27, se refiere a las acciones que debían tomarse para la represión de las prácticas religiosas indígenas, siempre y cuando mediara la autorización expresa del obispo. Así, se dice textualmente que

7. Bartra, 1982, pp. 153-154.
8. *Ibid.*, p. 153.
9. *Ibid.*, pp. 135-178.

> en quitar mancebas y borracheras y guacas a los yndios aya gran vigilancia y castigo si el perlado diere en esta parte comisión que toca a los indios para que justicie y castigue no con penas pecuniarias a los delincuentes, por quanto a las penas pecuniarias; si fuere menester castigar con ellas, remítalo al perlado como está dicho; pero en lo demás execute las penas que contra estos tres géneros de pecados están puestas en el concilio provincial de 67; y en todo guarde el orden que allí se pone para desterrar estos vicios tan perniciosos de los yndios[10].

Junto con la Instrucción, está el Edicto de «vicios o pecados públicos», que convoca a la feligresía a delatar a los transgresores —clérigos y laicos— de las normas dictadas por la Iglesia en un plazo determinado, al término del cual los que no cumplían con hacerlo eran excomulgados. De modo similar que la Instrucción, el Edicto está concebido como un medio destinado a sancionar la mala conducta del clero: 18 de sus 40 disposiciones tratan acerca de faltas contra la moral y el ejercicio sacerdotales. Otras acciones punibles eran la hechicería, la magia, la blasfemia, la bigamia, el concubinato, la violación de las prescripciones de la Iglesia, la usura, el perjuro, las falsas revelaciones y las devociones poco ortodoxas. Contrariamente a lo que podía esperarse, las sanciones contra las prácticas religiosas de los indios están ausentes[11].

Avanzado el siglo XVII, se confirmaron las disposiciones existentes y se dictaron otras. La administración del nuevo arzobispo Bartolomé Lobo Guerrero infundió nuevos y mayores bríos a la acción controladora de la jerarquía eclesiástica. Las *Constituciones sinodales* dictadas por Lobo Guerrero, publicadas en 1613, dedicaron numerosas páginas al oficio de visitador y a la manera de conducir la visita; y por primera vez, se incluyó una normativa muy precisa sobre la visita de idolatrías. Con respecto a lo primero, se recogieron y ampliaron considerablemente las disposiciones del III Concilio Provincial Limense. Así, se subraya como tareas del visitador la inspección de los monasterios, hospitales, ermitas, cofradías y escuelas de muchachos. No obstante, al mismo tiempo, se detallan las restricciones de su oficio: prohibición de hacer contratos con los visitados, administración de los sacramentos en

10. Lissón Chávez, 1945, t. III, p. 265.
11. *Ibid.*, pp. 230-235.

casos necesarios y con licencia del ordinario, y prohibición de cobrar derechos por las informaciones que se realizan. Asimismo, disponen que la visita de los monasterios de monjas se practique solo con licencia del ordinario. Además, se asigna al visitador no solo la fiscalización de la vida y costumbres de los clérigos, sino también las de los laicos, entre ellos los indios, de acuerdo con lo dispuesto por el Concilio Provincial de Lima celebrado entre 1582 y 1583[12].

Por otro lado, las mismas *Constituciones sinodales* de 1613 exponen, en trece breves apartados, la manera de proceder en las visitas de extirpación de idolatrías. En la introducción se justifican tales medidas al decir que se había tenido noticia, por medio de los jueces visitadores y otros eclesiásticos, de que los indios eran idólatras y apóstatas de la fe católica al mantener «los ritos y ceremonias de su gentilidad, haziendo culto y adoración del demonio, en piedras, cumbres de cerros, cuerpos muertos, fuentes, lagunas, árboles y otras muchas cosas»[13]. En tal sentido, el arzobispo, como «padre piadoso y pastor zeloso del bien de sus ovejas», había dispuesto ordenar la manera como se habían de conducir los visitadores en la erradicación de las prácticas religiosas nativas. Ellos debían, en primer lugar, publicar el edicto de gracia «para que de esta suerte no temiendo el castigo presente los culpados no teman tan poco el confesar sus culpas y pedir misericordia de ella, y a todos los que así se manifestaren, les consolarán mostrándose padres y que tienen piedad de ellos y les animarán a la perseverancia de la fe», pero aquellos que no se enmendaren serian castigados como relapsos[14]. Eran tareas del visitador hacer un registro de los denunciados, ordenar la presentación de todos los ídolos «manuales y movibles» para su posterior quema en la plaza pública del pueblo, informar al prelado de las diligencias realizadas durante la visita y derribar los adoratorios y templos indígenas[15]. A fin de evitar la reincidencia de los indios, se recomendaba

> no consentir los vayles, cantares o taquies antiguos en lengua materna, ni general, y harán que se consuman los instrumentos, que para ellos tienen,

12. Lobo Guerrero, Bartolomé y Hernando Arias de Ugarte, 1987.
13. *Ibid.*, p. 38.
14. *Ibid.*, p. 39.
15. *Ibid.*, p. 41.

como son los tamborillos, cabezas de venados, antaras y plumería y los demás que se hallaren, dexando solamente los atambores de que usan en las danzas de la fiesta del Corpus Christi y de otros santos, y prohibirán las borracheras, castigando a los que hallaren culpados en ellas[16].

En la lucha contra la idolatría se convocaba la participación de los curas, quienes quedan encargados de predicar periódicamente a los indios a fin de fortalecer su instrucción cristiana, pero también denunciar a los idólatras cuando alguno de los visitadores estuviere cerca, así como informar a la autoridad eclesiástica en Lima acerca de esto último para que provea lo más conveniente. Fiel al espíritu tridentino de la visita eclesiástica, cuya principal meta era la fiscalización del clero, las *Constituciones sinodales* establecieron que las acciones del cura quedaban sujetas a la inspección del visitador.

Las *Constituciones sinodales* dictadas en 1636, durante el gobierno del arzobispo Hernando Arias de Ugarte, no añadieron nada nuevo en lo que se refiere a la organización y fines de las visitas eclesiásticas; tan solo se limitaron a insistir en el cumplimiento de las disposiciones dadas por Lobo Guerrero[17]. En suma, se puede decir que para fines de la década de 1630, la visita eclesiástica, en sus dos principales variantes —ordinaria y de extirpación de idolatrías—, se hallaban claramente reglamentadas y, como lo muestran los numerosos expedientes existentes en el Archivo Arzobispal de Lima, institucionalizadas en el ámbito del arzobispado limeño. Este es el estado de cosas que encontrará el sucesor de Arias de Ugarte, Pedro de Villagómez, y ello explica, en parte, que su gobierno se haya caracterizado sobre todo por el celo puesto en la realización de numerosas inspecciones, unas emprendidas por él mismo y otras por sus comisionados. Conviene ahora conocer con mayor detalle a Villagómez y su acción como prelado, ya que los años de su gobierno constituyeron la edad de oro de la visita.

16. *Ibid., loc. cit.*
17. *Ibid.*, p. 262.

EL ARZOBISPO Y SU VISITADOR

Nacido en 1590 en Castroverde de Campos, Zamora, en la diócesis de León, en el norte de España, Villagómez provenía de una familia de ascendencia noble y entre sus antepasados por línea materna se encontraba Toribio Alfonso de Mogrovejo, el segundo arzobispo de Lima. Hizo estudios de gramática primero en Montilla y más tarde en el colegio de San Salvador de Oviedo en la Universidad de Salamanca. Allí fue reconocido por su aptitud en jurisprudencia y teología. En 1624 obtuvo el doctorado en la Universidad de Sevilla. Por los años que residió en la ciudad del Guadalquivir, ocupó una canonjía en su catedral y otros cargos en la Inquisición local y en la de la diócesis de Cádiz. A pesar de sus numerosas comisiones en Andalucía, Villagómez no logró ser nombrado para ninguna de las diócesis para las que él había sido recomendado en Castilla. Extrañamente, su traslado a América fue el resultado no de un nombramiento eclesiástico, sino de uno secular: en mayo de 1632 fue designado visitador de la Audiencia de Lima como de otros tribunales, y también de la Universidad de San Marcos en la capital del virreinato peruano. Posteriormente, ese mismo año, el rey lo presentó para el obispado de Arequipa y lo confirmó el papa Urbano VIII[18].

A pesar de esta última elección, Villagómez, en Lima, no tuvo prisa en acabar con sus responsabilidades como visitador secular. En 1636 se trasladó a Arequipa, donde se ocupó, entre otras tareas, de llevar a cabo una extensa visita pastoral que duró ocho meses y medio, durante los cuales habría adquirido conocimiento de la realidad social del mundo rural, que le habría de servir años más tarde al ser nombrado arzobispo de Lima. En el transcurso de la inspección, poco parece haber escapado de su atención. Como otros prelados de su época en similares circunstancias, condenó el mal desempeño de los corregidores en atender los hospitales para indios y censuró a los frailes franciscanos, mercedarios y dominicos por administrar sacramentos, pedir limosnas y actuar como doctrineros solo con el nombramiento de los provinciales de sus órdenes y sin licencia real. Este será uno de los aspectos no descuidados durante las visitas a las doctrinas del arzobis-

18. Mills, 1997, p. 140-141; Vargas Ugarte, 1953-1962, t. II, p. 435.

pado limeño años más adelante. El rigorismo del obispo despertó críticas entre los eclesiásticos, quienes no dudaron en hacer escuchar su voz en el Consejo de Indias[19].

Por esos años, Villágomez expresó además sus primeras impresiones acerca de la idolatría indígena. El prelado, según Kenneth Mills, presumiblemente se informó sobre la religión nativa en la visita, aunque sus descripciones de los tipos de divinidades y prácticas sugieren su familiaridad con la literatura existente sobre el tema compuesta por cronistas y extirpadores. En algunos pueblos de indios —escribió al rey en 1638— había encontrado muchas tumbas o antiguas huacas que contribuían a preservar las supersticiones entre los indios. Menciona que muchas de estas huacas, que sobrepasaban las 3000, las había destruido a costa de su propio peculio. Además, sostiene haber erradicado otras manifestaciones de la idolatría, todo para gloria de Dios y bienestar de los nativos. Para acabar con las «supersticiones paganas e idolátricas» de los indios era partidario del empleo de la fuerza[20].

Villagómez se mostró, asimismo, ansioso de contribuir personalmente a la reforma religiosa que él percibía como vital para el bienestar espiritual de los indios. Con tal finalidad, compuso un catecismo, del cual se imprimieron dos mil copias para ser distribuidas en las parroquias de la diócesis, y puso en funcionamiento una escuela en su propia residencia donde los hijos de los curacas aprendieran español y la doctrina cristiana[21]. Como si fuera poco, en 1638, en la víspera de su promoción a la sede de Lima, Villagómez convocó un sínodo.

El sínodo provincial de 1638 refleja las preocupaciones características de un prelado tridentino: la conducta y moral del clero, la administración de los sacramentos y el oficio de cura, el mantenimiento económico de iglesias, cofradía y hospitales, la inmunidad eclesiástica, el contenido de los sermones, el «vicio pestilente de la borrachera» y el «crimen de la idolatría»[22]. Es un documento que tiene como punto de partida los textos de los concilios II y III celebrados en Lima en el

19. Mills, 1997, p. 142. *Vid.* Carta del obispo Pedro Villagómez a S. M. sobre el resultado de su visita a la diócesis, Arequipa, 18 de abril de 1635 (Lisson Chávez, 1943-1956, t. V, pp. 178-179).

20. Mills, Kenneth, 1997, p. 143.

21. *Ibid., loc. cit.*

22. *Sinodales del obispado de Arequipa dictadas por el obispo Pedro de Villagómez. 1639*, Arequipa, 1638-1639, Biblioteca Nacional del Perú, Mss. B1742.

siglo XVI, cuyas disposiciones amplía y comenta en detalle, pero que también está formulado a partir de la experiencia adquirida durante las visitas pastorales[23].

Villagómez, asimismo, expresó su profundo disgusto por el error religioso y, aun en la segunda mitad del siglo XVII, cuando la represión eclesiástica era dejada de lado en la mayor parte del mundo católico, mostró pocos escrúpulos para el uso de la compulsión a fin de lograr las reformas tridentinas. Aquellos investigadores inclinados, —sostiene Mills— a atribuir el renacimiento de las campañas de extirpación a mediados del siglo XVII en la arquidiócesis de Lima a los conflictos y a la corrupción al interior de las doctrinas solo tienen una respuesta parcial. Quienes piensan así —prosigue el mismo autor— corren el riesgo de subestimar el rol de Villagómez, sus ideales y su carismática habilidad para influir y aun manipular a sus contemporáneos[24].

En medio de manifestaciones públicas de regocijo, Villagómez hizo su entrada en Lima el 20 de mayo de 1641[25]. Una de sus primeras acciones de gobierno fue la visita de la catedral y lo hizo con tanta prolijidad y cuidado que la dejó sin concluir hasta mayo de 1650, en que firmó el auto de reforma[26]. En 1642 planeó la realización de una visita general de la arquidiócesis y con tal fin dispuso la composición de un extenso edicto, claramente inspirado en los elaborados por orden del III Concilio Limense y el Sínodo de Arequipa de 1638, descritos líneas arriba. El edicto da cuenta en su primera parte de cómo los concilios, en especial el de Trento, ordenaban a los prelados que personalmente o, estando impedidos, por sus visitadores y vicarios generales, en cada año o dos, inspeccionaran sus distritos «haciendo general pesquisa y escrutinio de la vida y costumbres de todos sus súbditos assí eclesiásticos como seculares» con la finalidad de «plantar santa y católica doctrina, defender y amparar las buenas costumbres y corregir los vicios, y para amonestar y exortar al pueblo al culto y servicio de Dios». Como solían hacerlo los edictos, se alienta la delación de los feligreses en un plazo de tres días, luego de lo cual serían punibles de sanciones. El edicto está dividido en cuatro grandes cuestionarios. Los

23. *Ibid.*, f. 195 r.
24. Mills, Kenneth, 1997, p. 140.
25. Mugaburu, 1935, pp. 3-4.
26. Vargas Ugarte, 1953-1962, t. III, p. 4.

dos primeros tienen que ver con el desempeño de los sacerdotes seculares y regulares. Se debía denunciar a los curas que hubieren «sido negligentes en el usso de sus oficios», dejado de brindar los auxilios espirituales a los enfermos o moribundos, o de oficiar misa; que se ausentaran del curato sin licencia; que descuidaran llevar un padrón de los feligreses; que se dedicaran al comercio de mercaderías; que hubiesen sido simoníacos o recibido capellanías o beneficios por dinero, o «andado con hávito indecente o con armas ofensivas o defensivas». Por el tercer cuestionario, compuesto de «preguntas generalísimas para todo género de personas», los feligreses eran alentados a denunciar a los blasfemos, sacrílegos, atacantes de curas, impagos del diezmo, amancebados, alcahuetes y los no observantes de los preceptos de la Iglesia. Dos de las preguntas del cuestionario tienen que ver con las prácticas mágicas de la población en su conjunto. Una de ellas inquiría acerca del conocimiento que se podía tener acerca de

> Si algunos yndios o yndias an sido o son herejes o creydo herexias o sembrado errores o si ellos o otras algunas personas así seglares como eclesiásticas an cometido algunos pecados públicos y escandalosos, combiene a saber: si ay algunos adivinos, brujos o brujas o que hagan algunos maleficios con hechiços o otras cosas o son ensalmadores con nombres o señales que no están aprobadas o con palabras supersticiosas diciendo que tienen virtud o usan nóminas metiendo en ellas escritos de palabras o nombres no conocidos o que sean conjuradores de nublados o tempestades y si con artessa o cedaço o otras maneras de hechicerías, declaran los pensamientos y voluntades de otros[27].

Otra de las preguntas, también dirigida a todos los feligreses, los alentaba a delatar a los que creyeran en presagios, libros de suertes o encantamientos, o en el *mal de ojo*; como también a aquellos que decían tener visiones de santos o santas, o revelaciones de Dios; o «se arroben o muestrean o parezcan estar fuera de sí, o en su modo de vivir discrepan de la vida común de los otros buenos cristianos que tienen el mismo estado»[28].

27. Autos que publicó el doctor don Pedro de Villagómez para conocimiento de los vecinos y habitantes de la ciudad, sobre las visitas que harán los visitadores y vicarios generales a sus doctrinas, Lima, 1642, AAL, Visitas, Leg. 7, exp. XX.
28. *Ibid.*

La primera visita del nuevo arzobispo quedó sin realizarse, ya que su mala salud no le permitió emprenderla. Entre tanto se dedicó a la ordenación de poco más de tres centenares de sacerdotes y a la confirmación de numerosos feligreses. En 1646 salió de visita y empezó por Chancay, al norte de Lima, y prosiguió por Checras y Cajatambo, pero no sintiéndose con fuerzas para continuarla, regresó a la capital a los pocos meses[29]. Al año siguiente, en 1647, suscribió su carta pastoral de instrucción y exhortación de las idolatrías, la cual se publicó dos años después. Como advierte al comienzo de ella, sabiendo del estado en que se hallaba la fe entre los indios de su diócesis, resolvió instruir a los visitadores y curas para que pongan su esfuerzo en ahuyentar la idolatría y conservar la verdadera fe entre los naturales. «El remedio —sostiene Vargas Ugarte— había de ser la visita general y para asegurar el fruto, se escribió esta instrucción, a la cual todos debían atenerse»[30].

En 1649, a iniciativa del arzobispo, en una teatral ceremonia en la catedral de Lima fueron investidos como extirpadores siete eclesiásticos, todos miembros del clero secular, algunos de los cuales eran veteranos en las labores de la represión de los cultos nativos. Entre ellos se contaron Fernando de Avendaño y Alonso Osorio, quienes habían participado en campañas en época del arzobispo Lobo Guerrero, junto con Francisco Gamarra, Pablo Recio de Castilla, Felipe de Medina, Alonso Corbacho y Bartolomé Jurado Palomino. Contrariamente a la expectativa de Villagómez, esta primera campaña distó mucho de lograr sus objetivos, ya que varios de los visitadores no cumplieron su labor de manera muy eficiente, en parte debido a la carencia de recursos para financiar sus acciones[31].

29. En Huacho, suscribió el 29 de agosto de 1646, un edicto que prohibía la venta de alcohol a los indios y contra la práctica de «los indios viejos amautas» de servirse de las borracheras en bautismo y matrimonios, de «traer a la memoria de los otros sus ritos gentilicos y darles noticias de las guacas y adoratorios, y persuadirlos a que buelvan a ellos y esto lo hazen de ordinario en su lengua y especialmente en la materna de sus pueblos donde la ay para que los demás no los entiendan y descubran». El arzobispo recomienda a los curas la represión del alcoholismo (Causa de visita contra el bachiller Lucas Mesía de Estela, cura propietario de la doctrina de Santa Ana de Tusi, fecha por el señor doctor Antonio Garavito de León, visitador general y juez eclesiástico de este arzobispado, Tusi, 1647, AAL, Visitas, Leg. 22, exp. XVII).

30. Vargas Ugarte, 1953-1962, t. III, p. 5.

31. Mills, Kenneth, 1997, p. 147.

Durante años el arzobispado de Lima será escenario de visitas particulares de idolatrías como de las generales ordinarias. En una de estas últimas, realizada en 1656, aparece registrada la participación de Sarmiento de Vivero. Ese año llevó a cabo una pesquisa sobre el desempeño de Francisco Doria, cura de Santiago de Carampoma[32]. Aunque años antes había actuado como juez de comisión en causas contra determinados curas, la pesquisa antes mencionada constituye la intervención conocida más antigua de nuestro personaje como «visitador general»[33].

De no haber sido visitador eclesiástico, Juan Sarmiento de Vivero sería un desconocido, uno de tantos miembros del clero secular que llevaba una existencia oscura y silenciosa. Para suerte nuestra ha dejado un enorme conjunto de expedientes, lo que lo hace quizás el visitador mejor documentado del siglo XVII. No obstante esto, poco sabemos de sus orígenes sociales. Habría nacido en Lima. Era hijo del capitán Alonso Gómez y Beatriz Sarmiento[34]. Ordenado sacerdote en 1637, fue visitador del obispado de Huamanga en 1650 y se graduó de bachiller en cánones tres años después en la Universidad de San

32. Causa seguida por don Diego Paucar Porra, Jacinto Quispe y Francisco Cunya, caciques principales del repartimiento de Chaclla, provincia de Huarochirí, contra el licenciado Francisco Doria de Aguilar, sobre los agravios y molestias que causa a los indios, Santiago de Carampoma, 1656, AAL, Visitas, Leg. 17, exp. IV.

33. En 1650, Sarmiento como juez comisario fue encargado de conocer la causa de capítulos contra el licenciado Cristóbal Martínez de Orueta, cura de San Juan de Huariaca (El doctor don Pedro de Villagómez, arzobispo de Lima, comisiona al bachiller Antonio Ortiz para que continúe las causas pendientes que están en este juzgado contra el bachiller Cristóbal Martínez de Ureta, San Juan de Huariaca, 1650, AAL, Capítulos, Leg. 14, exp. III); como también de indagar acerca de la acusación contra el mestizo Juan de Cazalla, minero del mismo pueblo, acusado de estar amancebado (Autos seguidos por el bachiller Antonio de Tejeda, promotor fiscal del arzobispado de Lima, en los que se querella criminalmente contra Juan de Cazalla, mestizo, minero en el pueblo de San Juan de Huariaca, quien ha más de dieciséis años que está mal amistado con una india en el dicho pueblo, Tarma, 1650, AAL. Amancebamientos, Leg. 4, exp. XXXV). Tres años después, en 1653, en su condición de «visitador, juez eclesiástico y de comisión», notificó al comisario Eusebio de Garay, cura y vicario de la doctrina de Pallasca, para que pague 600 pesos, correspondientes a una multa impuesta por el provisor del arzobispado (Visita y causa seguida de oficio de la justicia eclesiástica contra el licenciado Eusebio de Garay y el bachiller Juan de Santisteban, cura de la doctrina de Sihuas, Pallasca, 1650, AAL, Capítulos, Leg. 14, exp. I).

34. Autos de profesión de la novicia doña Catalina Sarmiento de Vivero, Lima, 1634, AAL, Monasterio de La Concepción, Leg. 6, exp. IX.

Marcos[35]. Pero lo que sí queda claro es que sus acciones conocidas se sitúan temporalmente durante el gobierno del sexto arzobispo de Lima, Pedro de Villagómez.

En 1658, el arzobispo salió nuevamente de visita, acompañado esta vez del bachiller Diego Tello pero por poco tiempo. Su salud le impidió seguir la inspección. En una carta del 21 de julio de 1657, señalaba que una hernia le impedía montar a caballo y ni aun como lo hacían las mujeres, por lastimarle el cinto de acero que forzosamente había de llevar ceñido[36]. Con el propósito de completar la visita hubo de acudir a otros eclesiásticos de su confianza, entre ellos a Sarmiento de Vivero.

EL PERFIL DE UN VISITADOR

Sarmiento de Vivero fue uno de los varios visitadores generales que recorrió el arzobispado de Lima. Sin embargo, primero Pierre Duviols, luego Ana Sánchez, y más recientemente Kenneth Mills, lo han convertido en el más importante extirpador de idolatrías, interpretación que no resiste la evidencia documental. Basta repasar los títulos que ostentó durante muchas de sus visitas para entender la naturaleza de las tareas a él dadas: visitador, juez eclesiástico y de la idolatría. Como tal, llevó a cabo una serie de acciones: la pesquisa secreta sobre el desempeño de los curas doctrineros y la administración económica de las doctrinas; el ornato de las iglesias: la celebración del culto y la provisión de autos para asegurar la administración de los sacramentos; el procesamiento a los bígamos, los amancebados, los idólatras y los desacatadores de la autoridad eclesiástica. En el marco de las visitas generales, la extirpación de la idolatría —convendrá decirlo otra vez— constituyó una tarea más. Como lo he narrado al principio, el ritual más importante que daba inicio a la visita era la lectura del edicto general, la cual tenía dos grandes finalidades: de un lado, informar acerca de los delitos que eran punibles y competencia del visitador, que actuaba como juez; y, de otro, alentar a la delación de los que habían delinquido

35. Sánchez, 1991, p. XV.
36. Vargas Ugarte, 1953-1962, t. III, p. 15.

Las delaciones no se producían de manera inmediata a la lectura del edicto, por lo que el visitador empleaba el tiempo en dar formal inicio a sus funciones con la inspección de la iglesia, sus altares y ornamentos, y si encontraba algo que no estaba en orden, lo dejaba anotado en los libros de fábrica. Luego solicitaba del cura la presentación de sus títulos, de la licencia para ejercer el oficio y de los libros de uso personal y los parroquiales (bautismo, confesión, matrimonio, etc.). Precisamente, en este estadio de la visita era posible detectar la situación irregular en la que se hallaban algunos curas. Durante su inspección a la doctrina de Santo Domingo de Allauca, en la provincia de Yauyos, en febrero de 1660, Sarmiento de Vivero encontró que su cura, el dominico fray Luis Gutiérrez, poseía un título falso y que no tenía consigo ni la licencia ni la aprobación del ordinario. En consecuencia, lo suspendió[37]. Al mismo tiempo se solicitaba de los curas la exhibición de los libros de uso personal, tales como tratados de teología moral, breviarios, catecismos, sermonarios. Como lo he demostrado en otra parte, muchos curas poseyeron los libros exigidos por los concilios provinciales. La información suministrada por los expedientes de las visitas permite reconstruir la difusión y vigencia que tuvieron, por ejemplo, los libros de doctrina impresos por orden del III Concilio de Lima, celebrado entre 1582 y 1583[38].

A la presentación de los libros seguía la pesquisa secreta sobre el desempeño del cura. Con el propósito de evitar presiones sobre los testigos, el visitador ordenaba el alejamiento temporal del religioso. En el pasado, como en la actualidad, a nadie le gustaba ser fiscalizado, por lo que algunos curas trataban de interponer los recursos legales a su alcance a fin de evitar que el visitador llevara a cabo su cometido. En abril de 1660, Sarmiento de Vivero llegó a la doctrina de San Lorenzo de Quinti, donde encontró que su cura, el bachiller Pedro de Sarabia, había desplegado todos sus esfuerzos para estorbar la visita «y ejecución de la justicia de ella en el castigo de los hechiceros y ydólatras y otros pecados públicos». Para ello, Sarabia había incitado a los indios del pueblo de Santiago de Anchocaja, anexo de la doctrina de

37. Autos de la visita que sigue el visitador Juan Sarmiento de Vivero contra el cura fray Luis Gutiérrez por haber ejercido el oficio de eclesiástico sin tener representación real para administrar los sacramentos, Yauyos, 1661, AAL, Visitas, Leg. 13, exp. XIII.

38. Guibovich, en prensa.

Quinti, a acudir al Tribunal eclesiástico en Lima «a quejarse del señor visitador disiendo que avía mucho tiempo que estava en esta doctrina». Más aún, el cura se había reunido con tres indios principales para redactar las peticiones. Conocedor de esta situación, el visitador amonestó a Sarabia. Este le prometió no volver a hablar con los indios. Al proseguir la pesquisa para determinar responsabilidades, una mujer, Angelina Colque Chinchi, manifestó que, de miedo al cura, los indios no declaraban, porque Sarabia los amenazaba diciendo que el visitador «abía de castigarlos que andaban descubriendo los hechiceros». La historia no termina aquí.

Una noche, Sarabia, acompañado del teniente del partido, Joseph Gómez de Requena, se dirigió a la casa donde estaba el visitador despachando. En la puerta se encontró con el sacristán, que conducía a un grupo de muchachos a rezar el responso de las ánimas a la casa del visitador, y lo insultó —tratándolo de borracho— y abofeteó, diciéndole que por qué no había acudido primero a su casa. Luego se dirigió a los oficiales de la visita, que se hallaban en el exterior del inmueble, y les manifestó que el visitador lo agraviaba por impedirle cobrar las ofrendas; y que si no fuera visitador, le daría cien estocadas, pues él no tenía vocación para ser cura, sino para seglar y capitán en Flandes, donde realizaría acciones heroicas y daría muerte a muchos. En un estado de alteración, Sarabia entró, portando una espada, a la sala donde se hallaba el visitador tomando declaración a una india en una causa de idolatría. El cura le preguntó si lo estorbaba, Sarmiento le respondió que sí. Al día siguiente, el visitador ordenó la prisión del cura y hacer una información de lo sucedido para que sirviera de enmienda y escarnio[39].

Acciones como la de Sarabia no eran excepcionales en el contexto de las visitas eclesiásticas. En 1662, el arzobispo encargó a Sarmiento de Vivero, en su condición de «visitador general de las iglesias y de las idolatrías», esclarecer las acusaciones contra el bachiller Pedro Bermúdez, cura y vicario de Cajatambo. Los cargos eran graves y diversos: estar amancebado con una india de su doctrina, afirmar que la simple fornicación no era pecado mortal, celebrar misa sin estar con-

39. Causa criminal contra el bachiller Pedro de Sarabia por haber incurrido en medios ilícitos de objeción de la visita y la ejecución de la justicia y castigo a los hechiceros en el pueblo de Santiago de Anchocaja, San Lorenzo de Quinti, 1660, AAL, Visitas, Leg. 9, exp. XXXVI.

fesado y participar activamente de las prácticas religiosas de los indios[40]. Entonces, Bermúdez presentó una petición ante el Tribunal eclesiástico en Lima por la que recusaba la autoridad de Sarmiento de Vivero, porque «a mi noticia es venido —escribió— que [...] está nombrado por juez visitador de aquella provincia [Cajatambo] y respecto de que le tengo por odioso y sospechoso le recusé en la dicha provincia», y juró que tal recusación «no es de malicia sino con ánimo de no ser molestado ni agraviado»[41]. El provisor eclesiástico acogió la petición y nombró a Diego de Vargas Carvajal, como juez de la pesquisa en reemplazo de Sarmiento de Vivero.

Otras veces, las recusaciones provenían de los indios. En 1662, los alcaldes ordinarios y camachicos del pueblo de Ámbar acudieron al arzobispo para solicitar la destitución de Sarmiento de Vivero como visitador de esa doctrina y el nombramiento en su lugar de alguien que fuere «celoso de la onra de Dios Nuestro Señor y que sea lenguaraz». Aducían que Sarmiento no solo se demoraba mucho más del tiempo permitido en la inspección de las cofradías, sino también que los oficiales que acompañaban al clérigo se apropiaban de los bienes de los feligreses. Acaso la acusación más grave contra Sarmiento era que, por venganza, mantenía presos a algunos indios por no haber declarado en la causa que él le había seguido a Juan Rodríguez Pilco, gobernador del repartimiento; como también por haber testificado en la causa de recusación interpuesta por este último contra Sarmiento. Resulta interesante notar que en sustento del pedido los indios revelan un conocimiento del Derecho, en particular de la normativa eclesiástica local[42].

Las intrigas y recusaciones de los curas e indios no impidieron que el celoso visitador siguiera dictando órdenes diversas relacionadas con el funcionamiento de las doctrinas. Así, por ejemplo, se ocupó del

40. Causa seguida por el licenciado Juan Sarmiento de Vivero, visitador general ordinario de las idolatrías del arzobispado y el promotor fiscal José Lara Galán, contra el bachiller Pedro Bermúdez, sobre la averiguación de ciertas proposiciones escandalosas contra fe católica, Cajatambo, 1662, AAL, Capítulos, Leg. 17, exp. XVII.

41. Recusación hecha por el licenciado Pedro Bermúdez contra el señor juez y visitador Juan Sarmiento de Vivero, Cajatambo, 1662, AAL, Inmunidad eclesiástica, Leg. 11, exp. XIII.

42. Autos que siguen los alcaldes ordinarios contra el licenciado Juan Sarmiento de Vivero, sobre las vejaciones que padecen los indígenas., Ambar, 1662, AAL, Visitas, Leg. 11, exp. XXXIII.

ornato de la iglesia del pueblo de Santiago de Aquicha, anexo de la doctrina de Santo Domingo de Yauyos[43]. Durante su inspección de las doctrinas de Santo Domingo de Hatun Yauyos y Santa María Magdalena de Pampas, ambas en Yauyos, promulgó varias disposiciones: que no se gastara vino en las mingas de las chacras que se hacían por cuenta de las iglesias y cofradías, como en los fuegos y los alferazgos; que no se hablara la lengua materna sino la «general del inga»; que no se enterraran los difuntos con las caras amortajadas y sin asistencia de su cura o de otro sacerdote; que no se pagaran derechos de sepulturas por parte de los indios cuando se llevaran a cabo en las iglesias de sus pueblos; y que las solteras mayores de 12 años no acudieran a la doctrina con los muchachos todos los días, sino los de precepto[44].

Dado que una de las atribuciones de Sarmiento de Vivero era la de actuar como juez eclesiástico y de las idolatrías, es comprensible que se hayan conservado numerosos expedientes al respecto. Vistos en conjunto, son fuentes inestimables para reconstruir la administración de la justicia eclesiástica en el contexto rural colonial. El proceder del visitador Sarmiento de Vivero como juez fue materia de controversia entre sus contemporáneos[45]. No es mi intención hacer juicios de valor sobre su conducta, porque yo no pretendo erigirme en acusador del visitador como sí lo han hecho algunos historiadores modernos. Tan solo quiero concluir este texto citando, a modo de ilustración, uno de los muchos procesos conservados. Se trata de un caso de incesto.

El 13 de noviembre de 1660, en el pueblo de San Pedro de Pilas, Gabriel Paullo, gobernador del repartimiento de Colpas y Chungamarca, se presentó ante el visitador para manifestar, —en descargo de su conciencia, como autoridad y por no incurrir en las penas del edicto general que se había leído en la iglesia del pueblo de San Felipe de Cumias, anexo de la doctrina de Omas— que se castigara «el pecado público que comete con publicidad y escándalo Cristóbal Hullca [...] con una hija carnal suya». Con esta única denuncia, la maquinaria

43. Autos de la visita secreta que sigue el visitador Juan Sarmiento de Vivero a fray Bernardo Velilla, Santo Domingo de Hatun Yauyos, 1661, AAL, Visitas, Leg. 11, exp. XI.

44. *Ibid*; Autos de la visita que sigue el visitador Juan Sarmiento de Vivero contra el cura Cristóbal de Paredes y Padilla, San Juan de Quispe, Pampas, 1661, AAL, Visitas, Leg. 13, exp. XII.

45. Al respecto ver el parecer del bachiller Estanislao de la Vega Bazán, fechado en Lima, el 16 de septiembre de 1662, en Duviols, 1971, pp. 390-393.

judicial se puso en movimiento. El 16 de noviembre, el visitador ordenó a Juan Quispe y Diego Coma, alguacil mayor y regidor, respectivamente del pueblo de San Pedro de Pilas, detener a Cristóbal Hullca y a su hija Ana María. Entretanto, Sarmiento de Vivero siguió recogiendo otros testimonios. Los diligentes sabuesos del visitador no tardaron en capturar a Hullca y llevarlo a prisión, pero el día 18 logró escapar a través de una abertura que había hecho en el techo. Ocho días después, el 26, compareció ante el visitador: reconoció su falta, que atribuyó a la acción del demonio. En los siguientes días se ratificaron los testigos y los dos encausados. La sentencia, suscrita el 29, fue severa para Hullca: 100 azotes y 6 años de destierro en las galeras del puerto del Callao; en tanto que su hija, —en consideración a su edad, «yncapacidad y fragilidad»—, fue condenada a barrer la iglesia del pueblo de San Pedro de Pilas todos los días de fiesta, jueves y sábados durante seis años[46].

LOS AÑOS POSTREROS

Con la llegada a Lima del nuevo arzobispo, Juan de Almoguera, en mayo de 1674, la época de oro de las visitas ordinarias y de la idolatría no solo llegó a su fin, sino también progresivamente la carrera de Juan Sarmiento de Vivero como visitador. Almoguera, aun cuando continuó las visitas, no lo hizo con la intensidad de su antecesor. Otras fueron sus prioridades y otros los actores que entraron en escena. Evidencia del cambio de los tiempos son los sucesos que narro a continuación.

A fines de 1674, Almoguera decidió iniciar una visita a los monasterios de monjas en Lima. Tales procedimientos solían crear tensiones entre ellas, que muchas veces se resistían al control episcopal. Uno de los monasterios más reacios a la intervención de la autoridad fue el de la Concepción, cuya abadesa Catalina Sarmiento de Vivero, hermana de nuestro visitador, se oponía a nombrar administrador de las rentas del convento, como se lo ordenada el arzobispo. Ante tal desacato de la autoridad, Almoguera ordenó a su provisor, varios clérigos y un notario intervenir en el monasterio para hacer cumplir sus órdenes.

46. Proceso criminal contra los indígenas Cristóbal Hullca y Ana María, por el delito de incesto, San Pedro de Pilas, 1660, AAL, Visitas, Leg. 13, exp. IX.

Una vez en la puerta del monasterio, los comisionados se encontraron con que las monjas se habían atrincherado en su interior con el fin de impedir su entrada. Tan solo cuando los comisionados empezaron a descerrajar la puerta, las monjas cedieron, no sin antes insultar a los eclesiásticos. Debido a tal hecho, el provisor suspendió a la abadesa y nombró a otra monja como presidenta del monasterio[47].

Dado que varios miembros de la familia Sarmiento habían formado parte de la comunidad de La Concepción, Juan Sarmiento de Vivero y su hermano Jerónimo, también clérigo, difícilmente podían ser ajenos a los sucesos de aquel convento, más aún cuando su propia hermana Catalina era víctima de la política del arzobispo. A fin de evitar interferencias con el proceso de la visita, el 15 de diciembre Almoguera ordenó el destierro de ambos hermanos aduciendo que en los monasterios limeños ellos tenían muchas «dependencias» y que su presencia en la capital sería «de grave prejuicio y embaraço». A Juan se le ordenó partir a los valles de Ica, y Jerónimo, a los valles de Huaura o Barranca. En respuesta al mandato del prelado, Jerónimo presentó un extenso escrito por el que pedía ir a Nazca, en compañía de su hermano, ya que en ese lugar estaban las haciendas cuya producción sustentaba la capellanía que servía. Asimismo, expresó que no existía razón para sospechar que su presencia en Lima interferiría la visita programada por el arzobispo, aun cuando la abadesa de La Concepción era su hermana. A esta solicitud se sumó la de Juan, quien pidió más tiempo para reunir dinero a fin de poder fletar mulas y comprar algunas cosas para su viaje. El 8 de enero, el arzobispo ordenó que ambos hermanos partieran de Lima y que «no pasen de la villa de Cañete donde estarán hasta que se les ordene otra cosa»[48]. El destierro no se prolongó por mucho tiempo, ya que Jerónimo volvió a Lima en agosto de 1675 para testar y luego retornó a Nazca, donde falleció[49].

47. Causa criminal contra Catalina de Sarmiento suspendiéndole el oficio de abadesa por faltar al voto de obediencia oponiéndose a que nombre mayordomo o administrador que ordene las rentas del monasterio, Lima, 1674, AAL, Monasterio de La Concepción, Leg. 20, exp. XXVII.

48. Auto arzobispal por el que se ordena que los bachilleres don Juan y don Jerónimo Sarmiento de Vivero, presbíteros, sean desterrados, Lima, 1674, AAL, Papeles importantes, Leg. 24, exp. XIV.

49. El 27 de agosto de 1675, Jerónimo Sarmiento de Vivero otorgó poder para testar a favor del bachiller Jerónimo de Medrano y Roque de Medrano, su hermano.

Juan sobrevivió varios años más a su hermano, aunque su rastro no es fácil de reconstruir. No consta que volviera a ejercer de visitador. En 1681 se desempeñaba como capellán del monasterio de La Encarnación en Lima, y en octubre del año siguiente murió en esa misma ciudad[50]. Como legado a la posteridad, dejó un largo pleito de acreedores que aún en 1740 no se había resuelto y una enorme cantidad de documentos.

CONCLUSIONES

En este texto he querido llamar la atención acerca de la importancia de leer los documentos con atención, como también de entender la administración de la justicia por los eclesiásticos en el marco institucional de la visita general. La legislación de los concilios y sínodos locales, así como la abundante documentación preservada ponen de manifiesto la importancia asignada a la visita dentro de la agenda de los prelados del siglo XVII. Ella fue la institución clave del gobierno eclesiástico colonial, lo cual explica que, por ejemplo, el arzobispado de Lima fuera escenario de continuas inspecciones. Inspiradas en el espíritu del Concilio de Trento, las visitas debían servir principal, pero no exclusivamente, para disciplinar al clero y también reevangelizar a la población. En relación con esto último, debemos entender las acciones de los jueces eclesiásticos, que —como se ha visto en el caso de Juan Sarmiento de Vivero— tuvieron autoridad suficiente no solo para juzgar diversas infracciones de la normativa eclesiástica, entre ellas la práctica de la religión nativa, sino también para promover la liturgia y el culto.

Semanas después murió en Nazca y fue enterrado en la iglesia de San Francisco de Ica. Nombró por albacea a su hermano Juan y a los hermanos Medrano (Poder para testar de Jerónimo Sarmiento de Vivero, Lima, 27 de agosto de 1675, AAL, Testamentos, Leg. 94, exp. V).

50. Autos de la causa ejecutiva seguida por el capitán Sebastián Allende para que se despache mandamiento de ejecución contra los bienes y rentas de Juan Sarmiento de Vivero, presbítero y capellán mayor del monasterio de La Encarnación, por 500 pesos, Lima, 1679-1683, AAL. Causas civiles, Leg. 124, exp. XXXV; y Cuaderno del concurso de acreedores del bachiller Juan Sarmiento de Vivero, Lima, 1681, Leg. 134-A, exp. V.

BIBLIOGRAFÍA

BARTRA, Enrique, *III Concilio Provincial Lima 1582-1583. IV Centenario 1982-1983*, Lima, Facultad Pontificia y Civil de Teología de Lima, 1982.

DUVIOLS, Pierre, *La lutte contre les religions autochtones Dans le Pérou colonial. «L'Extirpation de l'idolatrie» entre 1532 et 1660*, Lima, Institut Français d'Études Andines, 1971 (Travaux de l'Institut Français d'Études Andines, t. xiii).

FLORES GALINDO, Alberto, «Comunidades y doctrinas: la disputa por las almas (Sierra Central, 1608-1666)», en *Buscando un inca: identidad y utopía*, Lima, Instituto de Apoyo Agrario, 1987, pp. 85-106.

GUIBOVICH, Pedro, «Los libros del doctrinero», en *Esplendores y miserias de la evangelización en América* (en prensa).

LISSÓN CHÁVEZ, Emilio, *La Iglesia de España en el Perú*, Sevilla, 1943-1956, 4 vols.

LOBO GUERRERO, Bartolomé y Hernando ARIAS DE UGARTE, *Sínodos de Lima de 1613 y 1636*, Madrid, Consejo Superior de Investigaciones Científicas, 1987 (Sínodos Americanos, 6).

MILLS, Kenneth, *Idolatry and Its Enemies. Colonial Andean Religion and Extirpation, 1640-1750*, Princeton, Princeton University Press, 1997.

MUGABURU, Joseph y Francisco de, *Diario de Lima (1640-1694)*, Lima, Imprenta C. Vázquez L., 1935.

PO-CHIA HSIA, Ronie, *The World of Catholic Renewal 1540-1770*, Cambridge, Cambridge University Press, 1998.

SÁNCHEZ, Ana, *Amancebados, hechiceros y rebeldes (Chancay, siglo XVII)*, Cuzco, Centro de Estudios Regionales Andinos «Bartolomé de las Casas», 1991.

VARGAS UGARTE, Rubén, *Historia de la Iglesia en el Perú*, Burgos, Aldecoa, 1953-1962, 5 vols.

LOS INDIOS ANTE LOS FOROS DE JUSTICIA ECLESIÁSTICA

Felipe Guaman Poma de Ayala en los foros de la justicia eclesiástica

JOHN CHARLES

El primer nueva corónica y buen gobierno, escrito cerca de 1615 por el indio noble Felipe Guaman Poma de Ayala, se reconoce como un monumento de la historiografía andina. Se trata de un manuscrito de aproximadamente 1200 folios, casi 400 de los cuales son dibujos, compuesto mayormente en castellano con partes en quechua, la lengua principal de los peruanos nativos. La obra, dirigida al rey Felipe III, narra la historia del Perú antiguo hasta la conquista española, condena las malas consecuencias de la invasión europea en cuanto al deterioro del poder de los incas, y comunica al monarca las reclamaciones de los señores étnicos y la drástica necesidad de reforma administrativa en los Andes. Hace varios años que etnógrafos y lingüistas han comentado el tremendo valor de sus informaciones, ya que son escasas las relaciones de los tiempos prehispánicos y coloniales desde la óptica indígena[1]. En décadas recientes, historiadores y especialistas en estudios literarios han comenzado a examinar la iniciación del cronista en la cultura escrita española, determinando sus fuentes historiográficas y transacciones legales con el gobierno secular[2]. Pero queda mucho más por aprender sobre sus ciertos contactos con el sistema legal castellano, en particular la legislación y el derecho procesal de los tribunales eclesiásticos.

1. La literatura en esta línea es vasta y variada. Buenos ejemplos son los escritos de Ossio, 1973 y Pease, 1981, en el campo de la etnohistoria; y los de Urioste, 1980 y Cárdenas Bunsen, 1998, en el campo de la lingüística y filología.
2. Ver, por ejemplo, los estudios de Adorno, 1978b, 1993; Macera, 1991.

La obsesión de Guaman Poma con la mala conducta de los clérigos y los abusos que cometían en contra de las poblaciones andinas es constante en su evaluación de la sociedad colonial, y hace pensar en la importancia de reconsiderar esta dimensión de su obra desde nuevas perspectivas. Se trata de plantear que el discurso jurídico-canónico constituye un modelo capital para la concepción temática y retórica de su crónica, con un enfoque particular en el «capítulo de los padres de doctrina», uno de los apartados más largos y resentidos de la obra[3]. Para valorar con mayor nitidez su perspectiva sobre las políticas y prácticas de la evangelización andina, resulta urgente precisar estas fuentes jurídicas, aun recordando la vastedad de la obra y su temática diversa. El objetivo es tratar de comprender cómo el cronista hace uso del sistema legal español, especialmente aquellos puntos ejercidos por el Derecho Eclesiástico, para poner en tela de juicio la conducta de los sacerdotes y denunciar sus descuidos y excesos.

Esta línea de análisis propone que existe un vínculo estrecho entre dos tipos de escritura de los que se sirvieron los indios hispanizados: por un lado, la narrativa histórica de tipo etnográfico, como las crónicas de Guaman Poma y su contemporáneo, Juan de Santacruz Pachacuti Yamqui Salcamaygua, y por otro lado, las peticiones y otros instrumentos legales de la burocracia colonial. Aunque las crónicas indígenas del Perú son pocas, los archivos coloniales guardan abundante evidencia del uso práctico de la fuente judicial, particularmente de parte de los señores étnicos. Acudir al favor de las Leyes de Indias era un derecho que la Corona les concedió a los nuevos súbditos, y muchos se valieron de la justicia no solamente para denunciar los agravios de los españoles sino también para presentar demandas que los enfrentaron a otros indígenas. Testamentos, peticiones de títulos, y pleitos de tierras y tributos son algunas de las fuentes del ámbito de la jurisdicción secular que han generado abundante interés historiográfico[4]. Por otra parte, los estudios de Antonio Acosta Rodríguez y Juan Carlos García arrojan luz sobre un área de encuentro jurídico mayormente ignorado: los pleitos contra el clero en los tribunales eclesiásticos[5]. Este corpus de litigios eclesiásticos puede agregar una

3. Guaman Poma, *El primer nueva corónica*, pp. 574-688.

4. Stern, 1982, pp. 114-137 y Poloni-Simard, 2005, estudian los usos del sistema legal de parte de los caciques del Perú, especialmente a nivel de los conflictos de tierras.

5. Acosta Rodríguez, 1979, 1982; García Cabrera, 1994.

nueva dimensión a los estudios de la cronística andina, ya que revela importantes datos sobre los usos indígenas de la palabra escrita en la esfera judicial y los mecanismos de los que se sirvieron los indios como Guaman Poma para incorporarse al sistema jurídico de la Iglesia.

La crítica del clero en la crónica de Guaman Poma se basa en un tipo de escritura legal con el cual los señores étnicos estaban muy familiarizados: la causa de capítulos, o denuncia ante el tribunal eclesiástico, que muchos utilizaron para apelar las supuestas prácticas corruptas de los curas misioneros. Los archivos eclesiásticos del Perú contienen un sinfín de causas que los líderes indígenas presentaron en protesta de los abusos económicos y espirituales de los clérigos, y estas causas permiten repensar la vocación literaria de Guaman Poma en relación con el activismo indígena en la Iglesia. Vista en relación con la fuente judicial, la crónica —que su autor concibió como «libro y corónica y capítulos»[6]— manifiesta las mismas ideas que los litigantes indígenas expresaban sobre el proceso de evangelización, y los antecedentes legales que se aprovecharon para sustentar sus alegaciones. En fin, se trata de establecer los elementos legales y retóricos de la crónica que unen el discurso anticlerical de Guaman Poma a las fórmulas de la causa de capítulos. El foco del presente estudio es, pues, el saber y la expresión legal del cronista en el contexto de la aparición de una práctica y asesoría legal a manos de los funcionarios indígenas, quienes operaron principalmente en áreas rurales y tuvieron un papel decisivo en la orientación de los litigios.

A pesar de la celebridad de la *Nueva corónica*, se sabe relativamente poco de la biografía de su autor fuera de la crónica misma[7]. Según su propio testimonio, Guaman Poma era cacique principal y gobernador en la provincia de Lucanas Andamarca, en la zona sur-central del Perú actual, donde obraba como funcionario del sistema colonial en la composición de tierras y dirección de la labor de los indios tributarios, aunque también es posible que ejerciera un cargo administrativo menor[8]. Parece haber asistido a la extirpación de idolatrías como ayudante del visitador Cristóbal de Albornoz cerca de 1570[9], lo que pro-

6. Guaman Poma, *El primer nueva corónica*, p. 715.
7. Para un análisis de la personalidad histórica del cronista ver Stern, 1978.
8. Prado Tello y Prado Prado, 1991, pp. 338-339.
9. Guaman Poma, *El primer nueva corónica*, p. 282.

bablemente fue su primer contacto con las políticas y prácticas de la Iglesia misionera. Documentos hallados en el Archivo Departamental de Ayacucho confirman que en el área de Huamanga servía de intérprete al juez y inspector de tierras Gabriel Solano de Figueroa en 1594 y 1595[10]. Recientes estudios de Pablo Macera y Rolena Adorno examinan los litigios de tierras en los que participó Guaman Poma como demandante, desde los tribunales civiles de Huamanga hasta la Audiencia de Lima. Muestran que en el año 1600, el cacique perdió un largo juicio para recuperar unas tierras en el valle de Chupas que supuestamente pertenecían a su familia, y como resultado de esto, fue despojado de sus privilegios como autoridad colonial y exiliado de Huamanga por dos años[11].

Aunque faltan documentos jurídicos sobre su actividad como capitulante de curas, la crónica alude elípticamente a su experiencia en los tribunales eclesiásticos y a sus fracasos legales en defensa de los indios de las provincias de Lucanas Andamarca y Soras en los primeros años del siglo XVII[12]. Además, Guaman Poma alega la corrupción de numerosos curas de las doctrinas de Lucanas, Soras y Aymaraes[13], lo cual sugiere su familiaridad con los litigios eclesiásticos que debían haberse generado como consecuencia de la visita pastoral de la diócesis del Cuzco en 1611. Cabe añadir que los ataques de Guaman Poma se centran principalmente en el clero secular, aun cuando reserva críticas para los regulares; su antipatía por el historiador mercedario fray Martín de Murúa es notoria, por ejemplo[14]. Pero este cuadro de corrupción se contrasta notablemente con la representación de su medio hermano, el padre ermitaño Martín de Ayala, y la de los fran-

10. Stern, 1978, pp. 225-226, 227; Adorno, 2000, p. xlvi, y Adorno, 1993, p. 56.

11. La contienda por posesión de las tierras de Santa Lucía de Chiara, en el valle de Chupas, comenzó en 1586. Ver Zorrilla, 1977, pp. 57, 63-64; citado en Adorno, 1993, pp. 54, 85 n. 3.

12. Puede revisarse, por ejemplo, Guaman Poma, *El primer nueva corónica*, pp. 595, 944-945, donde critica los daños que ocasionaron varios sacerdotes de la región y además menciona las persecuciones y prisiones que sufrió por tratar de defender a los indios.

13. Adorno, 2000, p. xlviii.

14. Guaman Poma, *El primer nueva corónica*, pp. 661-663, detalla su resentimiento contra el fraile Murúa. Sobre la relación contenciosa entre Guaman Poma y Murúa, y las correspondencias que guardan sus respectivas obras, ver Ossio, 2004, pp. 50-55; y Adorno y Boserup, 2005.

ciscanos y jesuitas, cuyas virtudes y devoción a los pobres indios se exaltan una y otra vez a lo largo de la crónica[15].

La formación legal de Guaman Poma seguramente derivó de su experiencia como intermediario nativo y ayudante en las visitas eclesiásticas. Por ser funcionario indígena, habría tenido acceso a los libros de los clérigos, incluyendo los cánones del Concilio de Trento (1545-1563) y los decretos y catecismos del Tercer Concilio de Lima (1584, 1585). Algunos indios hispanizados poseían códigos legales, como las *Siete Partidas* (1248) de Alfonso el Sabio, obras de Derecho Procesal, y colecciones de provisiones y ordenanzas[16]. El mismo Guaman Poma menciona «el buen monteroso»: la *Práctica civil y criminal e instrucción de escribanos* (Valladolid, 1563) de Gabriel de Monterroso y Alvarado, un manual popular en España y las Indias que fue dirigido a instruir a los agentes en juicios civiles y criminales[17]. Mientras es probable que los oficiales indígenas se familiarizaran con libros de este tipo para avanzar su saber jurídico, su instrucción en los códigos y fórmulas legales se hubiera dado, sobre todo, durante las visitas y la administración cotidiana de las doctrinas. Guaman Poma se refiere en su crónica a la visita general de Damián de la Bandera en 1557 y a la visita pastoral del obispo del Cuzco, Antonio de la Raya, el año 1611[18]. Tales inspecciones de las actividades del clero eran clases públicas en las que los indios se enteraban de las leyes respecto de la conducta de los sacerdotes, y utilizaban este conocimiento para precisar los temas y argumentos de las causas de capítulos. De hecho, la letra escribal de Guaman Poma y su manejo de los protocolos notariales indican que no solamente era versado en las leyes sino también en la producción de instrumentos legales.

15. Guaman Poma, *El primer nueva corónica*, pp. 14-21, 463, 479, 482-483, 618, 643-644, 649-652, 673-674, 711.

16. Álvarez, *De las costumbres y conversión de los indios del Perú*, p. 268; Testamento de don Juan Flores Guaynamalqui, cacique principal y gobernador del repartimiento de Ocros, Lima, 1634-1635, Archivo Arzobispal de Lima (Lima, Perú), Testamentos, Leg. 21, Exp. 5A; Testimonio de la escritura que otorgaron Hernando González y Luis de Ayala, albaceas de Gerónimo de Achacata, indio, Oropesa, 1610, Archivo General de la Nación (Lima, Perú), Testamentos de Indios, Leg. 1.

17. Guaman Poma, *El primer nueva corónica*, p. 361.

18. *Ibid.*, pp. 410-411, 454, 693, 704, 944. Adorno, 2000, p. li-liii, indica que el tipo de información detallada que registraron los informes de los visitadores generales es también evidente en la crónica de Guaman Poma.

En su teoría sobre los orígenes de la narrativa latinoamericana, Roberto González Echevarría ve la escritura histórica en tiempos coloniales como un proceso que se seguía por un esquema de códigos y fórmulas legales, de los que se sirvieron los súbditos de la Corona para mostrar su pertenencia y sumisión al cuerpo político. Según este argumento, las crónicas de Indias adoptaron la forma de escritura que sancionaba la autoridad jurídica suprema con respecto a la expresión de la verdad: el modelo de discurso que fundaba los escritos coloniales era el de la ley[19]. Si se repiensa esta teoría para el estudio de la cronística indígena, se ve que Guaman Poma también trata de establecer la legitimidad de su escritura siguiendo los modelos certificados por el poder. Ya que en su momento predominaba el modelo legal, el historiador indígena se apoya en la legislación y retórica jurídica para cimentar los argumentos de su obra. Se afirma la importancia de las leyes y letras en las que se inscribían las actividades de los súbditos en los siguientes términos: «cin letra, no se puede rregir ni gouernar[,] la letra de Dios y leys destos rreynos ni será obedecido ni rrespetado»[20].

La existencia de litigantes indígenas como Guaman Poma en el Perú colonial puede entenderse como una transferencia de la «revolución jurídica» que ocurrió en la España del siglo XVI: el aumento de pleitos, la omnipresencia de abogados y otros practicantes del Derecho, y la emergencia de una vasta legislación sin precedentes. Como lo describe Richard Kagan, agentes y expertos legales dominaron el panorama legal ibérico, y ayudaron a establecer con su intermediación una nueva cultura jurídica, no solamente en cuanto a la instrucción de la población en las leyes sino también a la diseminación de hábitos sociales en torno al uso del Derecho[21]. La Corona sancionó la dependencia de los súbditos en agentes legales, puesto que el acceso a la justicia era una garantía universal. En los Andes, eran los caciques y otros indios hispanizados los que presentaban en nombre de la comunidad la mayor parte de los plei-

19. González Echevarría, 2000.

20. Guaman Poma, *El primer nueva corónica*, p. 671.

21. Kagan, 1981, p. xx-xxi, pone énfasis sobre las raíces medievales de esta revolución legal. Esta proyección de la cultura legalista desde Castilla al Perú ha sido observada por Honores, 2006, p. 4. Otros notables estudios sobre el papel del intermediario legal en el virreinato peruano son Burns, 2005 y Herzog, 1996, que se concentran en el rol del escribano; y De la Puente Brunke, 2005, que examina los protectores de naturales en Lima en el siglo XVII.

tos, aunque muchas veces éstos fueron representados por terceras personas, utilizando como intermediarios de sus denuncias a los protectores de los naturales[22]. Tanto los agentes españoles como los indígenas estaban familiarizados con los aspectos técnicos del Derecho, lo cual no significaba una alta formación jurídica, ni mucho menos el buen conocimiento del latín, sino el manejo de un discurso y razonamiento legal básicos, y la dependencia en instituciones coloniales y métodos de procedimiento que definían la expresión de este grupo[23].

Los indígenas no vacilaban en velar por sus intereses en los estrados judiciales, aun si las autoridades coloniales se molestaban porque hubieran seguido ante la justicia con tanto empeño. Tales transacciones con el sistema de justicia eran frecuentes para los indios hispanizados. Algunos eran hábiles instrumentos de la ortodoxia cristiana y los brazos secular y eclesiástico; otros ocupaban una posición ambivalente frente a las autoridades coloniales. En las doctrinas de indios, cambiaba la propensión de los oficiales indígenas de apoyar a los curas o resistírseles, y muchas veces se servían de los tribunales para perseguir a sus adversarios, tanto rivales indígenas como clérigos. De este modo, el sistema jurídico produjo áreas de conflicto entre las autoridades indígenas y el clero que podían terminar en procesos largos y sin duda caros a los grupos enfrentados en pleito. Según Guaman Poma, los indígenas que siguieron pleitos judiciales fueron a menudo frustrados en su búsqueda de la administración de justicia.

El estudio de la escritura indígena provee, por otra parte, importantes datos sobre la historia legislativa de la Iglesia peruana. La *Nueva corónica* manifiesta el legado de dos hitos principales de esta historia: (1) los decretos elaborados por el jesuita José de Acosta y el Tercer Concilio Limense de 1582-1583, que codificaron las prácticas misioneras en el virreinato; y (2) las ordenanzas del virrey Francisco de Toledo, que en la década de 1570 inició el restablecimiento de las poblaciones indígenas en reducciones gobernadas por administradores civiles y curas de indios[24]. Así, cuando discute el clero, Guaman

22. Estudios sobre el protector de los naturales en el Perú virreinal son: Ruigómez Gómez, 1988; Bonnett, 1992; y De la Puente Brunke, 2005.

23. Honores, 2006, p. 31.

24. Para los textos de los decretos del Tercer Concilio y los de las ordenanzas toledanas, ver Vargas Ugarte, 1951-1954 y Levillier, 1921-1925.

Poma muestra su familiaridad con la legislación de ambas jurisdicciones. El capítulo de los padres de doctrina cita asiduamente las violaciones clericales de los decretos conciliares y las ordenanzas toledanas, y así confirma, a nivel de comunidad local, las preocupaciones de Acosta y Toledo acerca de la reforma moral del clero y el afianzamiento doctrinal de las poblaciones indígenas. De este modo, la crónica exhibe el alcance de estas reformas legislativas en los pueblos nativos —reformas legislativas que evidentemente eran más influyentes en la provincia de Lucanas Andamarca cerca de 1615 que las producidas por los primeros sínodos del Cuzco, que no se mencionan en la obra.

El Tercer Concilio logró un impacto innegable en el ordenamiento de la actividad evangelizadora, que fue marcada especialmente por la Compañía de Jesús y la figura de Acosta. Pero la prominencia que Guaman Poma otorga a las ordenanzas toledanas en el capítulo de los padres de doctrina sugiere que las ideas del virrey tuvieron aplicaciones en el ámbito eclesiástico que no se hubieran esperado. El Patronato de Indias dio autoridad a la Monarquía sobre la Iglesia, pero no en asuntos disciplinarios respecto de los padres doctrineros. En teoría, los foros de justicia del clero secular dependieron exclusivamente del prelado diocesano y los tribunales ordinarios[25]. Sin embargo, las reformas toledanas pretendieron afianzar el brazo secular en los pueblos de indios, borrando aún más la línea divisoria entre las jurisdicciones eclesiástica y secular. Por ejemplo, el virrey confió al corregimiento y a los cabildos municipales la supervisión de los clérigos, tanto en sus actividades económicas como en su proceder pastoral[26]. Y aunque le disgustaba la ambición pleitista de los indios, para protegerlos en sus intereses, Toledo insistió en que las causas de capítulos contra el clero pudieran ser apeladas ante la Audiencia, un proceso de apelación que fue admitido por la Iglesia. De ahí no sorprende que los curas estuvieran a menudo en intensos combates con las autoridades civiles por el dominio de los pueblos.

La crónica de Guaman Poma muestra la complejidad de este orden judicial. Por un lado, el cronista reprende a Toledo por las consecuencias del sistema de reducciones, que, en su opinión, facilitó la explota-

25. Traslosheros, 2006, pp. 1113-1114.

26. Las ordenanzas referentes al ámbito de la evangelización son numerosas. Ver Levillier, 1921-1925, v. 8, especialmente, pp. 111-116, 243-245, 357-360.

ción económica y otros agravios contra los indios, consecuencias de la frecuente colusión de los padres doctrineros con los funcionarios seculares[27]. Por otro lado, aplaude la campaña del virrey para delimitar la influencia de curas negligentes. De hecho, Guaman Poma utiliza continuamente la legislación secular («las hordenansas») para censurar a los padres doctrineros y afirma explícitamente que la mejor vía de querellarse contra el clero es por medio del cabildo municipal y, si es necesario, la Audiencia de Lima[28]. Parece haber tenido menos fe en la capacidad de la Iglesia de gobernar a los suyos. Así, el cronista confirma la trascendencia de las ordenanzas de Toledo en el ámbito eclesiástico, que posiblemente cobraron más influencia en la región de Huamanga que los dictámenes de la Iglesia.

Asimismo, los elementos formales de la escritura de Guaman Poma manifiestan una estrecha relación entre su discurso anticlerical y el estilo de la causa de capítulos. De acuerdo con las convenciones notariales, la causa de capítulos se dirigía siempre al obispo o arzobispo, y consistía en la denuncia del clérigo, seguida por una letanía extensa de sus crímenes y agravios. Estas convenciones se encuentran en el libelo de una querella de 1617, que el cacique Hernando de la Cruz presentó contra Lucas Mudarra, el beneficiario de Santo Domingo de Tauca:

> digo que el sobredho con poco temor de Dios nro s.r y en grande deseruicio suyo[,] y menosprecio de la just.a yglesiastica y daño de su conciencia[,] en tiempo de seys meses poco mas o menos que es cura del dho mi pueblo[,] y assi teniendo el dho padre obligacion asi por lo dispuesto por el sancto concilio prouincial y constituciones sinodales hechas por us.a ss.a yll.ma[,] de mirar y tener mucho cuydado por nro. amparo y defensa[,] y procurar por nro. aum.to y saluaçion con el cuydado y deligencia que se requiere[,] no lo ha hecho[29].

27. Guaman Poma, *El primer nueva corónica*, pp. 448, 965. Ver Adorno, 1993, p. 82.

28. Guaman Poma, *El primer nueva corónica*, pp. 669-670; ver también *ibid.*, p. 506.

29. Causa de capítulos seguida por don Alonso de Torres Romero, procurador general de los naturales, en nombre de don Hernando de la Cruz, indio principal, contra el licenciado fray Lucas Mudarra, Santo Domingo de Tauca, 1617, Archivo Arzobispal de Lima (Lima, Perú), Capítulos, Leg. 2, Exp. 16, f. 3r.

Conforme al género, De la Cruz incorporó después una larga enumeración de capítulos representando tres clases de ofensas respecto de los usos y costumbres de los curas: abuso económico, conducta inmoral y negligencia pastoral[30]. Al igual que otros capitulantes indígenas, De la Cruz sabía el poder de la ley como lenguaje simbólico e incorporó referencias esporádicas e imprecisas a los cánones («por lo dispuesto por el sancto concilio prouincial y constituciones sinodales») para reforzar sus argumentos.

Guaman Poma encontró en este mismo modelo el vocabulario y la retórica que le permitieron elaborar su crítica del clero misionero. A lo largo del capítulo sobre los curas, el cronista denuncia aquellos padres que aumentaban sus salarios por medio de tratos y granjerías, falsificación de testamentos, ofrendas forzosas y robos de las cajas de comunidad. Por otra parte, condena el «mal ejemplo» de los curas, es decir, su afán por los juegos de naipes, el uso de tabaco, las relaciones con mujeres, la violencia física y otras actividades prohibidas. En quizás su crítica más vehemente, el cronista reprende la negligencia pastoral del clero en dos asuntos principales: el abandono de las obligaciones sacramentales (bautismos, confesiones, misas, extremaunciones) y la falta de instrucción religiosa en lenguas indígenas, esto a pesar de los dictámenes de Toledo y el Tercer Concilio de asegurar que los indios aprendieran en su lengua nativa los cálculos, las letras elementales y el catecismo. Los clérigos representados en la *Nueva corónica* se ven así incorporados al típico retrato de abusos que se ofrecía continuamente ante los jueces de los tribunales eclesiásticos.

Como todos los capitulantes, Guaman Poma reconstruye en su retórica la posición del súbdito fiel. En general, los litigantes trataron de mostrar que compartían con sus destinatarios bases ideológicas comunes, como por ejemplo, la sumisión a la soberanía del rey, la creencia en

30. Según los protocolos establecidos por Toledo, los litigantes habían de organizar sus peticiones en forma de «relaciones de capítulos» para reducir el volumen de papeles en los tribunales y asegurar que las denuncias comprendieran los abusos contra todos los indios y no solamente los intereses de individuos particulares: «no recibireis peticion ninguna de los dichos naturales, sino que informado de lo que pretendieren pedir, les hagais unas relaciones por capítulos, declarando en ellas el pedimento de los dichos indios, para que yo reponda à ellas y provea, de manera que con ménos volúmen de peticiones y papeles vos pidais lo que conviniere á los dichos naturales». Levillier, 1921-1925, v. 8, p. 289.

el castigo al injusto y la identidad cristiana que todos admitían como indiscutibles. Además, la descripción de la pobreza colectiva —el estado de «miserables en derecho» de los indígenas y, por consiguiente, sus privilegios de especial protección— estuvo proyectada para estimular la compasión de los jueces del tribunal[31]. Las peticiones siempre acentuaban el estado precario de la comunidad: los agravios económicos, la negligencia espiritual, la despoblación, la incapacidad de cumplir con los pagos de tributo, y el imperativo de la visita eclesiástica[32]. El objetivo era obtener restitución, el traslado del cura, o en algunos casos, su descomunión, los mismos remedios que urge Guaman Poma ante Felipe III. No es difícil ver en esta retórica un regreso a la línea de argumentación del experto en Derecho Canónico y protector universal de los indios, el dominico Bartolomé de las Casas, que en sus relaciones a los reyes de Castilla ponía por delante los trabajos y fatigas de los indígenas y el deber de su protección[33].

Por otra parte, Guaman Poma sostiene que los clérigos actuaban en menosprecio de la justicia real y eclesiástica, nombrándose «reyes» y «señores absolutos» de sus beneficios[34]. Así, insiste en que los curas de indios fueran sujetos a las leyes de Roma, Castilla y el tribunal ordinario. Se trata de una fórmula que encuentra eco en varias causas de capítulos a tal punto que parece lugar común. Sirve de ejemplo de ello una denuncia de 1630 que los indígenas de la doctrina de Nuestra Señora de la Asunción de Ambar presentaron contra el bachiller Martín de Mena Godoy:

> [S]e le haze cargo al dicho cura de que los domingos y fiestas no predica a sus feligreses por su negligencia[,] sino muy raras vezes[,] [y cuando] se pone en el pulpito[,] no [es] para predicar la palabra de Dios[,] ni explicar su sancto euangelio[,] sino para dezir a sus feligreses que eran hechizeros

31. Solórzano Pereira, *Política Indiana*, pp. 230-231, define las personas que el derecho español consideraba «miserables» y resume los privilegios y protecciones que se les otorgaban por ser de esta condición.

32. Poloni-Simard, 2005, p. 183, describe de manera igual el estilo de las peticiones indígenas en los juicios de tierras.

33. Cuando Guaman Poma le pide al monarca la restitución del Perú a los indígenas, en «el capítulo de las consideraciones», el cronista sostiene el mismo argumento legal que Las Casas en su *Tratado de las doce dudas* (1564). Ver Adorno, 1978a, pp. 129-130.

34. Ver Guaman Poma, *El primer nueva corónica*, pp. 493, 598.

> [e] ydolatras y que los quemaria Viuos por aberle puesto capitulos[,] porque el era el papa y el rey en su curato[35].

Las supuestas palabras del padre Mena también permiten apreciar las complejas relaciones entre los miembros de las doctrinas de indios, y los intereses políticos y sociales que sostenían las acusaciones de crímenes ante la justicia. Era frecuente que las denuncias de negligencia clerical produjeran causas de idolatrías contra los capitulantes a petición del cura, o a la inversa, que las acusaciones de idolatrías resultaran en pleitos por abusos dirigidos por los indígenas contra el clero[36]. Dado el carácter interesado de los testimonios de los grupos en contienda, es siempre difícil precisar los verdaderos motivos de los particulares en litigio.

Bien fueran las acusaciones por intereses nobles, bien por fines personales, el contexto del tribunal fue un factor decisivo en el intercambio jurídico entre españoles e indios: los demandantes indígenas y sus agentes se ajustaban siempre a las políticas oficiales de la evangelización. En lugar de invocar derechos o genealogías prehispánicos —como podía ocurrir en los juicios de tierras, por ejemplo— los capitulantes del tribunal eclesiástico pidieron justicia de forma pragmática, empleando el mejor argumento posible para dar testimonio ante las autoridades que sus motivos eran irreprochables. Pero como historiador independiente, fuera de los tribunales, Guaman Poma no siempre reproduce las ideas de la política colonial de modo formulaico. Más bien, particularmente en los capítulos de la crónica dedicados al Perú incaico, sabe aprovecharse del sistema ideológico dominante para construir un discurso de legitimación del poder tradicional indígena. Es decir, el cronista a veces hace uso de las leyes del pasado prehispánico como un sistema moral y jurídico al que se podía apelar y reclamar como propio, en contraste con las políticas inefectivas de tiempos coloniales. Es así que la crónica, tomándola en su totalidad, vacila entre su apoyo a la fuerza de la legislación colonial y la puesta en duda de su eficacia.

35. Causa de capítulos seguida por el protector general de los naturales, don Alonso de Torres Romero, y los caciques principales de la provincia de Cajatambo... contra el bachiller Martín de Mena Godoy, Ambar, 1630, Archivo Arzobispal de Lima (Lima, Perú), Capítulos, Leg. 6, Exp. 1, f. 5r.

36. Duviols, 1977, p. 406.

La conquista de América produjo la necesidad intelectual de explicar que las sociedades indígenas no eran ajenas al proceso histórico y a la tradición europea, y que América estaba presente en la idea del mundo que vinculaba la Biblia con la tradición historiográfica clásica y medieval. Guaman Poma, cronista, elabora un discurso jurídico que aplicaba un sistema de valores cristiano sobre bases autóctonas, integrando así conceptos de origen europeo con temáticas y tradiciones que formaban parte del contexto andino[37]. Puede tomarse como ejemplo de esto su retrato de la cuarta edad de los indios, Auca Runa, anterior a la conquista incaica, que corresponde a la época bíblica del rey David. En esta parte de la crónica, Guaman Poma implícitamente contrasta las autoridades coloniales con los primeros indígenas de tiempos prehispánicos. En lo moral y religioso, los peruanos nativos eran «cosa santa»: conservaban la ley de Dios, desconocían la idolatría e ignoraban el demonio[38]. Existía también una clase de «indios fieles», ancianos y temerosos de Dios, que abrazaron la pobreza, castigaron malos ejemplos y predicaron el amor, la merced y otros preceptos religiosos[39]. Aunque desprovistos del evangelio, estos líderes espirituales, al igual que sus predecesores, actuaron con un fervor misionero que, según Guaman Poma, faltaba en el clero de su momento. En palabras del cronista: «tenía[n] una sonbrilla y lus de conocimiento del Criador y Hazedor del cielo y de la tierra y todo lo que ay en ella»[40]. Así pues, antes del advenimiento eventual de la idolatría y el politeísmo en la época de los reyes incas, la religión prehispánica era una religión natural, pero sustentada en elementos de la religión del antiguo pueblo hebreo y la de los cristianos[41].

37. Los estudios de Pease, 1981 y Duviols, 1980, representan importantes aportes a este tema.

38. Guaman Poma, *El primer nueva corónica*, pp. 65-68, 73, 78. Ver Duviols, 1980, pp. 11, 15.

39. Guaman Poma describe esta clase de indios así: «los yndios rreseruauan a los dichos yndios fieles, temeroso de Dios,... para que fuese predicador y justicia, castigase y diese buenos egenplos en los dichos pueblos este rreyno.... Y a los mozos y niños le dotrinaua y le enseñaua con el castigo,... para que fuesen bien criados. Esta dicha buena gente castigaua, gouernaua en el rreyno y ací fueron umildes los yndios». Guaman Poma, *El primer nueva corónica*, p. 68.

40. *Ibid.*, p. 52.

41. Ver Duviols, 1980, p. 11. Según Pease, 1981, p. 31, la cristianización de los dioses andinos y mesoamericanos no era una idea extraordinaria, ya que existían teorías de

En cuanto a la política andina, Guaman Poma toma sus argumentos del Derecho castellano medieval: los reyes de los primeros indios eran señores legítimos por ejercer un poder fundado en leyes de justicia y el consentimiento de los súbditos. De esta forma, contradice la opinión de juristas influyentes como el licenciado Juan Polo de Ondegardo, que admitió por válido el orden legal del estado inca pero sostuvo que los indígenas preincaicos eran «bestias», carentes de una práctica jurídica distinguible[42]. En la visión de Guaman Poma, los primeros indios tenían cuerpo jurídico —un acervo de normas jurídicas, claras y efectivas, que se recopiló por tradición oral en la cuarta edad de Auca Runa y logró su máxima expresión en la época de los incas. De hecho, argumenta que los méritos de las reformas del virrey Toledo derivaron del hecho de que fueron elaboradas según las ordenanzas de Topa Yupanqui: «bizorrey destos rreynos, se enformó esta ley y hordenansas antiguas, sacando de ellas de las mejores»[43]. Sin embargo, como ya se mencionó, había aspectos del programa toledano que le disgustaron, especialmente la caracterización de los incas como tiranos (que condujo a la ejecución de Tupac Amaru en 1572 por orden del virrey) y la inauguración del sistema de reducciones a expensas del bienestar de las poblaciones indígenas. Por cierto, las justas ordenanzas del Inca reflejan ideales y precedentes del Derecho europeo; se supone que solamente una mínima parte de ellas se podrían atribuir a prácticas legales andinas y que la mayoría se derivaba de los preceptos judeo-cristianos. Pero Guaman Poma quería comunicar al rey que el gobierno incaico había poseído un sistema jurídico, aun cuando para hacerlo, era necesario apelar a las categorías legales de los colonizadores[44].

la evangelización prehispánica en los escritos de historiadores europeos. El franciscano Toribio de Benavente (conocido también como Motolinía) le dio a Quetzalcóatl atributos observados en los santos cristianos, como lo hizo el cronista Juan de Betanzos en su retrato del Inca Pachacuti.

42. Polo de Ondegardo, 1990, p. 39, citado en MacCormack, 1987, p. 297.

43. Guaman Poma, *El primer nueva corónica*, p. 195; ver también *ibid.*, pp. 449, 967. Por ejemplo, Toledo preservó la sucesión de señores étnicos como gobernadores provincianos y mantuvo los privilegios de los regidores incaicos, que servían al sistema colonial en calidad de escribanos municipales. Para las ordenanzas toledanas sobre los funcionarios indígenas, ver Levillier, 1921-1925, v. 8, p. 305-312.

44. Esta observación ha sido explicada por MacCormack, 1987, pp. 293-294.

No fue hasta 1697 que el rey Carlos II reconoció por decreto que los indígenas hispanizados más capaces podían ser posibles candidatos al sacerdocio[45]. Privados del púlpito, entre los pocos foros autorizados que los indios tenían para expresar juicios morales eran los de los cabildos y tribunales. Así, Guaman Poma concluye su apartado sobre la evangelización con la siguiente amonestación para los ministros católicos del Perú: «Uer estos capítulos y dejar de ser brabos y humillarse a su perlado y no ser tan señor apsoluto ni se meta en hazerse justicia... Y no paséys fuera del Santo Concilio y de todo lo que manda Dios en los dies mandamientos y en el Santo Euangelio y en las buenas obras de misericordia y en todo lo que manda su Magestad»[46]. Fue su posición ortodoxa ante la Iglesia y la justicia colonial la que le permitió criticar con tanta fuerza las faltas de los padres doctrineros y exigir al alto clero (aun el Santo Oficio, en caso necesario) que cumpliera con la obligación de visitar, corregir y reformar la conducta de aquéllos que ministraban en los pueblos de indios[47].

El poder relativo de los capitulantes indígenas debe haber variado mucho según la región y el período histórico específico. En general, tuvieron notable habilidad para defender intereses propios utilizando los recursos del esquema jurídico eclesiástico. A veces los litigantes tenían éxito en remover curas de las doctrinas o en obtener restitución por abusos económicos, pero en la mayoría de los casos, el expediente jurídico no revela las sentencias de los jueces ordinarios. Por su parte, Guaman Poma lamenta que la justicia, en la práctica, tenía poco que ver con criterios de igualdad, lo cual sugiere que sus propios conflictos con los representantes de la Iglesia terminaron frustrados. Pero aun si la justicia española no les ofreció a los indígenas como Guaman Poma suficiente amparo, a su vez, los indígenas no fueron tan pobres o inexpertos en el Derecho como la documentación de los litigios los solía caracterizar[48].

45. Konetzke, 1962, v. 3, pp. 333-334.

46. Guaman Poma, *El primer nueva corónica*, p. 673.

47. Ver *ibid.*, «El capítulo de los visitadores de la Iglesia», pp. 689-716; y los comentarios del cronista sobre el deber de la Inquisición de castigar a los malos sacerdotes, *ibid.*, p. 582.

48. De la Puente Brunke, 2005, p. 248.

A pesar de los fracasos de Guaman Poma en sus pretensiones legales, el sistema jurídico facilitó su papel como mediador de la política misionera y le proveyó un mecanismo de comunicación con las autoridades coloniales tanto en el área de Huamanga como en los grandes centros urbanos de Lima y el Cuzco. Asimismo, el estudio de su obra junto con el legado documental de los tribunales eclesiásticos permite una mejor comprensión de las bases jurídicas de argumentación y las relaciones conflictivas que marcaron su vocación literaria. Reconocer la figura del litigante indígena en las crónicas puede aumentar nuestro conocimiento de la justicia y población indígena en la América virreinal, ya que señala nuevas pistas para identificar a los grupos españoles e indígenas que poblaban las doctrinas en las Indias y las desiguales relaciones de poder que informaron el acceso de ambas partes al sistema legal colonial.

FUENTES MANUSCRITAS

Archivo Arzobispal de Lima (Lima, Perú)

Causa de capítulos seguida por don Alonso de Torres Romero, procurador general de los naturales, en nombre de don Hernando de la Cruz, indio principal, contra el licenciado fray Lucas Mudarra, Santo Domingo de Tauca, 1617, Capítulos, Leg. 2, Exp. 16.

Causa de capítulos seguida por el protector general de los naturales, don Alonso de Torres Romero, y los caciques principales de la provincia de Cajatambo... contra el bachiller Martín de Mena Godoy, Ambar, 1630, Capítulos, Leg. 6, Exp. 1.

Testamento de don Juan Flores Guaynamalqui, cacique principal y gobernador del repartimiento de Ocros, Lima, 1634-1635, Testamentos, Leg. 21, Exp. 5.

Archivo General de la Nación (Lima, Perú)

Testimonio de la escritura que otorgaron Hernándo González y Luis de Ayala, albaceas de Gerónimo de Achacata, indio, Oropesa, 1610, Testamentos de Indios, Leg. 1, expedientes sin enumeración.

BIBLIOGRAFÍA

ACOSTA RODRÍGUEZ, Antonio, «El pleito de los indios de San Damián (Huarochirí) contra Francisco de Ávila, 1607», *Historiografía y bibliografía americanistas*, vol. 23, 1979, pp. 3-33.

— «Religiosos, doctrinas y excedente económico indígena en el Perú a comienzos del siglo XVII», *Histórica*, vol. 6, n. 1, 1982, pp. 1-34.

ADORNO, Rolena, «Felipe Guaman Poma de Ayala: An Andean View of the Peruvian Viceroyalty, 1565-1615», *Journal de la Societé des Américanistes*, vol. 60, 1978a, pp. 121-143.

— «Las otras fuentes de Guaman Poma: sus lecturas castellanas», *Histórica*, vol. 2, n. 2, 1978b, pp. 137-158.

— «The Genesis of Felipe Guaman Poma de Ayala's *Nueva corónica y buen gobierno*», *Colonial Latin American Review*, vol. 2, n. 1-2, 1993, pp. 53-92.

— *Guaman Poma: Writing and Resistance in Colonial Peru*, 2a ed., Austin, University of Texas Press, 2000.

ADORNO, Rolena; BOSERUP, Ivan, «Guaman Poma and the Manuscripts of Fray Martín de Murúa: Prolegomena to a Critical Reading of the *Historia del Perú*», *Fund og forskning i Det Kongelige Biblioteks samlinger*, vol. 44, 2005, pp. 107-258.

ÁLVAREZ, Bartolomé, *De las costumbres y conversión de los indios del Perú. Memorial a Felipe II (1588)*, Martín Rubio, María del Carmen; Villarías Robles, Juan J. R. y Pino Díaz, Fermín del (eds.), Madrid, Ediciones Polifemo, 1998.

BONNETT V., Diana, *Los protectores de naturales en la Audiencia de Quito, siglos XVII y XVIII*, Quito, Facultad Latinoamericana de Ciencias Sociales (FLACSO), Abya-Yala, 1992.

BURNS, Kathryn, «Notaries, Truth, and Consequences», *The American Historical Review*, v. 110, n. 2, 2005, pp. 350-379.

CÁRDENAS BUNSEN, José Alejandro, «La redacción de la *Nueva corónica y buen gobierno*», Tesis de licenciatura, Lima, Pontificia Universidad Católica del Perú, 1998.

DUVIOLS, Pierre, *La destrucción de las religiones andinas*, Albor Maruenda (trad.), México, Universidad Autónoma de México, 1977.

— «Periodización y política: la historia prehispánica del Perú según Guaman Poma de Ayala», *Boletín del Instituto Francés de Estudios Andinos*, v. 9, n. 3-4, 1980, pp. 1-18.

GARCÍA CABRERA, Juan Carlos, *Ofensas a Dios: pleitos e injurias: causas de idolatrías y hechicerías. Cajatambo, siglos XVII-XIX*, Cuzco, Centro de Estudios Regionales Andinos «Bartolomé de las Casas», 1994.

GONZÁLEZ ECHEVARRÍA, Roberto, *Mito y archivo: una teoría de la narrativa latinoamericana*, Virginia Aguirre Muñoz (trad.), México, Fondo de Cultura Económica, 2000.

GUAMAN POMA DE AYALA, Felipe, *El primer nueva corónica y buen gobierno*, Murra, John V. y Adorno, Rolena (eds.), Jorge L. Urioste (trad. del quechua), México, Siglo Veintiuno, 1980.

HERZOG, Tamar. *Mediación, archivos y ejercicio: los escribanos de Quito (siglo XVII)*, Frankfurt, Klostermann, 1996.

HONORES, Renzo, «Pleytos, letrados y cultura legal en Lima y Potosí, 1540-1640», trabajo presentado en el XXVI Congreso Internacional de la Asociación de Estudios Latinoamericanos (LASA), San Juan, PR, 15-18 de marzo, 2006.

KAGAN, Richard L., *Lawsuits and Litigants in Castile, 1500-1700*, Chapel Hill, University of North Carolina Press, 1981.

KONETZKE, Richard (ed.), *Colección de documentos para la historia de la formación social de Hispanoamérica, 1493-1810*, 3 vols., Madrid, Consejo Superior de Investigaciones Científicas, 1962.

LEVILLIER, Roberto (ed.), *Gobernantes del Perú: cartas y papeles, siglo XVI*, Madrid, Sucesores de Rivadeneyra, 1921-1925.

MACCORMACK, Sabine G., «History and Law in Sixteenth-Century Peru: The Impact of European Scholarly Traditions», en Humphreys, S. C. (ed.), *Cultures of Scholarship*, Ann Arbor, University of Michigan Press, 1987, pp. 277-310.

MACERA, Pablo, «Introducción», en Prado Tello, Elías y Prado Prado, Alfredo (eds.), *Phelipe Guaman Poma de Ayala: y no ay rremedio...*, Lima, Centro de Investigación y Promoción Amazónica, 1991, pp. 23-80.

OSSIO, Juan M., «Guaman Poma: *Nueva Corónica* y carta al rey: un intento de aproximación a las categorías del mundo andino», en Ossio, Juan M. (ed.), *Ideología mesiánica del mundo andino*, Lima, Biblioteca de Antropología, Ignacio Prado Pastor, 1973, pp. 155-213.

— «Introducción», en Ossio, Juan M. (ed.), *Códice Murúa: historia y genealogía, de los reyes incas del Perú del padre mercedario Fray Martín de Murúa*, Madrid, Testimonio Compañía Editorial, 2004, pp. 7-72.

PEASE G. Y., Franklin, «Felipe Guaman Poma de Ayala: mitos andinos e historia occidental», *Caravelle*, vol. 37, 1981, pp. 19-36.

POLO DE ONDEGARDO, Juan, *El mundo de los incas*, González, Laura y Alonso, Alicia (eds.), Madrid: Historia 16, 1990.

POLONI-SIMARD, Jacques, «Los indios ante la justicia: el pleito como parte de la consolidación de la sociedad colonial», en Lavallé, Bernard (ed.), *Máscaras, tretas y rodeos del discurso colonial en los Andes*, Lima, Instituto Francés de Estudios Andinos, Pontificia Universidad Católica del Perú, Instituto Riva-Agüero, 2005, pp. 177-188.

PRADO TELLO, Elías; PRADO PRADO, Alfredo (eds.), *Phelipe Guaman Poma de Ayala: y no ay rremedio...*, Lima, Centro de Investigación y Promoción Amazónica, 1991.

PUENTE BRUNKE, José de la, «Notas sobre la Audiencia de Lima y la 'protección de los naturales' (siglo XVII)», en O'Phelan Godoy, Scarlett y Salazar-Soler, Carmen (eds.), *Passeurs, mediadores culturales y agentes de la primera globalización en el Mundo Ibérico, siglos XVI-XIX*, Lima, Pontificia Universidad Católica del Perú, Instituto Riva-Agüero, Instituto Francés de Estudios Andinos, 2005, pp. 231-248.

RUIGÓMEZ GÓMEZ, Carmen, *Una política indigenista de los Habsburgo: el protector de indios en el Perú*, Madrid, Ediciones de Cultura Hispánica, 1988.

SOLÓRZANO PEREIRA, Juan de, *Política Indiana*, Madrid, Diego Díaz de la Carrera, 1648.

STERN, Steve J., «Algunas consideraciones sobre la personalidad histórica de don Felipe Poma de Ayala», *Histórica*, vol. 2, n. 2, 1978, pp. 225-228.

— *Peru's Indian Peoples and the Challenges of Spanish Conquest: Huamanga to 1640*, Madison, University of Wisconsin Press, 1982.

TRASLOSHEROS, Jorge E., «Orden judicial y herencia medieval en la Nueva España», *Historia Mexicana*, vol. 55, n. 4, abril-junio, 2006, p. 1105-1138.

URIOSTE, Jorge L., «Estudio analítico del quechua en la *Nueva Corónica*», en Felipe Guaman Poma de Ayala, *El primer nueva corónica y buen gobierno*, Murra, John V. y Adorno, Rolena (eds.), Jorge L. Urioste (trad. del quechua), México, Siglo Veintiuno, 1980, pp. xx-xxxi.

VARGAS UGARTE, Rubén, *Concilios limenses (1551-1772)*, 3 vol., Lima, Tip. peruana, 1951-1954.

ZORRILLA, Juan C., «La posesión de Chiara por los indios chachapoyas», *Wari*, vol. 1, 1977, pp. 49-64.

Justicia eclesiástica en un escenario local novohispano: peticiones indígenas de Ixcateopan en el siglo XVII

MAGNUS LUNDBERG

Pocas décadas después de la conquista, individuos y grupos de indígenas empezaron a presentar sus peticiones ante los tribunales novohispanos en búsqueda de amparo y justicia. En estos documentos emplearon tanto sus lenguas nativas como el idioma de los conquistadores. En un estudio reciente el historiador y jurista estadounidense Brian P. Owensby observa que, hacia fines del siglo XVI, el sistema legal colonial y sus procesos jurídicos ya jugó un papel importante en la vida cotidiana de muchos pueblos indígenas. Demasiado importante según algunos observadores novohispanos. En documentos de la época, los españoles llamaron a los indígenas «grandes pleitistas», afirmando que muchos de ellos «gastaron sus vidas» litigando. Incluso algunos de los mismos indígenas observaron que antes de la llegada de los españoles no tenían tales pleitos legales que ahora ocupaban una parte integral de su vida[1].

En comparación con el siglo de la conquista y la tardía época colonial, el siglo XVII sigue siendo el período menos conocido de la historia novohispana. Sin ser tan dramático, el segundo siglo de la dominación española se caracterizó por profundos cambios de tipo económico, político y religioso. Las congregaciones en los primeros años del siglo afectaron a la sociedad nuclear indígena. Al mismo tiempo y a causa de las consecutivas epidemias la población nativa iba decreciendo hasta llegar a su nadir en la mitad del siglo[2]. Aquella situación crítica causaba

1. Owensby, 2008, pp. 1-5.

2. Véase Alba Pastor, 1999, para una detallada y renovadora visión de la historia novohispana entre 1570-1630, pero también Israel, 1975 para una síntesis del período 1610 a 1670.

conflictos profundos en la sociedad novohispana. Muchos de los casos particulares en que Owensby basa su estudio sobre el Juzgado General de los Indios durante el siglo XVII son controversias sobre el uso de tierra, las condiciones de trabajo, el pago de tributo, y la autonomía de los cabildos indígenas. Por medio de su litigación los indígenas intentaban defender sus derechos que siempre fueron amenazados por las «manos poderosas» de los criollos y otras personas[3].

Así, por los estudios de Brian Owensby, Woodrow Borah y otros investigadores sabemos que muchas comunidades indígenas novohispanas del siglo XVII supieron cómo presentar sus quejas ante los tribunales, y cómo defender sus derechos dentro del sistema jurídico colonial[4]. Pero la actividad jurídica de los indígenas mexicanos no estuvo limitada a los tribunales seculares. También presentaron sus peticiones ante los obispos y los jueces eclesiásticos. Gracias a los estudios pioneros de Jorge Traslosheros ya conocemos mucho de la organización y las actividades del Juzgado Eclesiástico de la Archidiócesis de México[5]. Además, con la reciente ordenación de las casi 7000 cajas del fondo de *Indiferente Virreinal* del Archivo General de la Nación (AGN), parte del cual proviene de la Audiencia del arzobispado de México, ya tenemos acceso a una mayor cantidad de documentación, lo que puede ayudarnos a conocer con más profundidad la gestión de la justicia eclesiástica mexicana. En este contexto, valdría la pena indicar que la mayor parte de los documentos coloniales de la Audiencia del Arzobispado de México se encuentran dispersos por varios ramos del AGN, mientras una menor parte está en el Archivo Histórico del Arzobispado de México (AHAM)[6].

En este artículo se examina un aspecto de la justicia eclesiástica en la Nueva España: su actuación en los conflictos entre curas e indígenas. Se concentra en un solo género documental: las peticiones indígenas[7]. Más concretamente contiene un estudio de una serie de estas

3. Owensby, 2008.

4. Borah, 1983; Owensby, 2008.

5. Traslosheros, 2004.

6. La guía general del AGN está disponible en su página web: <www.agn.gob.mx>. El AHAM cuenta con una guía impresa de sus fondos coloniales.

7. Para un buen estudio de las relaciones entre indígenas y curas usando fuentes en lengua náhuatl, véase Haskett, 1994. Para una edición de una serie de peticiones nahuas del siglo XVII, del obispado de Guadalajara, véase Sullivan, 2003.

peticiones emanadas de un escenario local —el partido de Ixcateopan de la archidiócesis de México— durante la primera mitad del siglo XVII. Es por tanto una especie de microhistoria jurídica. Sin embargo, antes de embarcarnos en el análisis de los casos de Ixcateopan, presentamos algunos rasgos formales y diplomáticos de la petición indígena novohispana. Esta parte introductoria está fundada en un corpus de unas cincuenta peticiones indígenas escritas en náhuatl, la lengua nativa dominante del México central[8].

PETICIONES INDÍGENAS EN NÁHUATL DEL SIGLO XVII

Diplomáticamente hablado, la petición (*petitio*) forma parte de la fase del *actio* de la génesis documental. Aunque un proceso documental puede comenzar espontáneamente, también puede ser provocado por una petición. En las Indias españolas, todos los sujetos del rey tenían el derecho de presentar sus peticiones al monarca o a sus representantes indianos. Igualmente, todos los feligreses tenían la posibilidad de presentar sus quejas ante el obispo o su provisor. En la práctica indiana no se hacía una distinción muy fija entre un memorial y una petición. Los dos conceptos parecen haberse utilizado sin mucha diferenciación. No obstante, teóricamente, el término memorial (o memoria) fue empleado para un registro utilizado para solicitar un favor, mientras que la petición fue un documento con el cual alguien presentaba sus reclamaciones ante un juez o un tribunal de justicia. Dicha petición podía ser presentada por el peticionario o peticionarios en persona, o bien por un representante legal en su nombre[9]. Otro término relacionado es «capítulos», que implica los cargos concretos contra alguien. Pero la palabra «capítulos» también podía referirse al documento entero que contenía tales cargos, siendo en la práctica colonial casi un sinónimo de las palabras «memorial» y «petición».

Las peticiones en náhuatl que forman mi corpus son documentos bastante breves. Normalmente ocupan uno o dos pliegos, aunque

8. Para un estudio más detallado del corpus, véase Lundberg, de próxima aparición. Tanto aquella monografía como este artículo son el resultado de un proyecto de investigación financiado por Vetenskapsrådet (el Consejo Sueco de Investigaciones Científicas).

9. Real Diaz, 1991, pp. 57-63.

existe algún caso en que ocupan hasta cinco pliegos. Su contexto archivístico inmediato es variable. A veces sólo tenemos acceso a la petición como tal. En otras ocasiones, la petición forma parte de un proceso legal completo, con sus interrogatorios, testimonios, poderes, sentencias y otros registros jurídicos. En estos últimos casos, una o algunas peticiones en náhuatl se encuentran intercaladas entre documentos jurídicos en castellano. Adjunto al documento en lengua náhuatl casi siempre hay una traducción contemporánea, hecha por los intérpretes de la Audiencia episcopal. Raramente se trata de una traducción literal al castellano y casi nunca reflejan las sutilezas de la retórica náhuatl. Con pocas excepciones estos textos son meros paráfrasis y en ocasiones, el traductor solo hizo un sumario del contenido, omitiendo pasajes no considerados importantes

Las peticiones en náhuatl en mi corpus son documentos alfabéticos sin elementos pictóricos. En los litigios nativos sobre tierras, a veces se incluyen mapas con glifos u otros signos pictográficos, pero las peticiones contra los clérigos, generalmente no se ocupaban de tales asuntos. Sin embargo, dentro de estos límites generales existe una gran variedad de formatos. Algunos documentos son muy similares a las peticiones escritas por españoles, otros son mucho más libres en su forma. Sobre la base de un gran corpus de textos mundanos en náhuatl de la época colonial, James Lockhart observa:

> Very close reproductions of Spanish formats can be found at various time periods. Some of the closest are by well-instructed Nahua writers in major centers at a very early time. In the later sixteenth century, as alphabetic writing spread to smaller and more remote altepetl with less access to Spanish instruction, and as Nahuas found ways to express traditional patterns within the new framework, Nahuatl documents in the Spanish genres tended to be rather less like the Spanish «originals»[10].

Así la variación local fue grande. Pero a pesar de que las peticiones en mi corpus no representan un género diplomático muy normalizado, es posible señalar algunos rasgos generales, comparando las peticiones en náhuatl con el formato metropolitano español de la época[11].

10. Lockhart, 1992, p. 372.
11. Para el formato de la petición española, véase Real Diaz, 1991, pp. 57-63.

(1) La cruz introductoria forma una parte esencial de la petición española. Al igual que muchos otros documentos contemporáneos, al redactar una petición el escribano empezaba escribiendo una cruz en el centro o la periferia de la parte superior del documento, lo que hacía referencia a la Trinidad. A menudo esta cruz está escrita en forma tan formalizada que parece una letra alfa minúscula. En las peticiones en náhuatl de mi corpus, la cruz está comúnmente, pero no siempre, presente. Cuando está presente, normalmente está cuidadosa y claramente apuntada y situada en el centro de la parte superior del documento.

(2) El texto de la petición metropolitana en español comienza con los nombres del peticionario o peticionarios, o el nombre de su representante legal. A menudo se anota el origen geográfico de los peticionarios, más raramente sus oficios. Aunque no es una parte esencial, el texto puede comenzar con una frase en vocativo como «Muy poderosos señores» o S[acra] C[átolica] R[eal] M[ajestad]. Aunque unas pocas frases de esta clase existen en mi corpus, muchas de las peticiones en náhuatl empiezan directamente con los nombres de los peticionarios, o al menos algunos de ellos, junto con sus títulos y su procedencia geográfica. No obstante, con frecuencia solo aparecen los oficios de los peticionarios, sin indicación de los nombres, por ejemplo «*Tehuantin gobernador. alcaldes yhuan regidores*», o sea «Nosotros, el gobernador, los alcaldes, y regidores» de un altepetl determinado. Otra construcción es empezar con las palabras «*Nican ipan altepetl*» — «aquí en este altepetl». A veces se anota que los peticionarios aparecieron ante el tribunal para presentar su memorial, utilizando la forma «*Ixpantzinco*» — «ante Usted», con sufijos reverenciales y locativos.

(3) En las peticiones metropolitanas los peticionarios normalmente explican sus motivos utilizando frases como «dice que» o «digo que». Tras la explicación de los motivos, la fórmula esencial de la petición es «pide y suplica», «pedimos y suplicamos» o simplemente «suplica» o «suplicamos». Tales fórmulas establecidas no aparecen en el corpus en náhuatl. En cambio, la mayoría de las peticiones son listas de acusaciones (capítulos). Estos capítulos pueden ser numerados, utilizando cifras, pero más comúnmente numerales. Las peticiones en náhuatl tampoco cuentan con unas formulas fijas de despedida. En lugar de ello, la mayoría terminan abruptamente con la exposición del último cargo.

(4) Al igual que en el caso español, las peticiones en náhuatl raramente están fechadas. Si una fecha aparece en el documento, casi nunca formó parte del registro original, sino que fue suplementada por los oficiales del tribunal al recibirla.

(5) Mientras que las peticiones españolas muy rara vez están firmadas, los homónimos náhuatl casi siempre lo están. De hecho, frecuentemente en las peticiones en náhuatl figura un gran número de firmas, incluyendo a personas que no están mencionadas expresamente en la fórmula introductoria. Aparte del nombre completo, las firmas muchas veces incluyen el título y la procedencia geográfica del signatario.

IXCATEOPAN, IXCAPULZALCO Y ALAHUISTLÁN

En la historiografía mexicana el nombre de Ixcateopan (o Ichcateopan) tiene cierta fama. La principal razón es un mito moderno, difundido desde los años cuarenta, de que allí reposan los huesos de Cuauhtémoc, el último emperador de los aztecas. Por eso el lugar ha sido muy debidamente estudiado por varias comisiones históricas y arqueológicas. Estas investigaciones demuestran sin lugar a dudas que esta tradición está fundada en documentos falsificados, pero esto no ha impedido que el municipio ya sea oficialmente conocido con el nombre Ixcateopan de Cuauhtémoc, y que se haya transformado en un lugar de peregrinaje[12].

Ixcateopan se encuentra a unos cuarenta kilómetros de la ciudad de Taxco en el moderno estado de Guerrero. El área está caracterizada, como muchas regiones del México central, por grandes diferencias de altitud, pero el clima predominante es el subhúmedo-cálido. En las últimas décadas de la época pre-colonial se encontraba cerca de la frontera entre los reinos de los mexica y los p'urhépecha, es decir, en la periferia del llamado reino de los aztecas, pagando tributo a la Triple Alianza. Además fue una región lingüísticamente diversificada. Aunque había hablantes del náhuatl, y otros usaron aquel idioma como una lengua franca, todavía en el siglo XVII la mayoría de los habi-

12. Para un buen resumen del caso de los huesos de Cuauhtémoc, véase Gillingham, 2005; Lombardo de Ruiz, 1978 y Reyes García, 1979.

tantes hablaron las lenguas conocidas como chontal y mazateco. Aparte de los nombres nada conocemos de estas dos lenguas. Ni siquiera se sabe a que familias lingüísticas pertenecían[13].

En cuanto a la primera evangelización de la región poco sabemos. Hay indicaciones de que Ixcateopan era visitado tanto por frailes franciscanos como por clérigos durante las primeras décadas de la colonia. Desde circa 1550 un cura secular residía en el cercano Teleloapan, visitando a Ixcateopan, pero por el año de 1575 se fundó otro beneficio en el mismo Ixcateopan. Desde su fundación el partido estaba constituido por tres altepetl (entidad étnica y territorial) o pueblos cabeceras: Ixcateopan, Ixcapulzalco y Alahuistlán con sus respectivos sujetos, que en la mayoría de los casos fueron congregados a las cabeceras en los primeros años del siglo XVII[14].

La cabecera de Ixcateopan estaba asentada «en una cuchilla de un cerro pequeño». Dice *La Relación geográfica de Ichcateupan y su partido* de 1579 que los habitantes del pueblo «son chontales que hablan esta lengua, fuera [de] algunos que hablan, asimismo, la mexicana», es decir, el náhuatl. El cultivo de algodón fue importante[15]. La cabecera de Ixcapulzalco se encontraba a tres leguas de Ixcateopan. Según la misma *Relación* tenía una población de lengua mazateca y el pueblo estaba situado en la cumbre de un cerro «bien alto, descubierto de todas partes». Durante las primeras décadas de la presencia española allí labraron una mina de oro y otra de plata, pero hacia 1580 ya estaban desocupadas[16]. La tercera cabecera del partido, Alahuistlán se encontraba a cuatro leguas de Ixcateopan, habitada por hablantes de la lengua chontal. En las afueras de este pueblo existían unas salinas, que los habitantes obraron para vender la sal en las minas de Taxco y Zaqualpa o incluso en la ciudad de México[17].

En la *Descripción del Arzobispado de México*, una colección de documentos fechados en 1569 que incluye informes escritos por curas locales, se destaca que en Ixcateopan había «dos iglesias en la cabecera: la una es del común, que es la Asunción de Ntra. Señora, y

13. Carrasco, 1999, p. 272 y Gerhard, 1993, pp. 152-155.
14. Schwaller, 1981; Gerhard, 1993, p. 153.
15. Acuña, 1985-1986, vol. 1, pp. 262-268.
16. Acuña, 1985-1986, vol. 1, pp. 268-275.
17. Acuña, 1985-1986, vol. 1, pp. 275-281.

la otra es una que al principio hicieron»[18]. La *Relación Geográfica* de 1579 advierte que a esta iglesia de la Asunción de Nuestra Señora de Ixcateopan

> acude toda la gente a misa y, la de las estancias, [en] las fiestas [pero] hay otras ermitas en el circuito, dejado aparte que en cada estancia hay su iglesia [...] Reside aquí en este pueblo, como cabecera [que es], el beneficiado, y de aquí va a visitar [a] los demás pueblos que tiene a su cargo[19].

Aparte de estas generalidades la fuente nada indica sobre las iglesias de los pueblos de Ixcapulzalco y Alahuistlán.

Debido a su clima caluroso y la relativa pobreza de la región, Ixcateopan no era considerado un partido muy atractivo por parte de los clérigos, pero tampoco uno de los menos deseables. Así, durante el siglo XVII los curas generalmente residieron allí por mucho tiempo. Por eso, durante la primera mitad del siglo no hubo más que cuatro curas en Ixcateopan. El primero de ellos, Alonso de Brambila Arriaga (1595-1608) había hecho votos simples en la Compañía de Jesús en Michoacán antes de incorporarse como clérigo secular en la archidiócesis de México[20]. Su sucesor, Br. Alonso Rodríguez de Esquivel (1608-1612) se ordenó sacerdote en 1579 con título de una capellanía. No se sabe mucho de su carrera eclesiástica antes de ser promovido al beneficio de Ixcateopan en 1608, donde se quedó por cuatro años, hasta que se trasladó al beneficio de Tlaltlaya y Amatepec, donde murió por el año de 1628[21]. El Br. Gerónimo Frías Quijada (1612-1641) ocupó el beneficiado de Ixcateopan durante casi tres décadas hasta que optó por permutar beneficio con el Br. Juan de Zavala Zamudio (1641-), el cura de Tolcayuca[22]. Durante la mayor parte del siglo XVII todas las tres cabeceras formaron parte del beneficio de Ixcateopan.

18. García Pimentel, 1897, p. 246.

19. Acuña, 1985-1986, vol. 1, p. 268. Para un detallado estudio histórico-arquitectónico de la iglesia de Ixcateopan, véase Lombardo de Ruiz, 1978.

20. AGN, Bienes Nacionales, vol. 1253, exp. 1: Reales Cédulas para provisiones a beneficios eclesiásticos. *Cf.* AGN, Indiferente Virreinal, vol. 5311, exp. 63.

21. AGN, Bienes Nacionales, vol. 990, exp. 1, fols. 234r; AGN, Bienes Nacionales, vol. 966, exp. 5: provisión a una capellanía, 1579; AGN, Bienes Nacionales, vol. 1253, exp. 1: Provisión al beneficio de Ixcateopan, 1608; AGN, Bienes Nacionales, vol. 1267, exp. 3: proceso contra Rodríguez Esquivel, 1611.

22. AGN, Indiferente Virreinal, vol. 6499, exp. 17.

Sin embargo, entre 1609 y 1627, Alahuistlán se separó de los otros dos y formó un partido aparte, siendo su primer cura el Br. Blas Pérez[23].

«LO PRENDIÓ Y PUSO EN LA CÁRCEL SIN CULPA»: 1611

El 28 de julio de 1611 el provisor de la archidiócesis de México, el Dr. Juan de Salamanca recibió una petición presentada por el procurador Leonardo de Salazar en nombre del gobernador, alcaldes y regidores de Ixcapulzalco en contra de su beneficiario Alonso Rodríguez de Esquivel. La petición original fue escrita en lengua náhuatl, pero la única versión que se encuentra en el expediente del AGN es una traducción al español que hizo un oficial del Tribunal Eclesiástico. Al final de esta paráfrasis el interprete anotó que el texto fue «bien y fielmente trasuntado conforme a su memoria y pintura a mi saber y entender», lo que indica que los cargos fueron substanciados no solo por una petición en náhuatl, sino también por un documento de contenido pictográfico, o bien por un documento mixto de contenido alfabético-pictográfico. En la versión castellana no se indica los nombres de los peticionarios, sino que el texto comienza con las palabras siguientes: «Los agravios que diçen les [h]a hecho Alonso Rodríguez Esquivel su beneficiado al gob[er]nador, alcaldes, regidores y otros naturales en el pu[ebl]o de Tzicaputzalco». Después de esta introducción siguen 27 capítulos numerados que detallan los cargos[24].

Algunos de estos capítulos tratan sobre la violencia física y los castigos del cura. Se indica que había azotado y aporreado a varios oficiales del pueblo, y que había puesto a otros en la cárcel «sin culpa alguna». Otras acusaciones versan sobre la mala administración del cura. Alegaban que decía misa después de mediodía, y que algunas semanas no dijo más que dos misas. También afirmaban que el beneficiario nunca iba a las casas de los enfermos para confesarlos, sino que demandaba los trajesen a la iglesia. Sin embargo, la mayoría de los cargos tienen que ver con excesos de tipo económico. Testificaron que el sacerdote era un mercader de mulas y que sus animales dañaban sus tierras, teniendo que

23. AGN, Bienes Nacionales, vol. 1253, exp. 1: Provisión al Br Blas Pérez al beneficio de San Juan Bautista Alahuistlán, y otros pueblos.

24. Este proceso está en AGN, Bienes Nacionales, vol. 1267, exp. 3.

darle además cada día «dos gallinas de Castilla». El cura ocupaba a las mujeres indígenas en hilar algodón y coser mantas.

En una carta presentada a la Audiencia del arzobispado por aquellas fechas, el cura Rodríguez de Esquivel se defendió de las acusaciones escribiendo que los indígenas de Ixcaputzalco le «[h]an capitulado maliciosamente». Afirmaba que lo habían hecho solo «porque les amo [...] [y porque] repr[eh]endo sus vicios y pecados públicos los quales no deuen de ser a[d]mitidos». Además indicaba que los peticionarios Don Diego Osorio, Juan Clemente y Miguel Rodríguez no eran miembros del Cabildo de Ixcapulzalco, y por consiguiente no representaban a aquel cuerpo. Finalmente alegaba que los capítulos de los indígenas no trataban defectos de su oficio o su modo de vivir, sino que eran «demandas injustas».

Habiendo considerado tanto la petición de los indígenas como la carta del beneficiado, el provisor obligó a los peticionarios a «afianzar de calumnia». Este término jurídico significaba que el acusador tenía que «probar lo que deduce contra el acusado, sujetándose á las penas establecidas en las leyes, si no lo hiciese»[25]. En el caso de los indígenas de Ixcapulzalco, ellos tenían la obligación de substanciar sus acusaciones ante el beneficiado de Teloloapan, el partido vecino de Ixcateopan, lo que su representante legal no quiso aceptar. Por eso el proceso siguió en este limbo jurídico por tres meses, y en el expediente no se indica si los indígenas formalizaron sus acusaciones contra el cura.

«MITAD SACERDOTE. MITAD DIABLO»: 1614-1616

Poco después del proceso contra Alonso Rodríguez Esquivel, éste marchó del partido para ocupar el beneficio vecino de Tlaltlaya y Amatepec. El 9 de junio 1614, dos hombres mazatecos de Ixcapulzalco, Don Diego Osorio, uno de los peticionarios de 1611, y Don Juan Mateo, comparecieron ante el Tribunal del arzobispado. Presentaron un documento en náhuatl de cinco páginas con diecinueve acusaciones contra su nuevo beneficiario, Gerónimo Frías Quijada. En su texto los peticionarios no usaron la palabra española «capítulo» sino *tla-*

25. Según la definición de la primera edición del *Diccionario* de la lengua castellana, vol. 1, 77.

tlacol, es decir, «pecado». Sus acusaciones contra el cura eran principalmente de dos tipos: actos de violencia física y transgresiones de carácter sexual[26].

Inicialmente los peticionarios nombraron a varios hombres y mujeres que habían sido golpeados y maltratados física y verbalmente por el cura, más otros que habían sido puestos en la cárcel sin razón alguna, repitiendo así las acusaciones formuladas contra su antecesor. Por ejemplo, mencionaron que el cura azotó a un local llamado Pedro porque no le trajo zacate, maíz y gallinas, y a otro hombre por no venir lo suficientemente rápido cuando se le llamó. Otro hombre, Miguel Fabián, a quien el cura acusó de robo, murió poco después del castigo. También se señala que el sacerdote había azotado a varios hombres que tenían rencillas con sus esposas. En este contexto, los peticionarios afirmaron que, en conflictos matrimoniales, el cura siempre optaba por el lado de las mujeres, algo que ofendía a los signatarios.

En opinión de los peticionarios, Frías Quijada siempre manifestó una total falta de respeto hacia los principales del pueblo. En uno de los capítulos se afirma que, en cierta ocasión, el cura había abofeteado al gobernador Don Diego Osorio en plena calle. Posteriormente, lo llevó a la cárcel, y a pesar de que Don Diego más tarde logró escapar de la prisión se vio obligado a huir del pueblo e irse «al monte», donde según su propio testimonio casi «fue devorado por leones, tigres y otros animales». En la petición Gerónimo de Frías Quijada también fue acusado de haber obligado a varias mujeres a tener relaciones sexuales con él. Por no querer «ofender a Dios con él», había puesto a doña Petronila en la cárcel. En otra ocasión, encerró a una mujer de nombre Paula en su casa, por dos días, hasta tener acceso a ella. Aparte de estas acusaciones de violencia física y sexual, los peticionarios también denunciaron al cura de avaricia insaciable. Además de acusarlo de exacciones a sus pobres feligreses, al sacerdote se le achacaba que constantemente obligaba a los pobladores a llevar cargas a Taxco. En resumen, los peticionarios consideraron que el cura «es mitad sacerdote, mitad demonio; no es bueno» (*cetlaystlapatli en teopisqui cetlaystlapatli en tiablo amoquali*).

26. Este proceso está en AGN, Bienes Nacionales, vol. 1099, exp. 5.

Tras la presentación de la petición, y su traducción al español, el provisor de la arquidiócesis, Pedro Rodríguez de Castro, nombró al beneficiario de Zacualpa, Juan Ruiz de Agüero, como juez de comisión y le ordenó ir a Ixcapulzalco para investigar el caso con más profundidad. Por aquellos días las acusaciones de los dos mazatecos también habían llegado a oídos de Gerónimo de Frías Quijada. Éste se dirigió por escrito al juez de comisión afirmando que las acusaciones carecían de fundamento y no representaban la opinión general de la feligresía. En resumen, el cura alegó que era totalmente inocente de todos los cargos y que había sido falsamente acusado por personas malévolas.

Por estas fechas, el juez de comisión recibió también dos breves peticiones en náhuatl firmadas por un gran número de miembros de los Cabildos de Ixcapulzalco e Ixcateopan. Estos textos eran, de hecho, verdaderos elogios de su párroco señalando el amor mutuo entre el sacerdote y la feligresía indígena, indicando que siempre celebraba la misa y les doctrinaba bien. Sin embargo, los textos son sospechosamente parecidos. El juez de comisión señaló que estos documentos debían ser enviados a la Audiencia arzobispal para ser traducidos al español. Sin embargo, no existe ninguna traducción en el expediente. A pesar de este apoyo por parte de los cabildos, el juez de comisión Juan Ruiz de Agüero se trasladó a Ixcapulzalco. Pero al llegar allí, el 25 de junio, no encontró a ninguno de los dos peticionarios por lo que cesó la investigación, llegando a la conclusión de que el beneficiario Frías Quijada había sido acusado por personas de mala voluntad.

El mismo expediente incluye una nueva serie de acusaciones contra Frías Quijada. En diciembre de 1615 una mujer de Taxco, Juliana González, compareció ante un notario de la ciudad. Según el notario, la mujer estaba vestida «en hábito de india», pero era considerada mulata. En su testimonio Juliana González declaró que hacía siete meses el padre Gerónimo de Frías había llegado a su casa para pedirle que fuese con él a Ixcateopan para ser su criada. Poco después de su llegada a la casa del cura éste «la requirió de amores y la hizo teniendo cópula con ella actos carnales muchas veces». Después de cinco meses dejó al cura afirmando que estaba enferma y que necesitaba regresar a Taxco.

A raíz de esta nueva acusación dos alguaciles eclesiásticos fueron enviados a Ixcateopan para detener al sacerdote y llevarlo a la cárcel arzobispal en México. Sin embargo, el sacerdote afirmó que estaba moribundo y presentó una licencia del médico. En los meses que siguieron, Gerónimo de Frías fue llamado varias veces a comparecer ante el Tribunal eclesiástico, pero el cura seguía afirmando que estaba demasiado enfermo para hacer el largo viaje. Por último, el 9 de febrero de 1616, y sin haber aparecido por México, el arzobispo Juan Pérez de la Serna, en persona, lo sentenció a una multa sustancial y le advirtió que se abstuviese de causar cualquier tipo de escándalo en el futuro, y fuese un buen ejemplo a los fieles, tratándolos bien y enseñándoles la doctrina cristiana.

«LO QUE NOS HACE LLORAR A NOS Y A NUESTRAS ESPOSAS»: 1625

Estas no fueron las únicas acusaciones presentadas contra Gerónimo de Frías durante su tiempo en Ixcateopan. Diez años más tarde, en diciembre de 1625, Don Miguel Sebastián y Don Lorenzo Gaspar, alcaldes de Ixcapulzalco comparecieron ante el provisor de la arquidiócesis, el doctor Pedro Garcés Portillo con el fin de presentar una petición de tres pliegos escrita en náhuatl. Esta petición de nueve capítulos había sido redactada durante una reunión del Cabildo a finales de noviembre. Fue complementada con una petición en español, escrita el 19 de enero de 1626 en nombre de los alcaldes, regidores y el común del altepetl de San Francisco Ixcapulzalco[27].

Los cargos en estas peticiones son similares a los presentados una década antes. Los peticionarios testifican que su cura tiene muy mal humor y que es muy violento. Los constantes maltratos por su parte habían ocasionado un verdadero éxodo del pueblo. Su comportamiento violento no se limitó a azotes. Los peticionarios también denunciaron que el cura había perseguido a varias personas cuchillo en mano, y que solía andar armado con arcabuz y pistolete «lo que nos hace llorar a nos y a nuestras esposas». Por estar asustados, no asistían a misa en Ixcateopan, lo que les significaba tener que pagar una multa.

27. El proceso está en AGN, Indiferente Virreinal, vol. 1709, exp. 6.

Los alcaldes adjuntaron a su petición una carta muy destemplada que el cura recientemente les había enviado. La carta, escrita en náhuatl fue dirigida al Cabildo en términos inequívocos: «Esta carta debe ser leída por los borrachos y cabrones de Cicatzalco [= Ixcapulzalco]: los alcaldes cabrones, el fiscal cabrón y los regidores putos y perros.» En la carta, les llama paganos, pero también borrachos, perros, cabrones, sodomitas, y ladrones. Poniendo más peso a sus amenazas, firmó con «mi nombre es la fiera Frías» — «*notoca tecuani* Frías», que el traductor contemporáneo interpretó como «el León Frías».

«NO SABEMOS SI ES BRAVO COMO OTROS»: 1632-1633

El 27 de noviembre de 1632, Don Rafael Damián, Don Miguel Juárez, Don Esteban Ángel y Don Melchior Gaspar, todos alcaldes y regidores de San Juan Alahuistlán, presentaron una petición breve en náhuatl al provisor de los indios del arzobispado. En la carta decían que en lo eclesiástico su altepetl estaba sujeto al partido de Ixcateopan, pero que recientemente habían sido informados que el cura de Tlaltlaya, Luis de Cifuentes quería administrarlos. En este contexto, los peticionarios afirmaron que su vicario, Gerónimo de Frías los atendía cuidadosamente, administrando los sacramentos y enseñándoles la doctrina cristiana. Afirmaban que conocían a Frías desde hacía muchos años y que era un buen clérigo y su padre, siempre los había tratado con amor. Dicho en otro modo: sabían lo que tenían, pero en cambio no conocían a Luis Cifuentes y por lo tanto no sabían si era «bravo como otros». Ante la novedad, muchos de los habitantes del pueblo estaban escondidos y todos «mueren por miedo» ante un cambio incierto de sacerdotes[28].

Esta petición de los alcaldes y regidores de Alahuistlán forma parte de un voluminoso expediente referente a un conflicto entre los curas de Tlaltlaya y Ixcateopan, sobre quién debería administrar los sacramentos a los habitantes de Alahuistlán. En sus cartas Frías Quijada mencionaba que hacía casi veinte años, en 1609, y debido a un conflicto entre los habitantes del pueblo de Alahuistlán y el ex beneficiario de Ixcateopan, Alonso Rodríguez de Esquivel, se había fundado un parti-

28. El proceso está en AGN, Clero Regular y Secular, vol. 129, exp. 3.

do aparte en Alahuistlán. Pero ya no vivían más de cincuenta personas allí y después que el beneficio vacó en 1627, los habitantes habían sido administrados por el cura de Ixcateopan. Sin embargo, ahora Luis de Cifuentes quería incluir Alahuistlán en el partido de Tlaltlaya, y en una carta al virrey el arzobispo había sugerido dicha anexión. En su argumentación, Cifuentes escribió que no dudaba que Frías Quijada fuese un cura concienzudo, pero como los caminos de la región eran muy duros, un viaje entre Ixcateopan y Alahuistlán requería tres días, lo que hacía la administración difícil, e implicaba que muchos indígenas morirían sin confesión. Por contra, el pueblo de Alahuistlán se encontraba a sólo dos leguas de Tlaltlaya, por lo que fácilmente podría ser administrado desde este último lugar. Contradiciendo estas afirmaciones Frías Quijada sostuvo que se podía ir de Ixcateopan a Alahuistlán en menos de seis horas. Después de un largo proceso, en el que se midieron las distancias, se tomó la decisión definitiva de dejar las cosas como estaban, lo que implicó que Alahuistlán debía seguir siendo parte de Ixcateopan, y administrado por Frías Quijada.

PALABRAS FINALES

Por lo ya dicho queda bien claro que hubo conflictos muy graves entre los beneficiarios de Ixcateopan y parte de la feligresía. Las peticiones presentaron la imagen de un cura pésimo, y realmente se trata de una imagen totalmente opuesta al ideal del Tridentino y del Tercer Concilio mexicano. Y, me parece que esto los peticionarios lo sabían muy bien. De otro lado, el cura presentó a los peticionarios como malos cristianos, paganos, y como a sus enemigos mortales, tratando así de contrarrestar sus acusaciones.

Las peticiones de pueblos indígenas son importantes fuentes para conocer cómo obraron ante un cura inútil o escandaloso, pero también para conocer las relaciones entre el cura y diferentes grupos locales de poder. Por medio de estas fuentes quizás podamos escuchar las voces de los subalternos, o al menos las voces de unos subalternos relativamente poderosos y elocuentes como eran los miembros de la élite local autóctona, que conocían bien el mecanismo burocrático para acusar a una persona considerada mitad sacerdote, mitad diablo.

ARCHIVOS

AGN: Archivo General de la Nación, México, D. F.
Bienes Nacionales
Clero Regular y Secular
Indiferente Virreinal

BIBLIOGRAFÍA

ACUÑA, René (ed.), *Relaciones geográficas del siglo XVI: México*, México, Universidad Nacional Autónoma de México, 1985-1986, 3 vol.

ALBA PASTOR, María, *Crisis y recomposición social: Nueva España en el tránsito del siglo XVI al XVII*, México, Universidad Nacional Autónoma de México, Fondo de Cultura Económica, 1999.

BORAH, Woodrow, *Justice by Insurance: The General Indian Court of Colonial Mexico*, Berkeley y Los Angeles, University of California Press, 1983.

CARRASCO, Pedro, *The Tenochca Empire in Ancient Mexico: The Triple Alliance of Tenochtitlan. Tetzcoco. and Tlacopan*, Norman, University of Oklahoma Press, 1999.

Diccionario de la lengua castellana, Madrid, Real Academia Española, 1726-1739, 6 vols.

GARCÍA PIMENTEL, Luis (ed.), *Descripción del arzobispado de México hecha en 1570 y otros documentos*, México, José Joaquín Terrazas e hijas impresores, 1897.

GERHARD, Peter, *The Historical Geography of New Spain*, edición revisada, Norman, University of Oklahoma Press, 1993.

GILLINGHAM, Paul, «The Emperor of Ixcateopan: Fraud, Nationalism and Memory in Modern Mexico», *Journal of Latin American Studies* 37: 3, 2005, pp. 561-584.

HASKETT, Robert S., «'Not a Pastor, but a Wolf': Indigenous-Clergy Relations in Early Cuernavaca and Taxco», *The Americas* 50, 1994, pp. 293-336.

ISRAEL, Jonathan, *Race. Class and Politics in Colonial Mexico. 1610-1670*, Oxford, Oxford University Press, 1975.

LOCKHART, James, *The Nahuas After the Conquest. A Social and Cultural History of the Indians of Central Mexico. Sixteenth through Eighteenth Centuries*, Stanford, Stanford University Press, 1992.

LOMBARDO DE RUIZ, Sonia, *La Iglesia de la Asunción de Ichcateopan en relación a la autenticidad de los restos de Cuauhtémoc*, México, Universidad Nacional Autónoma de México, 1978.

LUNDBERG, Magnus, *Between the Metropolitan and the Local: Parishes. Parishioners. and Parish Priests in Seventeenth-Century Mexico* (en preparación).

OWENSBY, Brian P., *Empire of Law and Indian Justice in Colonial Mexico*, Stanford, Stanford University Press, 2008.

REAL DIAZ, José Joaquín, *Estudio diplomático del documento indiano*, Madrid, Dirección de Archivos Estatales, 1991.

REYES GARCÍA, Luis, *Documentos manuscritos y pictóricos de Ichcateopan. Guerrero*, México, Universidad Nacional Autónoma de México, 1979.

SCHWALLER, John Frederick (en colaboración con Anne C. Taylor Schwaller), *Partidos y párrocos bajo la real corona en la Nueva España, siglo* XVI, México, Instituto Nacional de Investigaciones Históricas, 1981.

SULLIVAN, John (ed.), *Ytechcopa timoteilhuia yn tobicario (Acusamos a nuestro vicario): Pleito entre los naturales de Jalostotitlan y su sacerdote. 1618*, Zapopan, El Colegio de Jalisco, 2003.

TRASLOSHEROS, Jorge E., *Iglesia. Justicia y Sociedad en la Nueva España: La Audiencia del Arzobispado de México. 1528-1668*, México, Porrúa, Universidad Iberoamericana, 2004.

Sobre los autores

ALBERTO CARRILLO CÁZARES es profesor investigador titular C del Centro de Estudios de las Tradiciones, El Colegio de Michoacán A.C. (1991-2009). En los últimos años ha dirigido tres importantes proyectos de edición y traducción sobre la obra de Pedro Murillo Velarde S. J., *Curso de Derecho Canónico Hispano e Indiano* publicado en 2005 y los *Manuscritos del Concilio III Provincial Mexicano (1585)*, publicados en 2006 y 2007.
<acarrillo1923@hotmail.com>

JOHN CHARLES es profesor de Literatura Hispanoamericana en el Departamento de Español y Portugués en la Universidad de Tulane, Nueva Orleans, EE. UU. Autor de estudios sobre Guaman Poma, la Iglesia en los Andes y la población indígena. Entre sus publicaciones cabe mencionar *Allies at Odds: The Andean Church and its Indigenous Agents, 1583-1671* (Albuquerque, University of New Mexico Press, 2010), que examina el papel de los intermediarios nativos en el proceso de evangelización en el virreinato del Perú.
<jcharles@tulane.edu>

MACARENA CORDERO FERNÁNDEZ es profesora de Historia Colonial de la Universidad Adolfo Ibáñez (Santiago de Chile). Doctora en Historia por la Pontificia Universidad Católica de Chile. Dedica su investigación a las visitas pastorales en el virreinato del Perú.
<maca.cordero@yahoo.es>

THOMAS DUVE es director del Instituto Max Planck de Historia del Derecho Europeo (desde 2009), profesor de Historia del Derecho Canónico en la Pontificia Universidad Católica Argentina, Buenos Aires. Ha dedicado sus últimos trabajos a estudios sobre el Derecho Canónico indiano.
<duve@mpier.uni-frankfurt.de>

JUAN CARLOS GARCÍA CABRERA es historiador, investigador de la Universidad de San Martín de Porres, Lima. Es autor de varios estudios sobre Historia Eclesiástica del Perú, en particular sobre el fenómeno de la extirpación de la idolatría y el proceso de evangelización en el Arzobispado de Lima. Actualmente trabaja en la edición completa del corpus documental de procesos de idolatrías y hechicerías en el Arzobispado de Lima, siglos XVII-XIX.
<jgcabrera@gmx.de>

PEDRO M.GUIBOVICH PÉREZ es profesor de la Universidad Católica del Perú. Autor de estudios sobre historia colonial, en particular en relación con la educación, la iglesia y la Inquisición. Recientemente editó, en coautoría con Luis Eduardo Wuffarden, el libro *Sociedad y gobierno episcopal. Las visitas del obispo Manuel de Mollinedo y Angulo, 1674-1687* (Lima, 2008). Prepara un libro sobre la censura inquisitorial de libros en el virreinato peruano entre 1756 y 1812
<pguibovich@pucp.edu.pe>

MAGNUS LUNDBERG es profesor-investigador de Historia Eclesiástica y Misionología en la Facultad de Teología, Universidad de Uppsala, Suecia. La mayoría de sus publicaciones tratan temas de historia eclesiástica novohispana, siglos XVI y XVII. Entre sus publicaciones hay que destacar *Unification and Conflict: The Church Politics of Alonso de Montúfar, Archbishop of Mexico, 1554-1572* (Uppsala 2002; versión castellana por El Colegio de Michoacán, 2009); y en prensa sobre las relaciones entre curas párrocos y los indígenas en la archidiócesis de México y diócesis de Puebla durante el siglo XVII: *Between the Metropolitan and the Local: Parishes, Parishioners, and Parish Priests in Seventeenth-Century Mexico.*
<magnus.lundberg@teol.uu.se>

LUIS MARTÍNEZ FERRER es profesor de Historia de la Iglesia en la Universidad Pontificia de la Santa Cruz (Roma). Entre sus obras destacan: *La Penitencia en la primera evangelización de México (1523-1585)*, Universidad Pontificia, México 1998; *Fontes. Documenti fondamentali di storia della Chiesa*, Cinisello Balsamo, (MI) 2005; *Decretos del Concilio Tercero Provincial Mexicano*, edición histórico-crítica, El Colegio de Michoacán, Zamora, Michoacán, 2009.
<lmartinez@pusc.it>

JORGE EUGENIO TRASLOSHEROS HERNÁNDEZ es investigador del Instituto de Investigaciones Históricas de la Universidad Nacional Autónoma de México y profesor de dicha universidad. Sus líneas de investigación son la historia de la Iglesia y de la justicia. Entre sus obras destacan *Iglesia, Justicia y sociedad en el arzobispado de México. La audiencia eclesiástica, 1528-1668* (México, 2004) y *La reforma de la iglesia del antiguo Michoacán; la gestión episcopal de fray Marcos Ramírez de Prado. 1640-1666* (Morelia, 1995).
<jtraslos@unam.mx>

ANA DE ZABALLA BEASCOECHEA es profesora titular de Historia de América en la Universidad del País Vasco. Autora de estudios sobre milenarismo, mesianismo y religiosidad en la Nueva España. En la actualidad dedica su investigación a la relación entre Tribunales eclesiásticos y población indígena. Recientemente editó, en colaboración con Jorge Traslosheros, *Los indios ante los foros de justicia religiosa en la Hispanoamérica virreinal*, Instituto de Investigaciones Históricas, Universidad Nacional Autónoma de México, México, 2010.
<ana.dezaballa@ehu.es>